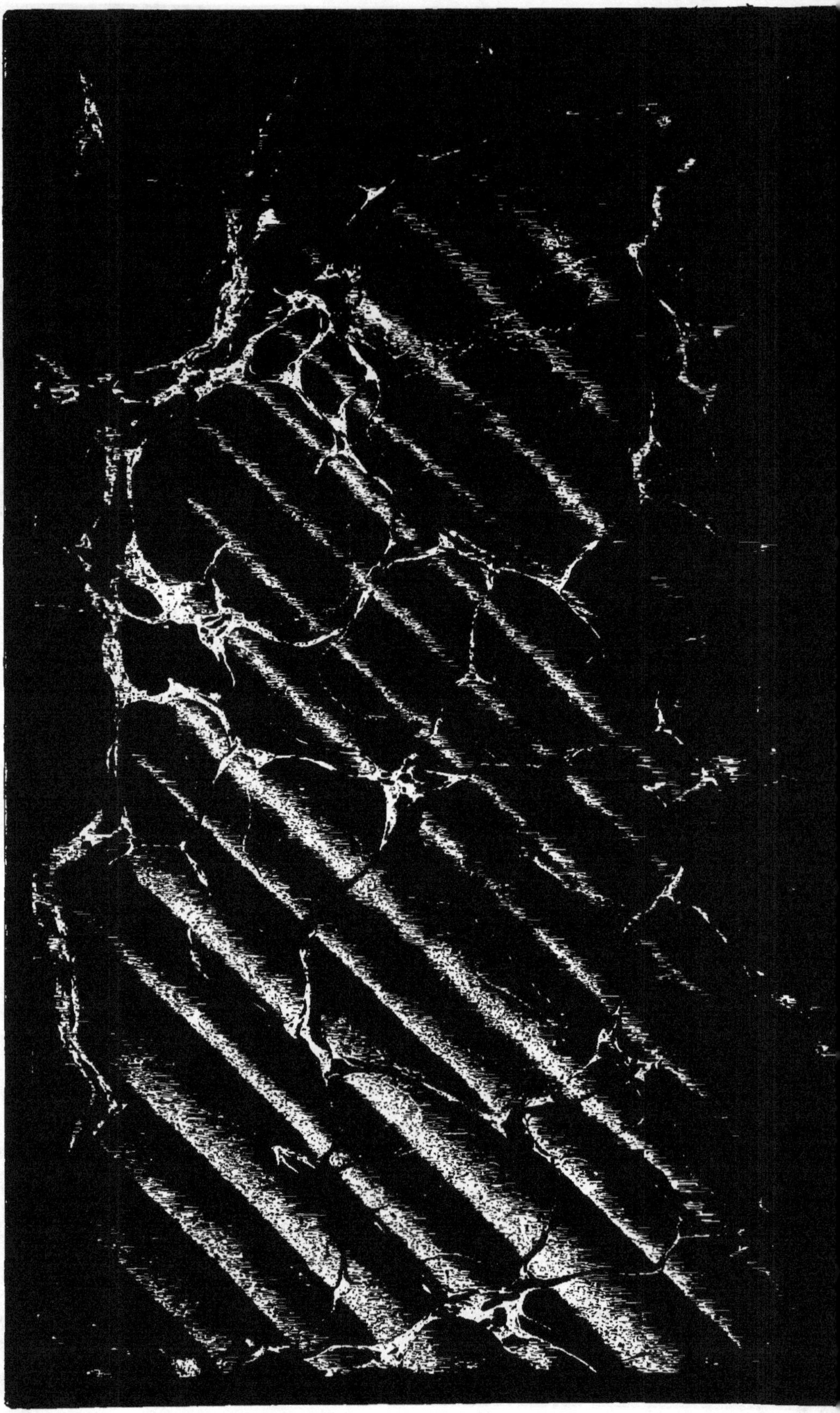

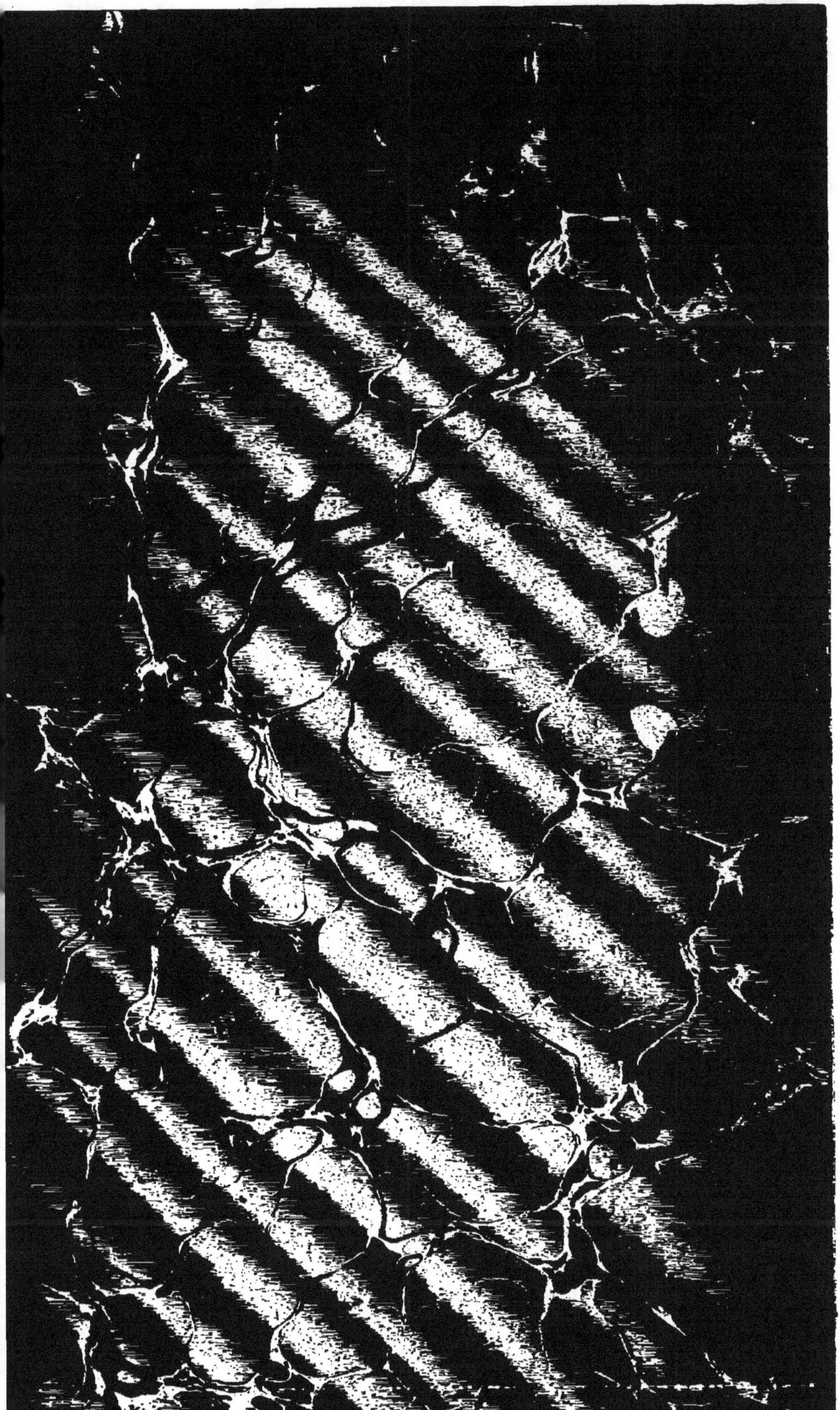

LA SORBONNE

SES ORIGINES, SA BIBLIOTHÈQUE

LES DÉBUTS DE L'IMPRIMERIE A PARIS

ET LA

SUCCESSION DE RICHELIEU

D'APRÈS DES DOCUMENTS INÉDITS

PAR

ALFRED FRANKLIN

BIBLIOTHÉCAIRE A LA BIBLIOTHÈQUE MAZARINE

DEUXIÈME ÉDITION

CORRIGÉE ET AUGMENTÉE

PARIS

LÉON WILLEM, LIBRAIRE

8, RUE DE VERNEUIL

1875

LA SORBONNE

TIRÉ A 400 EXEMPLAIRES

TOUS NUMÉROTÉS:

275 sur papier vélin	. . . .	Nos 126 à 400
100 — de Hollande	. . . . . .	26 à 125
25 — de Chine	. . . .	1 à 25

N° 149.

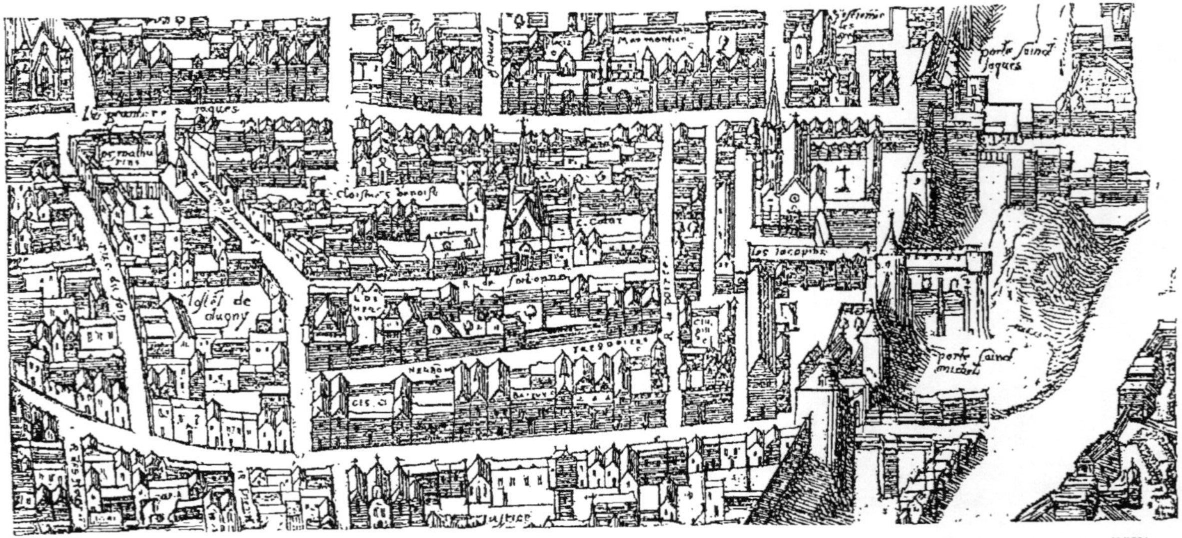

Fac-simile héliographique.

Plan dit de Ducerceau (1560).

LA SORBONNE ET SES ENVIRONS

au seizième siècle.

LA

SORBONNE

SES ORIGINES, SA BIBLIOTHÈQUE

LES DÉBUTS DE L'IMPRIMERIE A PARIS

ET LA

SUCCESSION DE RICHELIEU

D'APRÈS DES DOCUMENTS INÉDITS

PAR

ALFRED FRANKLIN

BIBLIOTHÉCAIRE A LA BIBLIOTHÈQUE MAZARINE

DEUXIÈME ÉDITION

CORRIGÉE ET AUGMENTÉE

PARIS

LÉON WILLEM, LIBRAIRE

8, RUE DE VERNEUIL

1875

AVERTISSEMENT

L'histoire de la Sorbonne, le plus ancien et le plus illustre de tous les colléges de Paris, n'a jamais été écrite. Du Boulay a publié quelques pièces relatives à sa fondation, Ladvocat, dans son Dictionnaire historique, lui a consacré un bon article, et c'est tout.

Cette histoire existe pourtant, racontée presque jour par jour, dans les volumineux registres qui renferment les procès-verbaux des séances régulièrement tenues par les docteurs jusqu'à la suppression du Collége en 1792. Ces précieuses annales, que les prieurs se transmettaient d'année en année depuis cinq siècles, furent alors partagées entre les Archives et la Bibliothèque nationale, et c'est là que nous avons recueilli les faits, presque tous inédits, qui remplissent ce petit volume.

Le sujet était assez attrayant pour tenter plus d'un chercheur, et il y a un an, M. Léopold Delisle publiait un excellent travail sur le même sujet, travail composé en même temps que le nôtre et puisé aux mêmes sources. Nous y avons donc trouvé peu de détails nouveaux, mais l'auteur a relevé dans notre première édition quelques fautes de lecture, quelques erreurs de dates que nous avons corrigées dans celle-ci. Au reste, et il faut le regretter, M. L. Delisle n'a poursuivi ses recherches que jusqu'à la fin du quinzième siècle, et il résume en trois pages tous les événements relatifs à Richelieu et à sa succession.

Aux pièces inédites qui composaient notre troisième partie, nous avons ajouté un document précieux pour l'histoire littéraire du moyen âge, c'est la liste de tous les sorbonistes, *Socii* et *Hospites*, qui se sont succédé dans l'établissement depuis Robert de Sorbon jusqu'au seizième siècle.

TABLE DES SOMMAIRES

PREMIÈRE PARTIE

(1250 à 1483.)

I

Saint Louis et Robert de Sorbon. — La rue Coupe-Gueule. — L'imprimerie chez les religieux de Sainte-Croix. — Le testament de Robert. — Organisation de la Sorbonne 1

II

Origine de la bibliothèque. — Catalogue de 1289. — Grande et petite librairies. — Premières donations de livres. 21

III

Ancien règlement de la bibliothèque. — Était-elle publique? — Catalogues de 1338. — Nombre des volumes. — Nouvelles donations de livres. — Règlement de 1426. 45

IV

La succession d'Alard Palenc. — Vol dans la bibliothèque. — Donation de G. Pomier. — Le prêt des livres. 77

V

Reconstruction de la bibliothèque. — Nouveau règlement. — Dons en argent et en nature. — « Honteuse » conduite du maçon. 92

DEUXIÈME PARTIE

(1468 à 1795.)

I

Les débuts de l'imprimerie à Paris. — Achat de chaînes pour la bibliothèque. — Témoignage de Luther sur la Sorbonne. — Donations de livres. . 105

II

Richelieu entreprend de reconstruire la Sorbonne. — La bibliothèque de Michel Le Masle. — Démêlés avec la duchesse d'Aiguillon. 136

III

La bibliothèque de Richelieu. — Le parlement l'adjuge à la Sorbonne. 151

IV

Agrandissement de la bibliothèque. — Catalogue dressé par Chevillier. — Incendie. — Nouveau règlement. — Recettes et dépenses 168

V

Liste des bibliothécaires. — Description de la bibliothèque. — La Révolution. — Catalogues. — Inscriptions et estampilles. 201

TROISIÈME PARTIE

I

Testamentum Roberti de Sorbona. 219

II

Catalogus provisorum, sociorum et hospitum Sorbonæ. 222

III

Table des matières de la première partie du catalogue dressé en 1338. 231

IV

Préface et table des matières de la seconde partie du catalogue dressé en 1338 234

V

Extrait du testament du cardinal de Richelieu. . . 242

VI

Contrat de donation passé, le 16 mars 1646, entre Michel Le Masle et le collége de Sorbonne. 247

VII

Contrat de donation passé, le 17 mars 1646, entre Michel Le Masle et le collége de Sorbonne. 250

VIII

Note placée en tête du catalogue de la bibliothèque de Michel Le Masle. 254

TABLE

ET

ORIGINE DES GRAVURES

I. La Sorbonne et ses environs . . . . Frontispice.
Extrait du plan dit de Ducerceau (1560).

II. Note constatant l'origine de la bibliothèque . 22
Bibliothèque de l'Arsenal, manuscrits in-folio, n° 855.

III. Titre d'un catalogue dressé vers 1289. . . 23
Bibliothèque de l'Arsenal, manuscrits in-folio, n° 855.

IV. Note indiquant le nombre de volumes que possédait la Sorbonne en 1290 24
Bibliothèque de l'Arsenal, manuscrits in-folio, n° 855.

V. Note indiquant la valeur de la bibliothèque du collége en 1292. 25
Bibliothèque de l'Arsenal, manuscrits in-folio, n° 855.

VI. Liste des ouvrages écrits en français que possédait la Sorbonne en 1338 57
Bibliothèque de l'Arsenal, manuscrits in-folio, n° 855.

VII. Explicit de la rhétorique de Guillaume Fichet 109
Bibliothèque Mazarine, incunables, n° 10230.

VIII. Ex libris manuscrit de Fr. Guillebon . . . 123
Bibliothèque Mazarine, nouveau fonds, philosophie, in-4°, n° 209.

IX. Ex libris de Michel Le Masle. 141
Bibliothèque Mazarine, nouveau fonds, théologie, in-4°, n° 154.

X. Marque bibliographique du cardinal de Richelieu 164
Bibliothèque Mazarine, doubles, n° 453.

XI. Autre marque du cardinal de Richelieu. . . 165
Bibliothèque Mazarine, nouveau fonds, théologie, in-4°, n° 412.

XII. Estampille de la bibliothèque de la Sorbonne. 217
Bibliothèque de l'Arsenal, manuscrits in-folio, n° 855.

XIII. XIV. XV. XVI. Préface et table des matières du catalogue dressé en 1338. . . . . . 234 à 240
Bibliothèque de l'Arsenal, manuscrits in-folio, n° 855.

LA

SORBONNE

PREMIÈRE PARTIE

(1250 à 1483.)

I

Saint Louis et Robert de Sorbon. — La rue Coupe-Gueule. — L'imprimerie chez les religieux de Sainte-Croix. — Le testament de Robert. — Organisation de la Sorbonne.

Jusqu'au treizième siècle, l'instruction publique à Paris resta surtout concentrée dans le cloître de l'église Notre-Dame. L'antiquité de cette école, sa situation, le souvenir des éminents professeurs qui l'avaient illustrée, tout concourut à lui assurer une prééminence qui ne disparut que lentement, et dont quelques vestiges, respectés par le temps, subsistaient encore cinq siècles plus tard.

Sous l'administration équitable, régulière et ferme de saint Louis, la France, jusque-là sans cesse en lutte, commença à respirer et à penser. Le calme au dedans, la confiance dans l'avenir, l'influence des révélations littéraires dues aux premières croisades, toutes ces causes réunies produisirent un irrésistible élan des esprits vers l'étude, et des milliers d'écoliers de tout âge et de toute condition affluèrent à Paris. La vieille école du cloître fut débordée. Ses rivales, l'abbaye de Saint-Victor et celle de Sainte-Geneviève, virent tripler le nombre de leurs auditeurs ; des maîtres particuliers, Geoffroi de Poitiers, Guillaume d'Autun, Guillaume Lenoir, Gérard d'Abbeville, Gérard de Courtray, ouvrirent de nouveaux établissements. En même temps, deux ordres mendiants, les Jacobins et les Cordeliers, qui venaient de s'établir dans la capitale, s'efforçaient d'attirer à eux les étudiants, et menaçaient d'imprimer ainsi à l'instruction publique un caractère de plus en plus monacal. D'un autre côté, cette affluence sur un même point d'une jeunesse enthousiaste, pleine d'ardeur pour la science, mais facile à entraîner, turbulente, et souvent presque sans ressources, était une cause continuelle de querelles et de troubles[1]. Les écoliers, entassés dans les rues sombres et étroites de la Cité, s'y trouvaient sans cesse en contact avec le rebut de la société; les lieux de débauche touchaient les salles de cours[2]. Les propriétaires mettaient à si haut prix leur malsaine hospitalité, que l'Université voulut se charger de taxer les loyers; mais les bourgeois réclamèrent, et il fallut une bulle pontificale pour régler le différend.

C'est à ce moment qu'un chapelain de saint Louis, nommé Robert, eut la pensée d'instal-

1. Jacques de Vitry, historien contemporain, nous peint ainsi le caractère, les mœurs et les habitudes des écoliers : « ... Anglicos potatores et caudatos affirmantes; Francigenas superbos, molles et muliebriter compositos; Teutonicos furibundos; Normannos inanes et gloriosos; Patavos proditores; Burgundos brutos et stultos; Britannos leves et vagos; Siculos tyrannos; Brabantios incendiarios et raptores; Flandrentes commessationibus deditos et more butyri molles; Lombardos avaros, malitiosos; Romanos seditiosos. » (Jacobus de Vitriaco, *Historia occidentalis*, lib. II.) Un acte officiel, un règlement de l'évêque de Paris, daté du 11 janvier 1269, reproche aux écoliers « quod de die et nocte multos vulnerant atrociter, interficiunt, mulieres rapiunt, obprimunt virgines, hospicia frangunt, necnon latrocinia et multa alia enormia Deo odibilia sepe et sepius committendo. » (*Statutum episcopi Parisiensis contra scholares*, dans le *Cartulaire de Notre-Dame de Paris*, t. I, p. 162.)

2. Voyez A.-F., *Recherches sur la bibliothèque de la Faculté de médecine de Paris*, p. 35.

ler dans une même maison un certain nombre de professeurs et d'étudiants, idée alors toute nouvelle, mais qui fut rapidement adoptée, et dont la réalisation servit de type à tous les colléges qui s'établirent dans la suite.

L'immense renommée qu'acquit cette création a fait rechercher quels mobiles avaient guidé le fondateur. On a cru qu'il voulut venir en aide à l'école du cloître de Notre-Dame, et combattre ainsi l'influence croissante du clergé régulier. On a dit aussi que, réfléchissant aux difficultés de toute nature qu'il avait dû vaincre pour parvenir au grade de docteur, il chercha à aplanir la voie devant les étudiants pauvres, et surtout à éloigner d'eux les dangereuses tentations qui les sollicitaient. Il y eut certainement un peu de tout cela dans la pensée de Robert, comme dans celle de tous les hommes dévoués, qui, aux siècles suivants, imitèrent son exemple; mais il serait déraisonnable d'affirmer, ainsi qu'on l'a fait, qu'il se laissa déterminer d'une manière exclusive par l'une ou par l'autre de ces considérations.

Robert était né le 9 octobre 1201 ; on le trouve nommé en latin *Robertus Sorbonensis*, *de Sarbona*, *de Seurbona*, *de Surbonio*, *de Sorbonia*, *de Sorbonio* et enfin *de Sorbona,* forme qui a prévalu. De là de nombreuses hypothèses sur l'endroit qui l'a vu naître. Les uns se prononcent pour un bourg situé près de Sens, et qui, dans les anciens pouillés, est appelé *de Serbonis*. Les autres proposent le village de Sorbon dans le pays d'Arras; ils fondent leur assertion sur ce que Robert fut chanoine de Cambrai, et que la plupart de ses premiers coopérateurs étaient Flamands ou Artésiens. L'opinion aujourd'hui la plus répandue le fait naître à Sorbon, près Rethel, dans le diocèse de Reims.

D'abord chanoine de Cambrai, Robert fut présenté à la cour de saint Louis par le comte d'Artois, frère du monarque. Robert était instruit et avait le titre de docteur. Un passage de l'histoire de Joinville[1] semble prouver qu'il était de basse extraction, mais qu'il sut plaire au saint roi, qui l'admit plusieurs fois à sa table et en fit un de ses chapelains, peut-être même un de ses confesseurs[2].

Pour réaliser sa généreuse pensée et fonder

---

1. Joinville, *Histoire de saint Louis*, édit. Fr. Michel et P. Paris, p. 10.

2. « Erat Robertus doctor theologus, Ludovico regi a se« cretis confessionibus eidemque charissimus. » (Cl. Héméré, *Sorbonæ origines, disciplina, viri illustres, etc.*, p. 12; bibliothèque de l'Arsenal, manuscrits, n° 133.)

le collége qu'il rêvait, Robert ne manquait donc pas d'appuis. Il s'adressa à saint Louis, et, en février 1256, par un acte dont la teneur nous a été conservée[1], le monarque concéda à son chapelain, « ad opus scholarium qui « inibi moraturi sunt, » une maison et des écuries situées « in vico de Coupegueule[2], ante « palatium Thermarum. » La date de cette

1. « Ludovicus, Dei gratia Francorum Rex, universis lite-« ras inspecturis salutem. Notum facimus quod nos Magis-« tro Roberto de Sorbona, canonico Cameracensi, dedimus « et concessimus, ad opus scholarium qui inibi moraturi « sunt, domum quæ fuit Joannis de Aurelianensi, cum sta-« bulis quæ fuerunt Petri Ponilane, contiguis eidem domui; « quæ domus cum stabulis sita sunt Parisius in vico de « Coupegueule ante Palatium Thermarum. Præterea permu-« tavimus cum dicto Magistro decem solidos augmentati « census, quos habebamus super grangiam quæ fuit Joannis « de Balneolis, sitam in dicto vico, ad decem solidos augmen-« tati census, quos idem Magister habebat super domum « quæ fuit Philippi de Fonteneto, in eodem vico sitam. « Quos decem solidos idem Magister nobis omnino quitta-« vit et concessit. Et nos similiter eidem quittavimus et « concessimus in perpetuum alios decem solidos ante dic-« tos. In cujus rei testimonium præsentibus literis nostrum « fecimus apponi sigillum. Actum Parisius, anno Domini « 1250. » (J. Dubreul, *Théâtre des antiquitez de Paris*, p. 464.) — Il faut sans doute lire ci-dessus, au lieu de Ponilane, P. Point-l'Ane (en latin *Pungensasinum*), c'était le nom que portait au treizième siècle une riche famille bourgeoise de Paris. Voy. A. F., *les Rues de Paris au treizième siècle*, p. 90.

2. Ce mot est toujours écrit en français au milieu de cette charte latine; c'était sans doute le nom déjà attribué à la rue par l'usage.

charte, aujourd'hui perdue, a soulevé de nombreuses controverses[1]. J. Dubreul[2], qui a vraisemblablement copié l'original, et après lui Duboulay[3], Et. Pasquier[4] et le président Hénault[5] s'accordent sur l'année 1250. Il est vrai qu'à cette époque saint Louis était en Orient; l'acte aurait donc été souscrit par la reine Blanche sur un ordre du roi; c'est l'opinion de Ladvocat[6], ancien bibliothécaire de la Sorbonne, et très au fait de son histoire. Les continuateurs de dom Bouquet pensent, au contraire, que cette charte n'a pas été écrite avant le mois de février 1256[7], et M. Ch. Jourdain a démontré l'exactitude de cette assertion[8]. Constatons d'ailleurs que, dans cette pièce, Robert est qualifié de chanoine de Cambrai, dignité qu'il ne possédait déjà plus en 1253.

---

1. Voyez, entre autres, l'*Histoire littéraire de la France*, t. XIX, p. 295, et Jaillot, *Recherches critiques sur Paris, quartier Saint-André-des-Arts*, p. 136 et suiv.
2. J. Dubreul, *Théâtre des antiquitez de Paris*, p. 464.
3. *Historia Universitatis Parisiensis*, t. III, p. 223-238.
4. *Recherches sur la France*, t. Ier, p. 917.
5. *Abrégé chronologique de l'histoire de France*, édit. de 1778, t. Ier, p. 247.
6. *Dictionnaire historique*, v° Sorbon.
7. *Recueil des historiens des Gaules*, t. XX, p. 93.
8. Ch. Jourdain, *Index chronologicus chartarum pertinentium ad historiam universitatis parisiensis*, n° CL, p. 20.

Les avis sont également partagés au sujet du lieu précis où était situé l'immeuble donné par saint Louis. Suivant d'anciens historiens de Paris, la rue Coupe-Gueule ou Coupe-Gorge était ainsi appelée « à cause des meur« tres et des massacres qui s'y faisoient fort « souvent[1]; » on permit donc, quelques années après, aux hôtes du collége, de la fermer à ses deux extrémités pendant la nuit : de là le nom de rue des Portes ou des Deux-Portes (*vicus ad Portas* ou *ad duas Portas*) qui lui fut ensuite donné; enfin, quand l'établissement eut acquis quelque célébrité, elle changea encore une fois de dénomination et devint la rue de Sorbonne (*vicus de Sorbonia* ou *de Sorbonio*). Mais Sauval[2], Piganiol de la Force[3] et Jaillot[4] affirment, au contraire, que ces trois noms désignent trois voies différentes. Dans cette hypothèse, qui paraît la plus vraisemblable, la rue Coupe-Gorge allait de la rue Saint-Jacques à la rue de la Harpe en longeant le mur d'enceinte, et elle fut en 1504

1. J. Dubreul, *Théâtre des antiquitez de Paris*, p. 464. — Lemaire, *Paris ancien et nouveau*, t. II, p. 452.
2. *Recherches sur Paris*, t. I, p. 169.
3. *Description de Paris*, t. VI, p. 358.
4. Jaillot, *Recherches sur Paris*, *quartier Saint-Benoît*, p. 127 et 208, et *quartier Saint-André*, p. 134.

enclavée dans le couvent des Jacobins ; quant à la rue Coupe-Gueule, elle descendait de la rue des Poirées à la rue des Mathurins, entre une rue qui devint la rue de Sorbonne et la rue des Maçons.

Une fois pourvu d'un local, Robert voulut s'assurer des coopérateurs parmi les hommes les plus instruits de son temps. Il en trouva plusieurs à la cour même : Guillaume de Chartres, chanoine de Saint-Quentin et chapelain du roi ; Robert de Douai, chanoine de Senlis et médecin de Marguerite de Provence, femme de saint Louis ; les cardinaux Geoffroi de Bar, doyen de l'Église de Paris, et Guillaume de Brai, archidiacre de Reims [1] : ceux-ci aidèrent Robert de leurs conseils et de leur bourse. D'autres se chargèrent de diriger l'enseignement ; ce furent surtout : Guillaume de Saint-Amour [2], Odon de Douai, Laurent l'Anglais, Gérard de Reims, Géraud d'Abbeville [3], Raoul de Courtray, Régnaud de Soissons [4], Godefroy Desfontaines [5], Henri de Gand, Pierre de

---

1. Ladvocat, *Dictionnaire historique*, v° Sorbon.
2. *Histoire littéraire de la France*, t. XIX, p. 197, et t. XXI, p. 468.
3. *Histoire littéraire de la France*, t. XIX, p. 215, et t. XXI, p. 468.
4. Ladvocat, *Dictionnaire historique*, V° Sorbon.
5. *Histoire littéraire de la France*, t. XXI, p. 550.

Limoges[1], Odon de Castres, Siger de Brabant[2], Poncard et Arnoul de Hasnède[3].

Les termes de la charte que nous avons cîtée prouvent que le collége ne peut avoir été ouvert avant 1256. On lit pourtant dans le nécrologe de l'établissement, sous la rubrique du 25 août : « Fundata fuit domus nostra anno « 1253, a Roberto de Sorbona, confessore re« gis. »

Deux ans après, il fallut déjà s'occuper d'agrandissements. Saint Louis venait d'appeler à Paris les Frères de la Sainte-Croix[5], et songeait à les établir rue Coupe-Gueule,

---

1. J. Échard, *Sancti Thomæ Summa suo auctori vindicata*, p. 414.

2. *Histoire littéraire de la France*, t. XXI, p. 96.

3. Cl. Héméré, *Robertus de Sorbona, doctor devotus, etc.* Bibliothèque nationale, manuscrits, fonds latin, n° 16575.

4. *Necrologium Sorbonæ*, in-4°, sur vélin ; Bibliothèque nationale, manuscrits, fonds latin, n° 16574. Une copie de ce nécrologe se trouve à la bibliothèque Mazarine, manuscrits, n° 576. — A. Chevillier écrivait en 1694 : « L'an« cien nécrologe, exposé dans la sacristie, étoit écrit sur « une longue feuille de parchemin qui se rouloit autour « d'une colonne de bois, et représentoit chaque mois l'un « après l'autre. » (*De l'origine de l'imprimerie de Paris*, p. 416.)

5. A propos de ce couvent, rappelons un fait assez peu connu, qui est relatif aux débuts de l'imprimerie à Paris.

L'ancien collaborateur de Gutenberg, Pierre Schœffer, qui était resté établi à Mayence, venait d'imprimer un Commentaire sur la *Cité de Dieu* de saint Augustin, et un traité intitulé *Fasciculus temporum;* ces deux ouvrages se vendans des maisons qui lui appartenaient et qui étaient contiguës au collége. Robert, de son côté, possédait plusieurs propriétés situées rue de la Bretonnerie, sur la paroisse de Saint-Jean-en-Grève, « in vico de Britonaria,

---

daient onze francs, mais on consentit à les livrer pour quatre francs, le 13 mars 1477, au frère convers Jean Balduym, stipulant au nom des religieux de Sainte-Croix de la Bretonnerie. Ces faits sont attestés par une inscription trouvée sur l'un des volumes et communiquée à M. Petit-Radel par Van Praet. Le motif de la remise considérable qui fut faite aux religieux vaut la peine d'être remarqué; la note que nous venons de citer s'exprime ainsi : « Quia per aliquod « spacium temporis, gazophilacium et gazas ipsius impres- « soris conservavimus intus in hoc conventu. » On n'ignorait pas, en effet, que, dès 1475, Pierre Schœffer et son associé Conrad Heinlif avaient eu à Paris un dépôt des livres qu'ils imprimaient à Mayence; on voit maintenant que ce dépôt était établi chez les religieux de Sainte-Croix. Ajoutons que Statteren, le commis des deux imprimeurs, étant mort, le fisc s'empara de tous les volumes, en vertu du droit d'aubaine, et les fit vendre; il fallut une ordonnance de Louis XI (21 avril 1475) pour faire restituer à Schœffer les 2,425 écus 3 sols tournois qu'avaient produits les enchères.

Voici la note dont nous venons de parler : « Hoc volumen, « commentum videlicet super libros beati Augustini *De ci* « *vitate Dei*, cum suo textu, una cumque illo libro qui in- « titulatur *Fasciculus temporum*, emimus ab impressore « de Moguncia, ut patet in rubrica superiori, a quo pro- « cessit exordium omnium impressorum et impressurarum « totius orbis, precio quatuor francorum, quos frater Joan- « nes Balduym, conversus hujus conventus, acquisivit ab « ejusdem consanguineis et notis. Et quum præscripta duo « volumina potioris et pluris precii extiterant, ut pote un- « decim francorum, quia per aliquod spatium temporis ga- « zophilacium et gazas ipsius impressoris conservavimus « intus in hoc conventu. Quæ universa ex integro recepit,

« in parrochia Sancti Joannis de Gravia ; » il les abandonna aux nouveaux religieux, qui s'y installèrent, et le Roi, en échange, lui donna les maisons qu'il avait dans la rue Coupe-Gueule, et même « quasdam alias sitas in « fine alterius vici eidem oppositi[1] ; » il l'autorisait en outre à clore ces deux rues, « claudere duos vicos domos includentes prædic« tas[2]. »

« idcirco illud quod defuit precio memorato undecim fran« corum, nobis contulit anno Domini M° CCCC° septuage« simo septimo, mensis martii die tertia decima. Et sic « notum sit cunctis quum liber iste pertinet nobis fratribus « Sanctæ Crucis conventus Parisiensis. »

Voy. A.-F., *les Anciennes Bibliothèques de Paris*, t. I, p. 330.

1. Sans doute celle qui devint la rue de Sorbonne.

2. « Ludovicus, Dei gratia Francorum Rex. Notum faci« mus universis tam præsentibus quam futuris, quod cum « dilectus clericus noster Magister Robertus de Sorbona « quasdam domos quas emerat a Guillelmo dicto Mantel et « Gilberto de Braya sitas Parisius in vico de Britonaria, in « parrochia S. Joannis de Gravia, ad petitionem nostram « contulerit fratribus de Sancta Cruce, ab eisdem fratribus « jure hereditario in perpetuum possidendas. Nos in escam« bium et recompensationem earum, eidem Magistro Ro« berto et eis qui causam habebunt ab eo, concedimus in « perpetuum jure hereditario possidendas omnes domos « quas habebamus Parisius in vico de Coupegueule, ante « palatium Thermarum, secundum quod protenduntur a « domo Guillelmi Panetarii et Joannis de Harmanvilla us« que ad finem ejusdem vici, et etiam quasdam domos sitas « juxta domum Magistri Petri de Cambleyo in fine alterius « vici eidem oppositi. Concedimus etiam, quantum in nobis

Un nouvel échange eut lieu quatre ans après. Saint Louis offrit à Robert une maison de la rue Coupe-Gueule et toutes celles qu'il possédait encore dans la rue des Maçons, *in vico Lathomorum;* Robert lui donna quelques propriétés sises rue de l'Hirondelle et rue Saint-Jacques. L'acte est daté de décembre 1262[1]; nous remarquons que Robert y prend le titre de chanoine de Notre-Dame de Paris, et que l'échange est dit consenti « ad « opus congregationis pauperum magistrorum « Parisius in theologia studentium[2]. » Cependant Robert de Douai, qui venait de mourir, avait légué la somme alors considérable de 1,500 livres au nouveau collége[3].

« est, quod possit claudere duos vicos domos includentes « prædictas, sine præjudicio alieno ; et quod teneat in manu « mortua domos quæ sunt in censiva Burgensium Parisien- « sium existentes inter domos prædictas, salvo in omnibus « jure alieno. Quod ut ratum et stabile permaneat in futu- « rum, præsentes literas dicto Magistro Roberto dedimus « sigilli nostri impressione munitas. Actum Parisius, anno « Domini 1258, mense februario. » E. Duboulay, *Historia universitatis parisiensis*, t. III, p. 224. — J. Dubreul, *Théâtre des antiquitez de Paris*, p. 465. — Lemaire, *Paris ancien et nouveau*, t. II, p. 453.

1. Voy. Ch. Jourdain, *Index chronologicus chartarum pertinentium ad historiam universitatis parisiensis*, n° CXC, p. 28.

2. J. Dubreul, *Théâtre des antiquitez de Paris*, p. 465.

3. Cl. Hémére, *Sorbonæ origines*, etc., p. 24. — Chomel,

L'appui de l'Église ne lui manquait pas non plus. Alexandre IV, en 1259, l'avait déclaré utile à la religion et aux lettres, et recommandé à la générosité des prélats, des abbés, des fidèles même. Urbain IV, en 1261, avait tenu un langage semblable. Enfin, en avril 1268, une bulle de Clément IV approuva encore l'établissement, et régla les rapports de cette communauté avec l'Église. L'acte commence par ces mots : « Clemens episcopus, « servus servorum Dei, dilecto filio provisori « pauperum magistrorum et ipsis magistris in « theologica facultate studentibus, in vico ad « portas ante palatium de Thermis, Parisius, « sub communi vita degentibus, salutem et « apostolicam benedictionem. » Robert y est donc officiellement reconnu comme proviseur, mais le pape exige que son successeur ne puisse être nommé qu'avec l'approbation de l'archidiacre et du chancelier de l'Église de Paris,

---

Essai historique sur la médecine en France, p. 246. — Riolan, *Curieuses recherches sur les escholes en médecine*, p. 92. — Ch. Jourdain, *Index chronologicus chartarum*, etc., n° CLXII, p. 22. — Le testament de Robert de Douai était conservé avec les archives de la Maison, et on lit dans le nécrologe, à la date du 20 mai : « Obiit magister « Robertus de Duaco, clericus, qui dedit ad fundandum do- « mum mille et quingentas libras. »

des docteurs en théologie, des doyens de la Faculté de droit et de la Faculté de médecine, du recteur de l'Université et des procureurs des quatre Nations [1].

Les agrandissements continuaient. Un évêque d'Apt donnait deux maisons de la rue de l'Hirondelle, et Guillaume de Chartres cinq maisons de la rue des Maçons. De plus, Robert acheta, en 1271, à Guillaume de Cambrai, chanoine de Saint-Jean-de-Maurienne, une vaste propriété qui s'étendait depuis les bâtiments du collége jusqu'à la rue des Poirées. Son but était d'y transférer une partie de l'école du cloître Notre-Dame, celles où se donnaient les leçons élémentaires destinées à préparer les jeunes clercs aux études théologiques. Cet établissement s'appela d'abord la Petite-Sorbonne, puis le collége de Calvi; nous verrons plus tard comment il devint le collége du Plessis.

Robert mourut le 15 août 1274 [2], après avoir rempli pendant vingt ans les fonctions de pro-

1. Lemaire, *Paris ancien et nouveau*, t. II, p. 456.
2. « Obijt anno Domini 1274, die assumptionis beatæ Vir-« ginis, magister Robertus de Sorbonio, canonicus Pari-« siensis, fundator domus hujus. » (*Necrologium Sorbonæ*, 15 augusti.)

viseur. Il avait eu le temps de voir sa précieuse fondation prospérer et grandir, devenir même une des puissantes assises de la jeune Université parisienne. Vers 1270, les différentes spécialités représentées dans l'enseignement s'étaient séparées et constituées en Facultés distinctes ; la Faculté de droit s'était installée au clos Bruneau, la Faculté des arts, rue du Fouare, et la Sorbonne était devenue le chef-lieu de la Faculté de théologie.

Quatre ans avant sa mort, Robert avait rédigé son testament [1], par lequel il léguait au collége tous ses biens immeubles amortis, et les autres à son ami Geoffroi de Bar, chanoine de Notre-Dame, puis cardinal. Mais, aussitôt après la mort de Robert, Geoffroi les donna à l'établissement, « congregationi pauperum ma« gistrorum seu ipsis pauperibus magistris « Parisius in theologica facultate studenti« bus [2]. » On en a conclu que le legs du fon-

1. « Actum anno Domini 1270, in die Sancti Michaelis. » (29 septembre 1270.) Ch. Jourdain, *Index chronologicus chartarum*, etc., n° CCXXII, p. 33. — Ce testament figure dans le cartulaire de la Sorbonne; Bibliothèque nationale, manuscrits, fonds de la Sorbonne, n° 1272. Il a été reproduit par Du Cange, dans ses *Observations sur les mémoires de Joinville*, p. 36. — Voy. ci-dessous la 3e partie.

2. *Mémoire historique sur la Sorbonne.* Archives nationales, série S, n° 6211.

dateur à Geoffroi de Bar n'avait été qu'un fidéicommis [1].

Ce qui nous reste des écrits de Robert, ses commentaires sur la Bible, ses sermons, etc., sont loin de dénoter un théologien de premier ordre. C'était donc surtout un esprit généreux, net et pratique, et ces qualités se montrent à un haut degré dans les statuts [2] qu'il rédigea

1. Cl. Héméré, *Sorbonæ origines*, etc., p. 32. L'acte de donation est conçu en ces termes :

« Universis præsentes litteras inspecturis, Magister « Gaufridus de Barro, decanus Parisiensis, æternam in « Dom. salutem. Noveritis quod nos omnia bona, quo- « rum vir venerabilis bonæ memoriæ Magister Rober- « tus de Sorbonio, canonicus Pariensis, suum constituit nos « hæredem, pietatis intuitu, in puram et perpetuam elee- « mosynam, donamus donatione inter vivos congregationi « pauperum Magistrorum, seu ipsis pauperibus Magistris « Paris. in Theologica Facultate studentibus, quorum diu « Provisor extitit Magister antedictus, ex nunc dominium « et proprietatem dictorum bonorum cum eorum pertinen- « tiis seu appendiciis, cum omni jure quod in præmissis « omnibus et singulis qualicumque ratione habemus, seu « habere possumus, in ipsos pauperes Magistros transfe- « rendo ; hac conditione apposita, quod dicti Magistri et « eorum Congregatio et Provisor eorum, nomine dictæ Con- « gregationis et ipsorum Magistrorum, et pro ipsis, tenean- « tur satisfacere omnibus creditoribus dicti Magistri Ro- « berti, et omnibus debitis in quibus dictus Magister Ro- « bertus tenebatur tempore mortis suæ, et ad omnia onera « in quibus tenemur vel teneri possumus occasione hæredi- « tatis prædictæ. In cujus rei testimonium sigillum nos- « trum præsentibus duximus apponendum, anno Domini « 1274, mense novembri. »

2. Bibliothèque nationale, manuscrits, fonds latin, n° 16574, p. 1.

pour son établissement; ceux-ci, d'ailleurs, fruit d'une longue expérience, ont été conservés presque intacts jusqu'à l'anéantissement de la Sorbonne en 1790.

Nous avons dit que le collége de Calvi, créé par Robert dans le but de compléter son œuvre, avait été consacré à l'enseignement élémentaire. Il fallait, en effet, pour être admis à la Sorbonne, avoir le grade de bachelier, soutenir une thèse appelée *Robertine*, et obtenir la majorité des suffrages dans trois scrutins.

Les membres de la communauté étaient divisés en deux classes : les hôtes et les associés, les *Hospites* et les *Socii*.

Les *Hospites* trouvaient dans la Maison tous les moyens de s'instruire, mais ne prenaient aucune part à son administration. Ils pouvaient étudier dans la bibliothèque, mais n'en avaient point la clef. Ils devaient quitter l'établissement dès qu'ils étaient parvenus au grade de docteur, et n'avaient droit qu'au titre de *bachelier* ou de *docteur de la Maison de Sorbonne*.

Les *Socii* s'intitulaient *bacheliers* ou *docteurs de la Maison et Société de Sorbonne*. Tout dans le collége était géré par eux, mais, quels que fussent leur âge ou leur grade universitaire, l'égalité la plus absolue régnait entre eux, « omnes sumus sicut socii et æquales, » disaient les anciens Sorbonistes. Les *socii* qui étaient riches payaient à l'établissement une somme égale à celle que recevaient les *socii* pauvres ou *socii bursales*. Dès l'origine, les *socii* furent au nombre de trente-six; chacun avait sa chambre ou son petit logement, et, comme on le voit par le registre du procureur, son couvert d'argent, dû à la libéralité de Robert. Quelques-uns des docteurs étaient tenus de s'appliquer particulièrement à l'étude des cas de conscience; cette spécialité une fois établie, on s'adressa de tous côtés au collége, et c'est là en réalité ce qui rendit sa réputation européenne.

La première dignité de la Maison était celle de proviseur; après la mort de Robert, on élut à sa place Guillaume de Montmorency, alors chanoine de Notre-Dame et docteur. Presque toutes les fonctions actives reposaient sur le prieur, pris ordinairement parmi les *socii* les plus jeunes, mais il ne pouvait rester en charge qu'une année. On choisissait, au contraire, parmi les plus âgés quatre senieurs (*seniores*), chargés de régler les affaires difficiles et de maintenir les anciens usages. Venaient ensuite le procureur, le bibliothécaire, les professeurs, le conscripteur, etc. On désignait sous le nom de *prima mensis* l'assemblée tenue régulièrement par les *socii* le premier de chaque mois. Enfin la Sorbonne avait pour patronne sainte Ursule, du moins à dater du quatorzième siècle, car la chapelle élevée par Robert était, croit-on, sous l'invocation de la Vierge[1].

---

1. Lebeuf, *Histoire de la ville et du diocèse de Paris*, t. Ier, p. 240 et suiv.

II

Origine de la bibliothèque. — Catalogue de 1289. — Grande et petite librairies. — Premières donations de livres.

A l'époque où fut fondée la Sorbonne, les livres, encore fort rares et fort chers, étaient hors de la portée des étudiants ; presque tous devaient donc se contenter des cahiers qu'ils écrivaient pendant les cours sous la dictée de leurs professeurs. La plupart des établissements consacrés à l'instruction s'efforçaient, il est vrai, de réunir des bibliothèques qu'en général ils mettaient à la disposition des écoliers, comme l'avaient fait, dès 1271, les chefs de l'école du cloître[1] ; cette géné-

1. Voy. A.-F., *Recherches sur la bibliothèque publique de l'église Notre-Dame de Paris au treizième siècle.*

reuse pensée fut adoptée aussi par la Sorbonne et sans doute par d'autres communautés. Robert, qui, nous le verrons, aimait les livres, ne pouvait se montrer indifférent à cet égard; aussi nous dit-on qu'il « avoit eu soin de ras« sembler à son collége tous les livres néces« saires à des théologiens, et d'y établir un « bibliothéquaire [1]. »

Une note précieuse, qui se trouve à la fin d'un des catalogues de la Maison, déclare cependant que c'est seulement en 1289 qu'y fut organisée une bibliothèque « pro libris cathenatis ad « communem sociorum utilitatem [2] : »

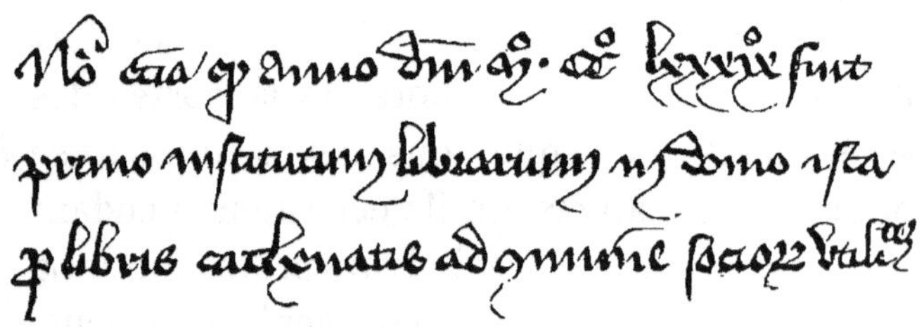

Il faut sans doute faire remonter jusqu'à cette année la rédaction de son premier catalogue. Conservé aujourd'hui parmi les manus-

1. Ladvocat, *Dictionnaire historique*, vº Sorbon.
2. Bibliothèque de l'Arsenal, manuscrits, nº 855, p. 223.

crits de la bibliothèque de l'Arsenal[1], ce document remplit 8 pages in-folio à deux colonnes et a pour titre :

La bibliothèque semble avoir été partagée dès cette époque en deux dépôts bien distincts. L'un, appelé la grande librairie (*magna libraria*), renfermait les ouvrages les plus utiles et qui étaient le plus souvent étudiés; attachés à des chaînes, ils ne pouvaient sortir de la salle que dans des circonstances exceptionnelles. Un statut de l'année 1321 ordonne d'enchaîner dans la grande librairie le meilleur livre que possédait la communauté sur chaque matière[2]. Le second dépôt, désigné sous le nom de petite

---

1. Bibliothèque de l'Arsenal, manuscrits, n° 855, p. 237.
2. « De omni sciencia et de libris omnibus in domo existentibus saltem unum volumen, quod melius est, ponatur « ad cathenas in libraria communi, ut omnes possint videre, « etiam si unum tantum sit volumen, quia bonum commune « divinius est quam bonum unius, et ad hoc astringatur « quilibet habens hujus modi librum ponendum in libraria, « quod sine contradictione eum tradat. » (Bibliothèque nationale, manuscrits, fonds latin, n° 16574.)

librairie (*parva libraria*), renfermait les doubles, et les ouvrages rarement consultés, dont le prêt était autorisé sous des conditions dont nous parlerons plus loin.

L'année suivante, on décida qu'à la fin de chaque volume on inscrirait l'époque de son entrée dans l'établissement [1].

La bibliothèque renfermait alors mille dix-sept volumes [2], parmi lesquels figure un seul livre en français : le roman de la Rose, *Romancium de Rosa*.

Deux ans après, en 1292, la collection tout

---

1. « Et fuit tunc ordinatum per magistros in theologia, « quod in omnibus libris de cetero in domo recipiendis, an-« num Domini inscribatur. » (Bibliothèque de l'Arsenal, manuscrits, n° 855, p. 223.) Cette note, ainsi que les quatre autres dont nous donnons le *fac-simile*, ont été connues de Cl. Héméré, qui les cite dans son *Sorbonæ origines, disciplina, viri illustres, etc.*, p. 165 ; cet ouvrage, qui est resté inédit, mériterait d'être publié.

2. 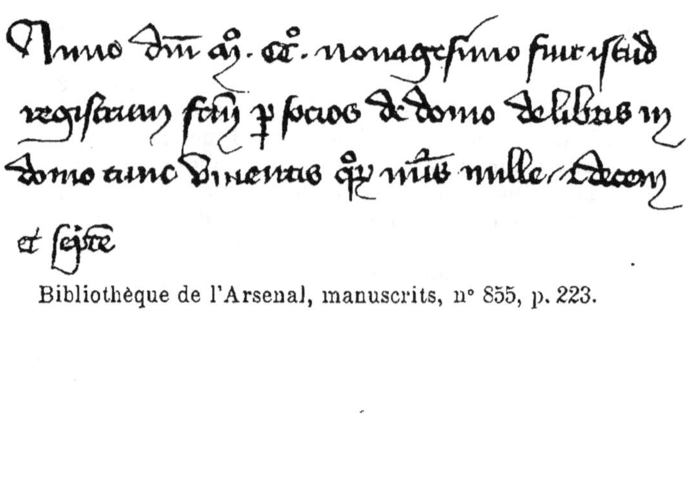

Bibliothèque de l'Arsenal, manuscrits, n° 855, p. 223.

entière avait une valeur de trois mille huit cent douze livres dix sols huit deniers [1].

Les docteurs de la Sorbonne écrivaient presque toujours en tête ou à la fin de chaque volume son prix d'estimation et le nom de la personne qui l'avait donné au collége. A l'aide de ces indications, jointes à celles que nous fournissent le nécrologe de l'établissement et deux précieux manuscrits consacrés à l'histoire de la Sorbonne, nous allons essayer de donner la liste des premiers bienfaiteurs de cette bibliothèque devenue si célèbre. La plupart d'entre eux étaient membres de la communauté, mais nous ne citerons que ceux sur lesquels nous avons trouvé quelque renseignement positif et ceux auxquels il nous a été possible d'assigner une date certaine.

---

1. 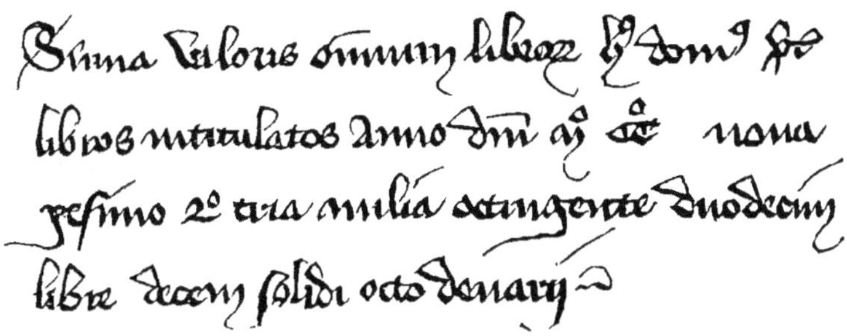

Bibliothèque de l'Arsenal, manuscrits, n° 855, p. 223.

Robert de Douai avait désigné le fondateur de la Sorbonne pour son exécuteur testamentaire; outre la somme de 1,500 livres qu'il légua au collége, il lui laissa tous ses traités de théologie, Bibles, gloses et œuvres des Pères[1]. En tête du feuillet de garde d'un commentaire sur les Prophètes, nous avons trouvé la note suivante : « Iste liber est paupe-« rum magistrorum Parisius in theologica fa-« cultate studentium, ex legato magistri Ro-« berti de Duaco [2]. »

Nous rencontrons ensuite un sieur Nicaise de la Planche ou de la Planque (*Nichasius de Planca*), qui vécut « circa annum 1260, et le-« gavit nonnullos libros » au collége [3].

Puis, en suivant, autant que possible, l'ordre chronologique :

Jean de Gondricourt, chanoine de Liége, mort en 1262, lègue à l'établissement sa Bible[4].

---

1. « Item eisdem scholaribus lego omnes libros meos de « theologia, tam Biblias, tam originalia, quam alios libros « glosatos. » (*Testamentum Roberti de Duaco*, 1258. Bibliothèque nationale, manuscrits, fonds latin, nº 5493, p. 231.)

2. Bibliothèque nationale, manuscrits, fonds latin, nº 15220.

3. *Domus et Societatis Sorbonicæ historia*, bibliothèque de l'Arsenal, manuscrits, nº 132, p. 52.

4. « Anno 1262, mortuus est Joannes de Gondricuria, ca-« nonicus Leodiensis, qui Societati Sorbonicæ biblia sua

En décembre 1264, Nicolas de Wrigni, chanoine et pénitencier de Coutances, lui lègue plusieurs volumes, parmi lesquels nous remarquons un missel, un bréviaire noté, quelques collectaires, les *Sentences* de Pierre Lombard, etc. L'original de son testament, écrit sur vélin, est conservé aujourd'hui aux Archives nationales [1].

Guillaume de Montreuil (*Guillelmus de Monasteriolo*), *socius*, qui mourut vers 1270, légua au collége plusieurs livres d'histoire [2].

L'année suivante, Miles de Corbeil (*Milo de Corbolio*), chanoine de Notre-Dame, laissa à la Sorbonne cent livres parisis [3], et un beau missel à la fin duquel on lit : « Iste liber est « collegij pauperum magistrorum Parisius in « theologia studentium, ex legato magistri « Milonis de Corbolio [4]. »

Enfin Eudes ou Odon, chancelier de l'église

« testamento concessit; libros vero philosophicos, quotquot « habuit, Petro ex fratre nepoti. » (*Domus et Societatis Sorbonicæ historia*, p. 24.)

1. Archives nationales, série M, carton n° 75, pièce 129.

2. *Domus et Societatis Sorbonicæ historia*, p. 61.

3. « Obiit magister Milo de Corbolio, qui legavit isti con« gregationi C lib. paris. » (*Necrologium Sorbonæ*, 13 junii.) — Cet obit se trouve aussi, mais à la date du 17 juillet, dans le nécrologe de Notre-Dame de Paris.

4. Bibliothèque nationale, manuscrits, fonds latin, n° 15616.

de Paris, puis évêque de Tusculum, qui mourut en 1273, légua à la bibliothèque deux volumes de ses propres sermons : « Sermones ve-« nerabilis Patris Odonis, episcopi Tusculani [1], « ex legato M. Odonis, episcopi Tusculani, » lit-on sur le catalogue de 1338.

Nous arrivons ainsi à l'année 1274, époque de la mort du fondateur. Robert, riche, instruit, ami des lettres, avait rassemblé une bibliothèque assez nombreuse, qu'il laissa, comme tout le reste de ses biens, à son collége. Nous avons trouvé à la Bibliothèque nationale vingt-deux manuscrits provenant de ce legs; ils sont reconnaissables à l'inscription suivante, placée en général sur l'un des feuillets de garde : « Iste liber est collegii « pauperum magistrorum in theologia studen-« tium, ex legato magistri Roberti de Sorbo-« nio [2]. »

On y remarque plusieurs volumes de ser-

1. Aujourd'hui à la Bibliothèque nationale, manuscrits, fonds latin, n°s 15947 et 15948.

2. Voyez à la Bibliothèque nationale, dans le fonds latin, les manuscrits inscrits sous les n°s 15194, 15205, 15375, 15504, 15225, 15509, 15513, 15545, 15546, 15678, 15681, 15686, 15613, 15318, 15320, 15756, 15921, 16471, 16473, 15958, 15959, 15910, etc., etc.

mons[1], les *Sentences* de Pierre Lombard[2], le traité *De universo* de Guillaume d'Auvergne[3], la *Somme* de Raymond de Penafort[4], les *Dialogues* de saint Grégoire[5], et surtout une belle Bible in-folio, sur vélin, qui fut écrite en 1270, et qui passe pour avoir été donnée à Robert par le roi saint Louis[6].

Nous ne pouvons fournir la date exacte de la mort des huit personnages dont les noms suivent, mais nous sommes certain que tous furent contemporains de Robert.

Evrard ou Gérard de Dijon (*de Dijona*), chanoine de Saint-Quentin, « nominatur in fine « multorum librorum quos Sorbonæ legavit[7]. » Le seul de ces volumes que nous ayons retrouvé porte à la fin ces mots : « ... ex legato « Evrardi de Dijona, canonici Sancti Quen- « tini[8]. »

1. Bibliothèque nationale, manuscrits, fonds latin, nos 16471 et 15959.
2. *Ibid.*, nos 15318 et 15320.
3. *Ibid.*, no 15756.
4. *Ibid.*, no 15921.
5. *Ibid.*, no 15678.
6. *Ibid.*, no 15467.
7. *Domus et Societatis Sorbonicæ historia*, bibliothèque de l'Arsenal, manuscrits, no 132, p. 47.
8. Bibliothèque nationale, manuscrits, fonds latin, no 15518.

Gérard, Géraud, Gérold ou Géroud d'Abbeville, un des premiers professeurs de la Maison, fut intimement lié avec Robert, qui, en 1270, souscrivit comme témoin son testament[1]. Le nécrologe mentionne ainsi sa mort, à la date du 8 novembre : « Obiit magister Geraudus de Abbatis Villa, qui nobis legavit plurima volumina librorum, tam in theologia « quam in philosophia, et omnia ornamenta « quæ pertinent ad capellam. » La Bibliothèque nationale possède cent dix-huit volumes provenant de ce legs[2]; l'inscription placée à la fin de chacun d'eux ne donne aucun renseignement sur ce professeur, qui contribua pour une large part à la fondation de la bibliothèque.

Ponchard, Ponsard ou Poncard, dit *de Sorbonne*, fut un des premiers *socii* de la Maison[3]. Il lui laissa quelques volumes dont quatre

---

1. Claude Héméré a reproduit ce testament presque en entier dans ses *Sorbonæ origines, disciplina, viri illustres, etc.*, p. 171. Il commence ainsi : « Ego Gerardus de « Abbatisvilla... sanus et incolumis mente et corpore, anno « Domini 1270, primo die lunæ post inventionem sancti « Firmini martyris... testamentum meum condidi in modum « qui sequitur... »

2. On en trouve la liste dans L. Delisle, *le Cabinet des manuscrits de la Bibliothèque nationale*, t. II, p. 148.

3. Claude Héméré, *Vita Roberti de Sorbona;* Bibliothèque nationale, manuscrits, fonds de la Sorbonne, n° 1247.

sont aujourd'hui à la Bibliothèque nationale[1]. Sur l'un d'entre eux, qui contient le traité *De sacramentis* de Hugues de Saint-Victor, on lit : « Iste liber est pauperum magistrorum « in theologia studentium, in domo quam fun- « davit R. de Sorbonia commorantium, ex le- « gato Poncardi de Sorbonia[2]. » L'inscription placée sur les trois autres manuscrits présente quelques variantes.

Arnoul de Asnede ou de Hasnede, qui vivait vers 1278[3], donna au collége un volume des *Sentences* de Pierre Lombard, à la fin duquel est écrit : « Hec sententie empte sunt « per manus magistri Arnulphi de Hasneda « ad usum magistrorum de Sorbona[4]. »

Gérard de Reims (*Gerardus de Remis*), professeur à la Sorbonne[5], lui légua, entre autres ouvrages, ses sermons[6] et un commentaire sur le troisième livre des *Sentences* : « Iste liber est pauperum magistrorum in « theologica facultate studentium, ex legato

1. Fonds latin, n°s 15211, 15691, 15695 et 15733.
2. Bibliothèque nationale, manuscrits, fonds latin, n° 15691.
3. *Domus et Societatis Sorbonicæ historia*, p. 49.
4. Bibliothèque nationale, manuscrits, fonds latin, n° 15721.
5. Ladvocat et Moréri, v° Sorbon.
6. J. Échard, *Bibliotheca scriptorum ordinis prædicatorum*, t. I, p. 479.

« Gerardi de Remis, » lit-on en tête de ce dernier volume[1].

Joseph de Bruges, chanoine de Tournai, lui laissa plusieurs traités de saint Denis l'Aréopagite : « ... ex legato domini Josephi de « Brugis, canonici Tornacensis[2]. »

Les trois donations qui suivent sont postérieures à la mort de Robert.

Siger de Brabant ou de Courtrai, doyen de Notre-Dame de Courtrai, qui mourut vers la fin du treizième siècle, et à qui M. Victor Le Clerc a consacré un long article dans l'*Histoire littéraire de la France*[3], légua à la Sorbonne, dont il avait été longtemps *socius*, huit volumes, qui ne parvinrent à leur destination que le 30 mai 1341[4]. Trois de ces ouvrages sont aujourd'hui à la Bibliothèque nationale[5].

Jean *de Essoniis* ou *de Essomiis* mourut en

---

1. Bibliothèque nationale, manuscrits, fonds latin, n° 15824.
2. *Ibid.*, n° 15629.
3. *Histoire littéraire de la France*, t. XXI, p. 96.
4. « Anno Domini M. CCC. XLJ, venerunt ad socios domus « de Sorbona VIIJ volumina sancti Thome, ex legato magis- « tri Sigeri de Cortraco, decani ecclesie beate Marie Cor- « tracensis et quondam socii hujus domus. » (*Necrologium Sorbonæ*, 30 maij.)
5. Fonds latin, n°s 15790, 15352 et 15787.

1280, et légua au collége « aliquot libros[1]. »

Gilles du Theil (*Ægidius de Tyllya, Tillia* ou *Tyllia*), de Gand, laissa, quelques années après, « multos libros » à la Maison. Son nom est écrit d'une manière différente sur trois de ces volumes, les seuls que nous ayons pu examiner[2].

Après la mort de Robert, on avait élu pour proviseur son ami Guillaume de Montmorency, chanoine de Notre-Dame et curé de Saint-Séverin. Celui-ci mourut en 1284, et légua au collége 100 livres tournois et des volumes qui furent estimés 50 livres 38 sols[3]. On lit en tête d'un de ces ouvrages : « Iste « liber est pauperum magistrorum domus de « Sorbona studentium in theologia, ex le- « gato magistri Guillelmi de Montemorenciaco, « quondam succentoris Parisiensis et provisoris « secundi domus predicte[4]. »

En 1285, Simon Widelin, chantre de l'église

---

1. *Domus et Societatis Sorbonicæ historia*, bibliothèque de l'Arsenal, manuscrits, n° 132, p. 131.

2. Bibliothèque nationale, manuscrits, fonds latin, n°s 15216, 15710 et 15711.

3. « Anniversarium magistri Guilelmi de Montemoren- « ciacho, quondam succentoris Parisiensis, provisoris domus « de Sorbona, qui legavit c libr. turon. et libros ad valo- « rem L libr. xxxviij s. » (*Necrologium Sorbonæ*, 2 martij.)

4. Bibliothèque nationale, manuscrits, fonds latin, n° 15306.

d'Arras, légua au collége un manuscrit contenant plusieurs traités de Sénèque et de Richard de Saint-Victor. On écrivit en tête : « Iste liber est collegii pauperum magistro- « rum in theologia Parisius studentium, ex le- « gato domini Symonis Vydelin, cantoris ec- « clesie Atrebati ; » et à la fin : « Istum librum « Senecæ... erogavit dominus Simon Vydelin, « cantor Atrebatensis, magistri de domo magis- « tri Roberti de Sorbonia, tali conditione quod « non vendatur et remaneat in dicta domo ad « usum dictorum magistrorum... Datum anno « Domini M° CC° oct^mo^ quinto, die beati Ma- « thie [1]. »

La même année, Raoul de Châteauroux « multos codices legavit Societati Sorbonæ [2]. » D'eux d'entre eux sont à la Bibliothèque nationale ; au commencement et à la fin de l'un, on lit ces mots : « Iste liber est... ex legato « magistri Radulphi de Castro Radulphi [3]. »

L'année suivante legs important dû à Guillaume *de Monciaco novo* [4], *socius* de la Maison

1. Bibliothèque nationale, manuscrits, fonds latin, n° 15730.
2. *Domus et Societatis Sorbonicæ historia*, p. 54.
3. Bibliothèque nationale, manuscrits, fonds latin, n° 15325.
4. Peut-être Moussy-le-Neuf, aujourd'hui dans le département de Seine-et-Marne.

et chanoine de Notre-Dame[1]. On lit sur l'un de ces volumes: « Iste liber est... ex legato « magistri Guilelmi de Monciaco novo, quon« dam canonici Parisiensis, qui legavit illud « tali conditione quod non venderetur, sed « exponeretur in usus scholarium theologo« rum quandiu posset durare[2]. »

La même année, legs de Jean Claramboud, de Gonesse, ancien *socius*. Les volumes portent ces mots: « Iste liber est.... ex legato « magistri Johannis Claramboudi de Gones« sia, quondam socii domus. Anno Domini « M° CC° LXXX° vj°[3]. »

En 1288[4], legs d'Étienne d'Abbeville, chanoine d'Amiens. On lit en tête d'un des volumes: « Ista biblia est pauperum magistro« rum de Sorbona, ex legato domini Stephani « de Abbatis Villa, canonici Ambianensis, et « fuit asportata ad domum anno Domini M° CC° « LXXX° VIIJ°, circa festum beati Martini hie-

1. L'obit de son frère, *Joannes de Monciaco novo*, figure dans le nécrologe de Notre-Dame, IIJ nonas februarii.

2. Bibliothèque nationale, manuscrits, fonds latin, n°s 15204, 15503, 15227, 15532, 15542, 15551 et 15240.

3. Bibliothèque nationale, manuscrits, fonds latin, n°s 15587, 15308, 15728, 15736 et 16468.

4. J. Échard, *Bibliotheca scriptorum ordinis prædicatorum*, t. Ier, p. 441.

« malis, cum aliis libris nomine ipsius inti-
« tulatis[1]. »

Vers 1290[2], mourut Godefroi Desfontaines, qui avait été successivement chanoine de Liége, de Cologne et de Paris, puis chancelier de l'Université[3], et qui passait pour une des lumières de son époque, « sua ætate insi« gne lumen, » dit le P. Échard[4]. Suivant le nécrologe, il légua à la Maison « omnes libros « suos scholasticos[5]; » et ils étaient nombreux, car M. Léopold Delisle en a retrouvé trente-huit à la Bibliothèque nationale[6]. L'inscription qui les accompagne est ordinairement conçue en ces termes: « ... ex legato « magistri Godefridi de Fontibus[7]. »

La fin du treizième siècle nous présente encore:

1. Bibliothèque nationale, manuscrits, fonds latin, n° 15185. — Cette inscription a été reproduite par J. Échard, *Sancti Thomæ Summa suo auctori vindicata*, p. 411. — Pour d'autres volumes légués par Étienne d'Abbeville, voyez dans le fonds latin les n°s 15469, 15252, 15571, 15608, 16053, 15349, 16427, etc., etc.

2. *Histoire littéraire de la France*, t. XXI, p. 550.

3. Lebeuf, *De l'état des sciences en France depuis la mort du roi Robert*, p. 137.

4. *Sancti Thomæ Summa suo auctori vindicata*, p. 413.

5. *Necrologium Sorbonæ*, 29 octobris.

6. *Le Cabinet des manuscrits*, etc., t. II, p. 149.

7. Bibliothèque nationale, fonds latin, n° 15249.

Simon de Vely, de Vesli, de Velly ou de Velli, contemporain de Pierre de Villepreux [1], troisième proviseur [2]. Il légua au collége une somme de 10 livres et la Somme de saint Thomas [3]; ce volume est aujourd'hui à la Bibliothèque nationale [4].

Adenulfe d'Anagni, neveu du pape Grégoire IX, et l'un des bienfaiteurs de l'abbaye de Saint-Victor [5], lègua aussi dix-sept volumes à la Sorbonne [6].

Robert Bernard, de Normandie, ancien *socius*, mort après 1293 [7], légua à la Sorbonne 32 livres parisis et plusieurs volumes [8].

Le 10 septembre 1294, mourut Étienne de Besançon, général de l'ordre des Dominicains, et l'un des hommes les plus instruits de son

1. *Petrus de Villa Petrosa* resta en fonctions de 1284 à 1299.
2. *Miscellanea Sorbonica*, bibliothèque de l'Arsenal, manuscrits, n° 134, p. 337.
3. « Obiit magister Symon de Velli, qui legavit domui « x libras et Summa Thome. » (*Necrologium Sorbonæ*, 21 aprilis.)
4. Manuscrits, fonds latin, n° 15775.
5. Voy. A.-F., *Histoire de la bibliothèque de l'abbaye de Saint-Victor à Paris*, p. 15.
6. L. Delisle, *le Cabinet des manuscrits*, etc., t. II, p. 143.
7. *Domus et Societatis Sorbonicæ historia*, p. 132.
8. « Magister Robertus Bernardus de Normannia legavit « domui 32 libr. paris. et plurimos libros. » (*Necrologium Sorbonæ*, 5 novembris.)

temps[1]. Il légua à la Sorbonne, où il avait été *socius*, un nombre considérable de volumes[2]. Les inscriptions qui se trouvent sur chacun d'eux ne diffèrent guère entre elles que par la forme donnée au nom du défunt; on l'appelle indifféremment *Stephanus Bisuntinus*, *de Bisuntio*, *de Bissuntio*, *de Byssuncio* et *de Gebennis*[3].

Un ancien *socius*, que l'on nomme tantôt *Guillelmus e Pulchro*[4], tantôt *Guillelmus Epulchre*[5], laissa aussi quelques volumes au collége.

Le médecin Gautier *de Alneto*[6], légua à l'établissement des volumes[7] qui ne portent que cette inscription : « Iste liber est... ex

---

1. Voyez l'*Histoire littéraire de la France*, t. XX.
2. « Die 10 septembris, obiit magister Stephanus de Ge- « bennis, canonicus de S. Quintino, socius domus, qui le- « gavit domui IIIJ^{xx} libras et multos libros. » (*Necrologium Sorbonæ.*)
3. Bibliothèque nationale, manuscrits, fonds latin, n°s 15185, 15261, 15482, 15489, 15210, 15215, 15512, 15515, 15517, 15526, 15539, 15549, 15276, 15676, 15661, 15743, 15715, 15769, 15766, 15341, 16105, 16144, 15827, 15861, 15996, etc.
4. *Domus et Societatis Sorbonicæ historia*, p. 66.
5. Bibliothèque nationale, manuscrit, fonds latin, n°s 15770 et 15835.
6. D'Aulnay en Normandie, ou plutôt de Lannoy en Flandre.
7. *Domus et Societatis Sorbonicæ historia*, p. 132.

« legato magistri Galteri de Alneto, medici[1]. »

Les douze donations qui suivent sont contemporaines de *J. de Vallibus*[2], quatrième proviseur, qui exerça ses fonctions de 1299 à 1315.

Guillaume « *Amici dulcis*, vulgo Ami« doux[3] » légua à la Sorbonne la moitié de ses livres[4].

Gui le Breton, ancien *socius*, légua trois manuscrits au moins, sur lesquels figure son nom : « ..... ex legato magistri Guidonis Bri« tonis, quondam socij istius domus[5]. »

Berner de Nivelle (*Bernerus de Nivella*), chanoine de Saint-Martin de Liége, « legavit « collegio Sorbonico plurimos libros, » dit Cl. Héméré[6], « 25 volumina, » dit le nécrologe[7]. Douze d'entre eux sont aujourd'hui à la Bibliothèque nationale[8].

1. Bibliothèque nationale, manuscrits, fonds latin, n° 15550.
2. Sans doute Jean Desvallées.
3. *Domus et Societatis Sorbonicæ historia*, p. 70.
4. « Obitus magistri Guillelmi Amidous, Normani, quon« dam socij hujus domus, qui legavit domui medietatem « librorum suorum. » (*Necrologium Sorbonæ*, 7 octobris.)
5. Bibliothèque nationale, manuscrits, fonds latin, n°s 15950, 15801 et 15868.
6. *Domus et Societatis Sorbonicæ historia*, p. 62.
7. 17 junii.
8. Bibliothèque nationale, manuscrits, fonds latin, n°s 15347, 15348, 15400, 15411, 15531, 15540, 15604, 15611, 15665, 15813, 15905 et 16417.

Guillaume de Feuquières (*Guillelmus de Feucheriis* ou *de Feuqueriis*) donna ensuite plusieurs volumes à la Maison[1]. On lit en tête de l'un d'eux, les postilles du dominicain Pierre de Scala sur saint Mathieu, une note curieuse qui prouve qu'à certaines époques la collection de la Sorbonne fut fort négligée. L'auteur anonyme de cette note déclare qu'il a trouvé le volume par terre, couvert de moisissures et de poussière, ainsi que beaucoup d'autres dans la bibliothèque; jugeant qu'il pouvait lui être utile, il l'emporta chez lui, mais avec l'intention formelle de le rendre à ses légitimes possesseurs. Il supplie donc ses exécuteurs testamentaires de le restituer[2], ce qui eut lieu comme l'indique une seconde note.

Pierre d'Auvergne (*Petrus de Alvernia* ou *de Albernia*), mort en 1305[3], légua aussi quelques volumes au collége[4].

---

1. *Domus et Societatis Sorbonicæ historia*, p. 49.
2. « Hoc volumen invenj prostratum humi, situ et pul-
« vere obductum, in parva biblioteca domus Sorbonice, una
« cum permutis alijs. Quod quum vidj posse esse mihi
« usuj, transtuli, ea tamen intentione ut aliq(uando) resti-
« tuer(etur), teste illo qui omnia novit. Quare rogo obtes-
« torque exequutores postreme voluntatis mee hoc predicte
« domui restituere. » (Bibliothèque nationale, manuscrits, fonds de la Sorbonne, n° 128.)
3. *Domus et Societatis Sorbonicæ historia*, p. 50.
4. Bibliothèque nationale, manuscrits, fonds latin, n° 15235.

L'année suivante, une donation beaucoup plus considérable fut due à Pierre de Limoges (*Petrus de Lemovicis*), chanoine d'Évreux, que Cl. Héméré qualifie de « magnus astrologus[1]. » Le nécrologe dit qu'il légua à la Maison plus de cent vingt volumes[2], parmi lesquels nous pouvons citer ses propres sermons[3], plusieurs traités de Raymond Lulle[4], le martyrologe d'Usuard[5], le *Rationale divinorum officiorum* de Durand de Mende[6], et surtout le célèbre ouvrage de Jérôme de Moravie sur la musique[7].

En 1310, Nicolas de Bar-le-Duc (*Nicolaus de Barroducis*) « legavit, dit le nécrologe, « multos libros[8] et multam pecuniam[9]. »

1. *Domus et Societatis Sorbonicæ historia*, p. 51.
2. « Obiit magister Petrus de Lemovicis, quondam socius « domus, canonicus Ebroicensis, qui legavit domui plus « quam vj^{xx} volumina. » (*Necrologium Sorbonæ*, 2 novembris.)
3. Bibliothèque nationale, manuscrits, fonds latin, n° 15971.
4. Bibliothèque nationale, manuscrits, fonds latin, n°s 16112, 16113 et 16114.
5. *Ibid.*, n° 16049.
6. *Ibid.*, n° 15279.
7. Lebeuf, *De l'état des sciences en France à la mort du roi Robert*, p. 116.
8. Bibliothèque nationale, manuscrits, fonds latin, n°s 15818, 15850, 15985, 16086, 16158 et 16160.
9. *Necrologium Sorbonæ*, 18 maij.

Autre legs fait à la Sorbonne par Gilles de Mentenai, chanoine de Saint-Aimé de Douai. Un des volumes porte ces mots : « Iste liber « est... ex legato Egidij de Mentenai, cano- « nici Sancti Amati de Douacho[1]. »

Pierre de Farbu ou de Farbie lègue encore plusieurs commentaires sur la *Somme* de saint Thomas d'Aquin[2].

Gérard d'Utrecht ou de Maestricht, ancien *socius*, laisse au collége des manuscrits[3] pour une valeur de 40 livres parisis, et quelques volumes à douze boursiers de la Maison[4].

Guillaume *Patemoysi*[5] lègue aussi un volume de Sénèque, une Bible et un manuscrit de la *Somme* de saint Raymond[6].

Vers la même époque, le célèbre Raymond Lulle remit à la Sorbonne un précieux volume contenant quinze traités écrits par lui. On lit

---

1. Bibliothèque nationale, manuscrits, fonds latin, n° 15247.

2. *Ibid.*, n°s 15783, 16153, 16103, etc.

3. *Ibid.*, n°s 15254, 15879, 16222, 16244, 16539, etc.

4 « Obiit magister Gerardus de Trajecto, quondam hu- « jus domus socius, qui legavit domui libros suos ad valo- « rem quadraginta libr. paris. Legavit etiam aliquos libros « suos duodecim bursariis domus de Sorbona. » (*Necrologium Sorbonæ*, 23 marcii.)

5. *Domus et Societatis Sorbonicæ historia*, p. 70.

6. *Necrologium Sorbonæ*, 15 junii.

en tête : « Libros prenominatos posuit ma-« gister Raymundus Lulle in custodia domui « Sorboni Parisius incathenatos [1]. »

Nous pouvons mentionner encore : Étienne d'Auvergne (*Stephanus de Alvernia*), qui légua à la Maison « plures libros [2]; » Thomas d'Irlande (*Th. Hybernicus*), qui « compilavit « manipulum florum quem demisit nobis, et « multos alios libros legavit [3]; » Clarin de Saulieu (*Clarinus de Sedeleco*), Jean de Pouilly (*J. de Poliaco* ou *de Poilliaco*), Hugues de Durso et Regnier de Cologne (*Reygnerus de Colonia*), tous les quatre anciens *socii*, auxquels la Sorbonne dut quelques bons manuscrits [4].

En 1334, l'énergique dominicain Durand de Saint-Pourçain, évêque de Meaux, légua au collége ses propres commentaires sur les *Sentences* de Pierre Lombard. On lit à la fin de chaque volume : « Iste liber est... ex legato « reverendi patris domini Durandi de Sancto

---

1. Bibliothèque nationale, manuscrits, fonds latin, n° 16111.
2. *Domus et Societatis Sorbonicæ historia*, p. 48.
3. *Necrologium Sorbonæ*, 28 julii.
4. Bibliothèque nationale, manuscrits, fonds latin, n°s 15668, 15345, 15785, 15371, 15865, 15864, 15815, 15878, 15844, etc.

« Porciano, bone memorie, quondam episcopi « Meldensis, doctoris in theologia, ab eodem « patre compilatus, ordinis predicatorum fra- « trum[1]. »

Enfin, en 1334[2], Jean de Lausanne, curé de l'église Saint-Christophe, dans la Cité, légua encore à la Sorbonne deux très-beaux manuscrits, en tête desquels on lit : « ..... ex legato « magistri Johannis de Lausana, curati sancti « Christophori in Civitate Parisiensi[3]. »

Avant de continuer cette nomenclature, nous devons dire un mot de l'organisation qui, peu à peu, avait été donnée par les Sorbonistes à leur bibliothèque.

---

1. Bibliothèque nationale, manuscrits, fonds latin, n°s 15874 à 15877.

2. Son obit est dans le nécrologe de Notre-Dame de Paris, à la date du 29 novembre.

3. Bibliothèque nationale, manuscrits, fonds latin, n°s 15307 et 15519.

III

Ancien règlement de la bibliothèque. — Était-elle publique? — Catalogues de 1338. — Nombre des volumes. — Nouvelles donations de livres. — Règlement de 1426.

Dès 1321, un règlement sommaire avait été rédigé et mis en vigueur[1]. La pre-

1. « Anno Domini M° CCC° XXI°, tempore Jacobi Bene-
« dicti de Dacia, tunc latoris rotuli, ad utilitatem domus et
« ad meliorem custodiam librorum, fuit per provisorem
« nostrum magistrum Hanibaldum ordinatum, et per ma-
« gistros Thomam de Anglia, Sillerinum de Sancto Augus-
« tino, Nicholaum Beyart et alios magistros in compoto con-
« firmatum : ut nullus liber prestetur extra domum alicui,
« nec socio, nec extraneo, sub juramento, nisi super va-
« dium amplius valens et in re que servari potest, puta
« auro, argento, vel libro : et hec vadia serventur in cista
« ad hoc deputata.

DE LIBRARIIS.

« Item, quod de omni sciencia et de libris omnibus in
« domo existentibus, saltem unum volumen, quod melius
« est, ponatur ad cathenas in libraria communi, ut omnes

mière question qui y soit résolue est celle du prêt des livres au dehors. On exige un gage supé-

---

« possint videre, etiam si unum tantum sit volumen, quia « bonum commune divinius est quam bonum unius, et ad « hoc astringatur quilibet habens hujus modi librum ponen- « dum in libraria, quod sine contradictione eum tradat.

« Item, circa custodiam librorum vagancium, per socios « fuit ordinatum quod custodes illorum eligerentur per so- « cios, et non cuilibet alteri daret clavem ad voluntatem « suam, et quod aliquam rationem redderent de libris tem- « pore sue custodie perditis, aliter frustra dicuntur cus- « todes.

« Item, quia multi jacent ibi libri parvi valoris, non li- « gati, solum occupantes locum, sicut reportaciones et anti- « qui sermones, fuit ordinatum quod darentur beneficiariis « nostris qui possent esse ad usum eorum, et alii juxta or- « dinacionem sociorum ad hoc deputatorum venderentur « sociis de domo, vel aliis, si aliquid offerretur pro eis, et « de illa pecunia emerentur alii libri deficientes nobis.

« Item, quia multi libri qui aliquando fuerant intus in- « venti non sunt modo, fuit ordinatum ut fieret novum re- « gistrum super libris nunc existentibus, ut diligentius cus- « todiantur in posterum.

« Item, quod librarii renovent registrum, et scribant su- « per singulos sub proprio nomine libros quos habent. Non « enim sufficit scribere : *talis custodit talem librum;* quia « sic primus recipiens nichil restituens liberabitur, et de « secundo frequenter nichil petitur, et perduntur libri.

« Item, non sufficit scribere : *talis habet talem librum, vj* « *librarum*, vel hujus modi, nisi scribatur etiam sic in « registro : *incipit secundo folio sic, vel sic;* ne fiat fraus « in commutando librum majoris precii in librum ejusdem « speciei, minoris tamen precii, vel si perderetur unus me- « lior, restitueretur pejor.

« Item, ut ista diligentia circa libros proficiatur, eligantur « novi librarii qui ad hec implenda sint solliciti. »

(Bibliothèque nationale, manuscrits, fonds latin, n° 16574, p. 9.)

rieur au prix du volume et d'une conservation facile, soit en or, soit en argent, soit même un autre livre ; une fois cette formalité remplie, l'ouvrage peut être prêté, non-seulement à un *socius*, mais aussi à un étranger. On devait choisir, pour l'enchaîner dans la grande librairie ou librairie commune, le meilleur ouvrage que l'établissement possédât sur chaque matière, car « bonum commune divi« nius est quam bonum unius. » Les bibliothécaires étaient élus par les Sorbonistes eux-mêmes, mais ils ne devaient confier leur clef à personne. Ils étaient responsables des livres perdus ou détruits pendant le temps de leur exercice ; autrement, ajoute-t-on, leur titre de conservateurs ne serait qu'un vain mot, « ali« ter frustra dicuntur custodes. » On décide qu'une foule de manuscrits sans valeur et non reliés, tels que les cahiers des étudiants, *reportationes*, et d'anciens sermons seront vendus, donnés ou échangés. Comme plusieurs ouvrages autrefois inscrits ne se retrouvaient pas, on recommande de mieux conserver les livres à l'avenir et de dresser un nouveau catalogue. Outre le catalogue général, on exige qu'un registre spécial mentionne, avec le nom de chacun des bibliothécaires, les ouvrages qui lui sont plus particulièrement confiés ; pour ces livres, comme pour ceux qui sont prêtés hors de la bibliothèque, on ne doit pas se contenter du titre de l'ouvrage, il faut transcrire aussi les premiers mots du second feuillet, afin qu'on ne puisse changer un manuscrit contre un autre de même apparence et de moindre valeur, « ne fiat fraus in commutando librum « majoris precii in librum ejusdem speciei, « minoris tamen precii. »

Sans qu'on puisse s'appuyer à cet égard sur des textes positifs, nous croyons que TOUTES les bibliothèques créées à cette époque étaient publiques, mais non cependant dans le sens que l'on attache aujourd'hui à ce mot[1]. Le

---

1. En 1271, un archidiacre de Canterbury, nommé Étienne, légua tous ses livres au chapitre de l'église Notre-Dame de Paris, sous la condition que, par l'entremise du chancelier, ils seraient tenus à la disposition des pauvres étudiants en théologie des écoles de Paris. On trouve dans le *Grand Pastoral* l'acte, daté du 28 octobre 1271, par lequel Jean d'Orléans, chanoine et chancelier de Notre-Dame, déclare avoir reçu de Nicolas, son prédécesseur à la chancellerie, tous les livres légués par Étienne. La pensée du donateur y est plusieurs fois très-nettement exposée. Dans les considérants qui précèdent l'acte, Jean d'Orléans reconnaît que ces livres sont destinés à être prêtés aux pauvres écoliers en théologie. Il cite enfin un fragment du testament d'Étienne, où il est dit que le chancelier sera tenu de prêter ces livres aux pauvres écoliers en théologie qui en auraient besoin pour leurs études ; le testateur exige que les volumes soient repris chaque année à ceux qui s'en seront servi, et aussitôt prêtés à d'autres : « Je veux, dit-il, et je prescris

premier venu n'y était évidemment pas accueilli avec cette facilité déplorable qui a transformé en cabinets de lecture ou en banals chauffoirs nos grandes collections bibliographiques. Une bibliothèque était alors un endroit consacré au travail sérieux, un lieu *sacer et augustus*, comme dit un règlement que nous donnerons plus loin, et ceux-là seuls y avaient accès qui étaient réellement en état de profiter des ressources qu'elles offraient. Pour la Sorbonne en particulier, ce fait peut être établi d'une manière incontestable. Nous avons trouvé un argument décisif sur ce point dans le testament

---

que mes livres de théologie soient remis au chancelier de Paris, lequel, dans une intention pieuse, les prêtera aux écoliers pauvres, étudiant la théologie à Paris, qui manqueraient des livres nécessaires à leurs travaux ; je veux que le chancelier en exercice réclame ces livres à la fin de chaque année, et, les ayant recouvrés, les prête de nouveau, pour l'année suivante, aux écoliers pauvres qui lui sembleront en avoir besoin. » (Volo etiam et precipio quod libri mei theologie cancellario Parisiensi tradantur, qui eos pauperibus scolaribus in theologia studentibus Parisius, et libris indigentibus ad studendum, acomodet, intuitu pietatis ; ita tamen quod cancellarius, qui pro tempore fuerit, quolibet anno dictos libros recuperet, et recuperatos iterum retradat et comodet annuatim pauperibus scolaribus, quibus viderit expedire. — *Magnum Pastorale ecclesiæ Parisiensis*, lib. xx.)

Vingt-six ans après, en août 1296, le chancelier Pierre de Saint-Omer donnait à son prédécesseur un reçu des ouvrages composant la bibliothèque de la cathédrale, et en tête de cette pièce, il déclare que ces livres sont destinés à être

de Gérard d'Abbeville, mort en 1270 ; en voici textuellement la première phrase : « D'abord, « je lègue aux séculiers étudiant en théologie, « tant à ceux qui font partie de la communauté « établie dans la maison fondée par Robert de « Sorbon qu'aux autres lettrés séculiers, un « corps théologique dans lequel j'étudiais et je

---

prêtés aux pauvres écoliers en théologie qui étudient à Paris : « Isti sunt libri theologie quos cancellarius Parisiensis « custodit, per manum suam acomodandos pauperibus scola- « ribus Parisius in facultate theologie studentibus, quos li- « bros magister Petrus de Sancto Audomaro, cancellarius « Parisiensis, recepit a capitulo, per manus, etc. »

Voy. A.-F., *Recherches sur la Bibliothèque publique de l'église Notre-Dame de Paris au treizième siècle*, p. 71 et suiv.

Vers la même époque, la petite bibliothèque de la Faculté de médecine avait adopté le règlement suivant :

Spectatores manu sinistra ne utantor.
Libri suis forulis et ordinibus ne moventor.
Nemini, nisi sub chirographo mutuo, præbentor.
Commodati, ne ultra mensem retinentor.
Integri et intaminati in suos loculos referentor.
Plures quatuor semel huc ne ingrediuntor.
Duas ultra horas ne immorantor.
Qui libros rariores noverint, eorum titulos
bibliophylaci relinquuntor.

Il n'est guère probable que toutes ces précautions aient été prises uniquement en vue des professeurs de la Faculté. Paris ne possédait d'ailleurs encore qu'une trentaine de médecins.

Voy. A.-F., *Recherches sur la Bibliothèque de la Faculté de médecine de Paris*, p. 12.

« lisais..... [1]. » D'autres bienfaiteurs demandèrent que leurs livres fussent spécialement affectés au service de certaines catégories d'étudiants. Maître Gautier de Biencourt donna une Bible destinée aux écoliers originaires d'Amiens; il existe en outre à la Bibliothèque nationale trois volumes provenant de la Sorbonne et dont l'usage était réservé aux Flamands [2]. Le règlement de 1321 ordonne que l'on exige de l'emprunteur un gage supérieur au prix du volume, soit or, soit argent, soit un autre livre, mais, sous cette condition, il autorise le prêt des ouvrages au dehors, non-seulement pour un *socius*, mais même pour un étranger sous serment, « extraneo sub juramento. » « Les membres de la communauté de la Sorbonne, dit M. Léopold Delisle, n'essayèrent pas de se soustraire aux obligations que leur avait imposées leurs bienfaiteurs. La plupart des membres de l'Université étaient admis dans la grande librairie, où ils trouvaient la collection

1. « In primis lego scholaribus theologiæ sæcularibus, « tam in communitate domus magistri Roberti de Sorbona « quam aliis litteratis sæcularibus, unum corpus theologi- « cum in quo studebam et legebam. » (Cl. Héméré, *Sorbonæ origines*, *etc.*, p. 171.) — *Legere* est pris ici dans le sens de *docere*.

2. Fonds latin, nos 15470, 15725 et 16263.

à peu près complète des ouvrages dans lesquels ils avaient à étudier, et la petite librairie renfermait plus d'un millier de volumes dont le prêt n'était guère difficile à obtenir [1]. » On pouvait d'ailleurs alors, sans grand danger, accorder ainsi à tous les lettrés une généreuse hospitalité dans les bibliothèques : l'Église, qui les avait créées, presque seule aussi en profitait. Tout changea dès que la science commença à se repandre au dehors des cloîtres et des autels ; et de ces bibliothèques scolaires ou conventuelles, qui étaient d'un si facile accès au treizième siècle, une seule peut-être, celle de l'église Notre-Dame, resta à la disposition des étudiants.

A l'époque où nous sommes parvenus, on venait de dresser un nouveau catalogue de la bibliothèque. Ce travail, qui est divisé en deux parties, date de 1338.

La première partie remplit deux cent vingt-trois pages in-folio [2], et est uniquement consacrée à faire connaître en détail les mille quatre-vingt-dix volumes ou environ qui étaient con-

1. L. Delisle, *le Cabinet des manuscrits de la Bibliothèque nationale*, t. II, p. 185.
2. Bibliothèque de l'Arsenal, manuscrits, n° 855, p. 2 à 223.

servés dans la petite librairie. Elle est conçue sur un plan tout différent de celui qui a été adopté pour la seconde partie. Au lieu de commencer par le *trivium* et le *quadrivium*, elle donne la première place à la théologie ; au lieu d'indiquer les premiers mots du texte de chaque ouvrage, elle indique ceux du second ou de l'avant-dernier feuillet, peut-être parce qu'on regardait le premier et le dernier comme trop exposés à la destruction. En revanche, elle a sur l'autre partie deux avantages inestimables au point de vue de l'histoire : chaque volume est suivi de son prix d'estimation, et, en général, du nom du donateur. Les ouvrages les plus précieux, ceux dont la lecture ou le prêt étaient interdits, sont accompagnés de cette mention *cathenatus ;* d'autres, et en grand nombre, du mot *defficit*. Dans la section des *Libri in gallico*, par exemple [1], sur dix articles trois seulement semblent avoir été conservés ; les autres portent en marge le triste mot *defficit* [2].

La seconde partie [3] est le répertoire des trois cent trente volumes environ qui étaient en-

1. Bibliothèque de l'Arsenal, manuscrits, n° 855, p. 221.
2. Nous reproduisons plus loin la table des matières et un extrait de ce catalogue.
3. Bibliothèque de l'Arsenal, manuscrits, n° 855, p. 224 et s.

chaînés dans la grande librairie. En tête se trouve une longue préface, *doctrina tabulæ*[1], où l'auteur expose les motifs qui l'ont porté à entreprendre ce travail, et le plan qu'il a suivi. Elle débute par ces paroles de l'Ecclésiaste[2] : *Sapientia abscondita et thesaurus invisus, que utilitas in utrisque?* Ce n'est là qu'une épigraphe, ou plutôt un véritable texte approprié au sujet comme en choisissent les prédicateurs; il s'agit, il est vrai, d'une préface, mais nous sommes au treizième siècle et en pleine terre théologique. L'auteur se nomme très-modestement : Moi, dit-il, Jean, du présent collége de Sorbonne autrefois l'un des plus humbles de tous les membres, *quondam inter ejus cetera membra unum de minimis*. Il expose que voyant les livres s'accumuler, mais rester trop souvent inutiles, soit à cause de leur grand nombre, soit par l'absence ou l'insuffisance des titres, il s'est mis courageusement à l'œuvre, quoique seul, et a entrepris, sur le plan qui lui a paru le meilleur, de dresser le catalogue de la bibliothèque commune. Il l'offre donc au collége, espérant qu'il sera utile à tous ses hôtes.

---

1. Voyez notre troisième partie.
2. Chap. xx, v. 32.

Ce travail, le plus ancien peut-être de tous les catalogues méthodiques, est fait avec soin, et prouve une connaissance assez profonde de la littérature de cette époque. L'auteur débute par le *trivium*, qui comprend la grammaire, la rhétorique et la logique. Il passe de là au *quadrivium*, où se trouvent les éléments des sciences : arithmétique, astronomie, musique, alchimie, géométrie et médecine. Vient ensuite la partie religieuse, où se succèdent les textes sacrés, les concordances et les commentaires. Puis, l'énumération des œuvres de saint Augustin ouvre la longue série des *originalia* de chacun des Pères de l'Eglise : Ambroise, Anselme, Athanase, Basile, Jean Chrysostome, Cyrille, Grégoire, Jérôme, Origène, etc. Les docteurs modernes ne sont pas oubliés, et coudoient les anciens ; ce sont, entre autres, Bède, Boèce, Alcuin, Hugues et Richard de Saint-Victor, etc. Sans mauvaise intention certainement, les chroniques sont réunies aux miracles, et placées bien près des vers sibyllins ; la liste se termine par la jurisprudence et les sermonnaires. Dans chacune de ces sections, au moins pour les plus nombreuses, les auteurs sont classés dans un ordre alphabétique d'ailleurs assez peu rigoureux ; et, ce qui est bien autrement important, le titre de chaque ouvrage est accompagné des premiers mots du texte [1].

Ces deux catalogues nous montrent que la Sorbonne possédait alors environ dix-sept cents volumes, répartis dans cinquante-neuf divisions. Sur ces dix-sept cents volumes, trois cent trente environ se trouvaient enchaînés dans la grande librairie, mille quatre-vingt-dix reposaient dans la petite, et trois cents environ étaient prêtés, égarés ou perdus.

La bibliothèque renfermait seulement alors quatre ouvrages en français qui sont catalogués ainsi :

Romancium de Rosa : Mainte gens dient.

Romancium quod incipit : Miserere mei, Deus.

Romancium de decem preceptis, sine rigmo, et dicitur gallice : Le livre roiaus de vices et virtus. Incipit : Ce sont le x *commandemens.*

Exortatio quedam in gallico ad beguinas et filias spirituales : Li prophetes [2].

---

1. M. Léopold Delisle (*le Cabinet des manuscrits*, etc., t. II, p. 182) a, le premier, clairement déterminé la date et la nature de cette seconde partie, que les savants auteurs de l'*Histoire littéraire de la France* (t. XXIV, p. 315) et nous-même, dans notre première édition, avions cru devoir rapporter à l'année 1290.

2. 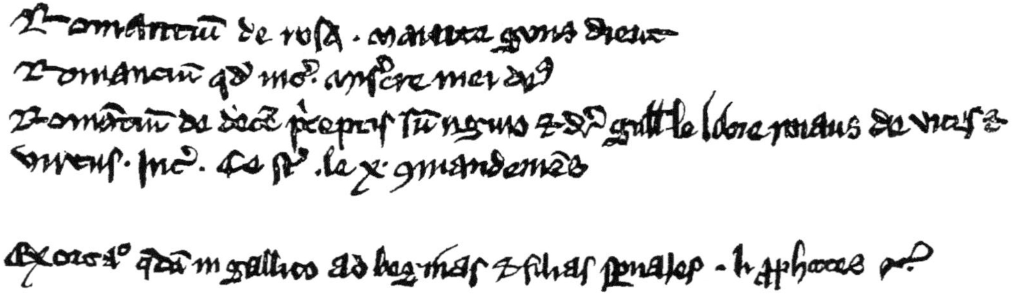

Bibliothèque de l'Arsenal, manuscrits, n° 855, p. 319.

Sorbonistes et étrangers continuaient d'ailleurs à enrichir la collection du collége, et nous mentionnerons encore quelques-unes des donations dont nous avons pu retrouver la trace.

Jean de Mareuil, ancien *socius*, qui mourut vers 1338 [1], légua à la Maison *plures libros*, dit le nécrologe [2], dont cinq sont aujourd'hui à la Bibliothèque nationale ; on lit sur l'avant-dernier feuillet de l'un d'eux : « Iste liber est « pauperum magistrorum domus de Sorbona « Parisius in theologia studentium, ex legato « magistri Johannis de Marolio, quondam « socii domus [3]. »

Vers 1343 [4], Gilles d'Oudenarde (*Ægidius de Aldenarda*) fit à la Maison des libéralités assez importantes [5]. Le nécrologe ne dit pas s'il s'y trouvait des livres ; mais un commentaire de P. Lombard sur le psautier, qui est conservé à la Bibliothèque nationale, porte ces mots :

---

1. *Domus et Societatis Sorbonicæ historia*, Bibliothèque de l'Arsenal, manuscrits, n° 132, p. 70.
2. *Necrologium Sorbonæ*, 5 augusti.
3. Bibliothèque nationale, manuscrits, fonds latin, n° 15779.
4. *Domus et Societatis Sorbonicæ historia*, p. 65.
5. *Necrologium Sorbonæ*, 28 septembris.

« Iste liber est... ex legato magistri Egidij « de Aldenardo [1]. »

Une donation plus considérable fut due, vers la même époque, à Jacques de Padoue, qui, sur les volumes légués par lui, est qualifié de professeur dans les Facultés des arts, de médecine et de théologie : « Iste liber est pau- « perum magistrorum de Sorbona, ex legato « magistri Jacobi de Padua, in artium, mede- « cine et theologie facultatibus professoris [2]. »

En 1354, Germain de Narbonne, docteur en théologie, et Étienne Séguin, docteur en médecine, tous deux chanoines de l'église de Narbonne, léguèrent plusieurs volumes à la Sorbonne. On garde aux Archives nationales l'original de la procuration qui fut donnée par le proviseur en exercice, Pierre, cardinal de Saint-Martin *in Montibus*, à l'effet de prendre possession de ce legs [3].

En 1360, un Parisien, nommé Jean Gorré, laissa encore à la Maison plusieurs volumes, à la fin desquels on lit : « Iste liber est... ex

1. Bibliothèque nationale, manuscrits, fonds latin, n° 15499.

2. Bibliothèque nationale, manuscrits, fonds latin, n°s 15636, 16323, 15694, 16154, 16110, 16121, 15992, 16600, 16682, etc., etc.

3. Archives nationales, série M, carton n° 75, pièce n° 130.

« legato magistri Johannis Gorré, de Parisius, « doctoris in theologia, quondam doctoris hu- « jus domus, anno M° CCC° XL[1]. » Un de ces volumes présente une particularité curieuse, et dont l'explication est assez embarrassante. Il renferme le commentaire d'Adam de Wodron sur le livre des *Sentences*, et nous ne croyons pas que cet ouvrage ait jamais été suspect d'hétérodoxie ; on trouve cependant au bas du premier feuillet ces mots : « Iste liber est pau- « perum magistrorum de Sorbona, ex legato « magistri Johannis Gorré, de Parisius. Datus « ad visitandum domino primo presidenti, ex « precepto domini nostri regis, anno Domini « mil^{mo} cccc° LXXIIj°, mensis aprilis, die septima « ante Pasca. » Puis au-dessous : « Iste liber « est de magna libraria, et fuit extractus in « aprili, anno mil^{mo} cccc. LXXIIj, ante Pascha, « et fuit tunc traditus in manibus domini primi « presidentis ; quem recuperavimus a dicto « primo presidente, cui traditus fuerat, confor- « miter ad edictum regium ; et quando eum « recuperavimus, dixit idem presidens quod « inferraretur et immobiliter clauderetur, nec

1. Bibliothèque nationale, manuscrits, fonds latin, n° 15885.

« aliquis in eo legeret. Fuit ordinatum per collegium quod poneretur in archa thesauri qui « est in parva libraria, donec fuerit aliter ordinatum circa libros nominalium. Et erat in « magna libraria in bancca supra vicum, ante « fenestras propinquiores camere magistri nostri Johannis Chiennart. Hoc factum fuit « 29 augusti anno 1474 [1]. » Dans quelle intention ce volume fut-il confié au premier président ? Pourquoi ce prêt eut-il lieu par ordre du roi ? Nous avons sans doute retrouvé ici un des rares survivants de l'excommunication prononcée, sous Louis XI, contre les ouvrages de philosophie nominaliste [2]. Ces ouvrages auraient donc été relégués dans une armoire de la petite librairie et « chargés de fers, » de manière à ce que personne ne pût les ouvrir.

---

1. Bibliothèque nationale, manuscrits, fonds latin, n° 15892.

2. A la même époque, l'évêque d'Avranches, le confesseur de Louis XI et le président du parlement se rendirent au collége de Navarre. Ils se firent ouvrir la bibliothèque, recherchèrent tous les ouvrages émanant des nominalistes, et les chargèrent de chaînes, afin d'en empêcher la lecture. Ces volumes ne recouvrèrent leur liberté que huit ans après ; le prévôt de Paris vint alors déclarer, au nom du roi, que « chacun pouvoit y étudier qui vouloit. » Voy. De Launoy, *Navarræ gymnasii historia*, t. I, p. 188 ; A.-F., *Les anciennes bibliothèques de Paris*, t. I, p. 398, et L. Delisle, *Le Cabinet des manuscrits*, etc., t. II, p. 197.

Vers la même époque, donation, sans doute peu importante, due à Adalbert Rankon, d'Erycin en Bohême[1]. On lit sur un volume qui lui a appartenu et qui devint la propriété du collége : « Iste liber fuit ad usum magistri « Adalberti Rankonis de Ericinio in Boe- « mia[2]. »

En 1372, Jean de Saint-Lucien, ancien *socius*, bachelier en théologie et chanoine de Bayeux, légua à la Sorbonne un certain nombre de volumes, à la fin desquels on écrivit : « Hunc librum magister Johannes de Sancto « Luciano, bachalarius in theologia, socius de « Sorbona, diocesis Rothomagensis, canonicus « Baiocensis, legavit in suo testamento colle- « gio pauperum magistrorum studentium in « theologia de Sorbona, anno Domini M° CCC° « LXXIJ°[3]. »

La Sorbonne dut encore au médecin Jean de Clermont, mort vers 1380[4], un beau bréviaire à l'usage de Rome. Mais, dit le nécrologe, ce volume fut vendu quarante francs[5].

---

1. *Domus et Societatis Sorbonicæ historia*, p. 83.
2. Bibliothèque nationale, manuscrits, fonds latin, n° 15346.
3. *Ibid.*, n° 15578.
4. *Domus et Societatis Sorbonicæ historia*, p. 122.
5. « Die octava januarii, obitus magistri Joannis de Cla-

Guillaume de Sauvarville (*G. de Salvarvilla*), docteur en théologie et chantre de Notre-Dame, laissa au collége des biens meubles et des livres. Nous avons trouvé aux Archives nationales la procuration, datée du 17 novembre 1385, qui fut fournie par le proviseur pour obtenir délivrance de ce legs[1].

Le sous-proviseur, Etienne de Chaumont, mort à la fin de février 1399[2], légua à la Sorbonne un manuscrit contenant les *Questions* du franciscain anglais Eliphat, et un traité de philosophie naturelle. On lit à la fin du volume cette inscription amphibologique : « Iste liber « est pauperum magistrorum collegii Sorbone, « ex legato magistri Stephani de Calvomonte, « magistri in theologia et socii hujus domus, « in quo continentur questiones Eliphati et « quidam tractatus de philosophia naturali; « anno Domini 1399°, die penultima februarii, « obiit dictus magister, et voluit quod inca- « thenaretur in magna libraria Sorbone[3]. »

« romonte, qui legavit domui pulchrum breviarium ad usum « romanum, quod fuit venditum pro 40 franc. » (*Necrologium Sorbonæ.*)

1. Archives nationales, série M, n° 75, pièce n° 131.
2. Il est inscrit dans le nécrologe à la date du 17 décembre.
3. Bibliothèque nationale, manuscrits, fonds latin, n° 15880.

Nous avons rencontré à la bibliothèque Mazarine[1] un document très-précieux pour l'histoire de la Sorbonne au quinzième siècle, et qui, dans les diverses chroniques manuscrites de la Maison, est désigné sous le nom de *Regestum bibliothecæ*. C'est un registre in-quarto, écrit sur vélin, qui commence en 1402 et se termine vers 1530. Les nombreux bibliothécaires élus entre ces deux époques y inscrivaient le nom des docteurs et des bacheliers *socii* auxquels ils remettaient une clef de la bibliothèque, le titre des livres que ceux-ci empruntaient, les sommes payées par eux, etc., il fallait alors donner quatre blancs pour les clefs et six blancs pour le bibliothécaire.

On trouve dans ce volume, malheureusement fort difficile à déchiffrer, des renseignements qu'il serait impossible de se procurer ailleurs. Il nous fournit par exemple, la date d'un legs de livres[2] fait au collége par un *socius* nommé Jean Ladorée, maître ès arts et bachelier en théologie : il avait été reçu *hospes* en 1395, et le 18 janvier 1411 il rendit les clefs de la bibliothèque.

---

1. Manuscrits, n° 576.
2. L'un de ces volumes est aujourd'hui à la Bibliothèque nationale, manuscrits, fonds latin, n° 16108.

On y voit mentionnés aussi comme bienfaiteurs de cette collection deux contemporains de Pierre de Cros (*Petrus de Croso*), septième proviseur[1].

Le premier, nommé Jean Brout, était né à Bergues en Flandre, avait le titre de docteur en théologie et mourut chanoine d'Harlebeck. Du consentement de Gabriel, son frère, il légua à l'établissement un très-bel exemplaire, en trois volumes, des commentaires de Nicolas de Lyra sur la Bible[2]. On lit en tête du dernier feuillet : « Iste liber est... ex legato bone « memorie viri magistri Johannis Brout, « oriundi de Bergis in Flandria, magistri in « theologia, quondam canonici Herlebeccensis « in Flandria et socij hujus dicti collegij. « Simul etiam ex legato aut de consensu Ga- « brielis, fratris sui[3]. »

Nous ne connaissons du second que son nom : Jean de Deventer (*Johannes de Daven-*

1. Il mourut en 1362.

2. Cette libéralité est mentionnée aussi dans le nécrologe : « Obitus magistri Johannis Brout, socii hujus do- « mus, qui legavit, sicut frater suus magister Gabriel, pos- « tillæ de Lira in tribus voluminibus. » (*Necrologium Sorbonæ*, 7 novembris.)

3. Bibliothèque nationale, manuscrits, fonds latin, n°ˢ 15260, 15261 et 15262.

tria ou *de Aventria*). La Bibliothèque nationale possède trois manuscrits qui proviennent de son legs, et qui portent pour inscription ces mots : « Istum librum legavit magister Jo-« hannes de Daventria[1]. »

Un Rouennais, Jean du Mesnil, maître ès arts et bachelier en théologie, mort le 6 septembre 1413, laissa à la Sorbonne deux commentaires sur le livre des *Sentences*. On écrivit à la fin de chacun d'eux : « Iste liber est de « collegio Sorbone, ex legato magistri Johan-« nis de Mesnillo, magistri in artibus et baca-« larij in theologia, de Rothomago in Nor-« mania, cujus anima requiescat in pace. « Predictus magister Johannes, socius hujus « domus, obiit vj die septembris, anno Domini « M^{o} CCCC^{o} XIII[2]. »

Le 11 avril 1415, mourut un savant professeur, évêque de Senlis, treizième proviseur de de la maison, et qui est appelé tantôt Pierre Plaru[3], tantôt Pierre Plaoul. Il légua à la Sorbonne une charmante Bible latine ornée de

1. Bibliothèque nationale, manuscrits, fonds latin, n°s 15246, 16189 et 16195.

2. Bibliothèque nationale, manuscrits, fonds latin, n°s 15854 et 15872.

3. Voyez le *Gallia christiana*, t. X, p. 1432.

délicieuses miniatures, un commentaire d'Albert le Grand sur les *Sentences* et un volume des concordances de la Bible[1]. Deux de ces ouvrages sont aujourd'hui à la Bibliothèque nationale; on lit sur le premier : « Iste « liber est... ex legato reverendi in Christo « patris domini Petri Plaoul, episcopi Silva- « nectensis quondam, et in sacra pagina pro- « fessoris eximii, dictæque domus socii, qui « obiit anno Domini 1415, 11 aprilis; inhumati « cum egregio atque memorandæ recordationis « viro magistro Petro Lombardi, Parisiorum « antistite, apud Sanctum Marcellum Parisien- « sium, in via quæ ducit ad arborem Bridani[2]. » La note inscrite sur l'autre ouvrage[3] diffère fort peu de celle qui précède.

La même année, Guillaume Cherviau ou Cerveau donna à la Sorbonne une maison qu'il possédait dans la rue Saint-Jacques, et le traité d'Albert le Grand sur les louanges de la Vierge[4].

---

1. « Obituarium Petri Plaoul, episcopi Silvanectensis, et « socij hujus domus, qui legavit quinquagenta libras pari- « sienses, et Bibliam et concordantias, valentes octoginta « sex libras parisienses. » (*Necrologium Sorbonæ*, 8 martii.)

2. Bibliothèque nationale, manuscrits, fonds latin, n° 16260.

3. *Ibid.*, n° 15253.

4. « Obiit magister Guillelmus Cerveau... qui dedit huic « collegio domum suam sitam in magno vico Sancti Ja-

On inscrivit à la fin du volume ces mots : « Hunc « librum dedit librarie magister Guillermus « Cherviau, anno Domini 1415to[1]. »

Vers la même époque, le *socius* Jean de Pont-Croix ou du Pont-de-la-Croix, docteur en théologie et chanoine de l'église Notre-Dame, laissa au collége le commentaire de Nicolas de Lyra sur la Bible[2], en trois volumes, qui sont aujourd'hui à la Bibliothèque nationale[3].

Dans le même temps, Henri Pistor, de Lewis en Brabant, chanoine de Liége, légua à la Sorbonne près de trente volumes. On lit à la fin de chacun d'eux : « Iste liber est paupe-« rum scolarium de Sorbona, ex legato ma-« gistri Henrici de Lewis in Brabantia, cano-« nici Leodyensis, magistri in sacra theologia, « quondam socij de Sorbona[4]. »

« cobi... et librum de laudibus Virginis. » (*Necrologium Sorbonæ*, 16 junij.)

1. Bibliothèque nationale, manuscrits, fonds latin, n° 15839.

2. « Hac die fiat missa pro magistro Johanne de Ponte « Crucis, canonico Parisiensi, quondam socio hujus domus..., « qui dedit postillam Nicholai de Lira super totam Bi-« bliam. » (*Necrologium Sorbonæ*, 16 maij.) — Son obit se trouve aussi dans le nécrologe de Notre-Dame, le 2 des nones de mars.

3. Bibliothèque nationale, manuscrits, fonds latin, nos 15257, 15258 et 15259.

4. *Ibid.*, nos 15541, 15533, etc., etc.

Pendant toute cette période, les Sorbonistes paraissent avoir veillé avec un soin extrême sur leur bibliothèque. Outre les nombreuses donations qui l'enrichissaient sans cesse, la Maison faisait exécuter à ses frais des manuscrits; c'est au moins ce qui résulte d'une note que nous avons trouvée à la fin d'un commentaire de saint Ambroise sur l'Évangile de saint Luc[1].

Les règlements étaient appliqués dans toute leur rigueur. Ainsi, en octobre 1431, maître Alard Palenc, alors prieur, désira obtenir l'autorisation d'emporter pour quelque temps dans sa chambre deux ouvrages, parmi lesquels se trouvait le commentaire d'Eustate, métropolitain de Nicée, sur les *Ethiques* d'Aristote. Palenc s'adressa aux *socii*, et, pour appuyer sa demande, fit remarquer que ses fonctions ne lui permettaient guère de se livrer à l'étude que le matin et le soir, aux heures où la bibliothèque n'était point ouverte. Alard Palenc obtint la permission qu'il sollicitait[2]; et l'année suivante, il fit

---

1. Bibliothèque nationale, manuscrits, fonds latin, n° 15640.

2. « Anno quo supra, die 5a octobris, supplicavit magis-

accorder la même faveur à maître Bertrand de Vaudelle, qui voulait emprunter un commentaire sur les *Métamorphoses* d'Ovide [1]. Du reste, Alard Palenc venait alors d'être nommé bibliothécaire [2].

La concession d'une des clefs de la bibliothèque était également soumise encore aux formalités ordinaires, et l'opportunité de la demande discutée par les *socii* dans leurs réunions périodiques [3]. Le prieur semble avoir rempli au sein de ces utiles assemblées, *in aula*,

---

« ter Alardus Palenc prior, quatenus magistri dignarentur « sibi concedere duos libros de magna libraria, quibus pos- « set se juvari in lecturam Ethicæ quam in die sequenti « erat incepturus, videlicet commentum Eustratii et Ghe- « rardi Odonis; allegans majus studium suum fore de sero « et mane, quibus non patebat ad magnam librariam ag- « gressus. Cujus supplicatio fuit concessa modo et forma « consuetis. » (*Regesta priorum Sorbonæ.* Bibliothèque nationale, manuscrits, fonds latin, n° 16070, p. 2.)

1. « Anno eodem, die vero sancti Ludovici, supplicavit « magister Alardus in aula pro magistro Bertaudo de Vau- « dello, pro quodam libro papireo magnæ librariæ, in quo « continetur quædam expositio supra metamorphoseos, et « fuit supplicatio concessa modo et forma consuetis. » (*Regesta priorum Sorbonæ*, p. 16.)

2. « Anno eodem, die vero vigesima octava martij, fuit « electus in librarium magister Alardus Palenc. » (*Regesta priorum Sorbonæ*, p. 12.)

3. « Anno quo supra, die 17a decembris, magister Jacobus « Carpentier supplicavit pro clave librariæ. Quæ supplicatio « modo consueto fuit concessa. » (*Regesta priorum Sorbonæ*, p. 3.)

dit notre texte, les fonctions de secrétaire; car on trouve dans les registres tenus par lui une analyse des résolutions prises à chaque séance. Nous y voyons que, le 15 janvier 1531, il fut ordonné, pour assurer la garde et la conservation des livres, que, dans le délai de huit jours et sous peine d'une amende d'une bourse, le bibliothécaire ferait nettoyer et fermer tous les livres, frotter la bibliothèque, et qu'il aurait à rendre compte de l'état des choses, afin que la Maison pût s'occuper des réparations et des reliures devenues nécessaires[1].

On ne s'en tint pas là. Le 12 février suivant, tous les maîtres se réunirent dès le matin dans la chapelle, et, d'un commun accord, arrêtèrent, relativement à la conservation des volumes, les dispositions suivantes, dont nous traduisons presque littéralement le texte[2] :

---

1. « Anno quo supra, die 15ª januarii, fuerunt ordinatæ et « conclusæ, ex deliberatione omnium magistrorum, quæ se- « quuntur:

« Primo...

« Secundo, ordinatum fuit, ad tuitionem et custodiam me- « liorem faciendam librorum librariæ, quod parvi libra- « rii, sub pœna unius bursæ, haberent infra octo dies « mundare et scobare libros et librariam, et omnes libros « claudere, et inferre statum librorum communitati, ut ipsa « provideat de aliquibus coöperturis et ligaturis. » (*Regesta priorum Sorbonæ*, p. 3.)

2. « Anno Dominj millemᵐᵒ ccccᵐᵒ xxxjᵒ, die xijᵒ februarij,

« Toute personne qui entrera dans la bibliothèque devra aussitôt fermer la porte; il en sera de même si elle y introduit un ou plusieurs étrangers. Si cette personne sort, elle fermera la porte, quand même il resterait quelqu'un dans la bibliothèque. Le tout, sous peine d'une amende de six deniers.

« magistro Alardo Palenc existente priore, pro salute libro-
« rum magne librarie fuerunt concorditer ab omnibus ma-
« gistris, de mane in cappella congregatis, ordinata que se-
« quuntur.

« Primo, quod quilibet intrans magnam librariam statim
« hostium claudat, et si quem vel quos extraneum vel ex-
« traneos in dictam librariam introducat, statim eciam post
« ipsorum ingressum hostium claudat; et similiter quando
« exit, eciam si qui alii in dicta libraria remanerent, sub
« pena sex denariorum.

« 2° Quod quilibet, dum discedit de aliquo libro in quo
« studuit, claudat eo modo quo claudi potest; quod ideo
« fuit ordinatum quoniam plures solebant dimittere libros
« apertos, et tunc, tam per pulveres quam eciam alia acci-
« dencia eveniencia ex defectu clausure, multipliciter damp-
« nificabantur. Et similiter, si quis aliquem extraneum in-
« troduxerit in libraria, sit sollicitus quod libri in quibus
« talis vel tales, si plures fuerint, studuerint, claudantur
« modo dicto; alias solvat ille penam quam incurrisset si
« ipsemet dimisisset libros apertos. Est autem dicta pena
« sex denariorum parisiensium pro quolibet libro; et si plu-
« res libri fuerint dimissi aperti, multiplicabitur pena se-
« cundum multiplicacionem librorum, semper pro quolibet
« sex denariorum.

« 3° Quod cum aliquis introducit aliquem extraneum, ille
« idem cum dicto extraneo in libraria remaneat, nisi aliquis
« adesset qui de suo consensu posset cum dicto extraneo re-
« manere. Quod si ille qui introduxerit extraneum recede-

« Toute personne qui se sera servie d'un livre doit, avant de se retirer, fermer le livre, en employant les moyens ordinaires. Ce qui fut ordonné, parce que plusieurs personnes avaient coutume de laisser les livres ouverts ; ceux-ci sont alors exposés à tous les accidents qui peuvent en résulter, couverts de poussière et fort endommagés. De même, lorsque quelqu'un introduira des personnes étrangères dans la bibliothèque, il veillera à ce que les livres dont ces étrangers se seront servis soient fermés, comme il est dit ci-dessus ; sinon, on lui infligera la peine qu'il eût en-

---

« ret, et dimitteret illum extraneum in libraria cum aliquo « de domo, sine consensu illius qui est de domo, incurret « penam sex denariorum.

« Per hec ordinata, ut prefertur, noluerunt magistri in-« frangere ordinaciones alias factas concernentes dictam « librariam, que sunt hec, videlicet :

« Si quis dimittat hostium apertum et neminem de domo « in dicta libraria dimiserit, solvat unam bursam.

« Item, si quis dimiserit aliquem extraneum solum in li-« braria, sic quod nullus de domo maneat cum eo vel cum « eis, si plures fuerint, solvat eciam unam bursam.

« Ymo voluerunt quod dicte ordinaciones inviolabiliter « observarentur, et cum hiis voluerunt predictas observari, « eo quod secundum eventum novorum malorum oportet « nova remedia adhibere. »

(*Ordinatio multum bona pro salute librorum magne librarie*; Bibliothèque nationale, manuscrits, fonds latin, n° 16574, p. 20. — Reproduit avec quelques variantes dans les *Regesta priorum Sorbonæ*, p. 9.)

courue s'il avait lui-même laissé les livres ouverts. Cette peine sera une amende de six deniers pour chaque volume laissé ouvert ; si plusieurs volumes ont été laissés ouverts, l'amende se multipliera par le nombre de volumes, à raison de six deniers pour chacun.

« Si quelqu'un introduit un étranger dans la bibliothèque, il ne devra pas le quitter, à moins qu'il n'y ait là quelqu'un qui consente à rester avec le visiteur. Mais, si celui qui a introduit un étranger dans la bibliothèque s'éloignait et le laissait avec une personne de la Maison sans s'être assuré que cette dernière consent à accompagner l'étranger, l'introducteur encourrait une amende de six deniers.

« Par ces dispositions, les maîtres n'ont pas entendu abroger l'ancien règlement, qui était ainsi conçu :

« Celui qui laisse ouverte la porte de la bibliothèque, lorsqu'il n'y reste plus personne de la Maison, payera une bourse.

« Celui qui aura laissé un étranger seul dans la bibliothèque payera aussi une bourse.

« Les maîtres ont ordonné, en outre, que les anciens règlements fussent inviolablement observés, et qu'en même temps on se conformât aux derniers, attendu qu'à des maux nouveaux il faut de nouveaux remèdes. »

Les docteurs ne tardèrent guère à prouver que ce règlement ne resterait pas lettre morte et serait sévèrement appliqué en toute occasion. Dès le 4 avril, on constata que, la veille au soir, la porte de la bibliothèque avait été laissée ouverte. Des commissaires furent désignés pour faire une enquête, et, sur leur rapport, les bibliothécaires furent condamnés à une amende de six deniers; de plus, on réduisit à un quart la portion de vin de maître Jean Rivière, qui était sorti de la salle le dernier[1]. Le 2 mai suivant, on punit le prieur Devremeu, parce que, avant de partir pour aller voir ses parents, il ne rendit pas la clef et les livres qui lui avaient été confiés; ou du moins parce que celui qu'il avait chargé de faire cette restitution ne s'en acquitta pas en temps utile[2]. Il en fut de même, le 9 octobre, pour maître Jean du Pont, qui avait emporté chez

---

1. « Anno quo supra, 4ª aprilis, sunt dati deputati ad « sciendum veritatem quis dimiserat librariam apertam, et « quia compertum est quod fuerat dimissa aperta in sero pre- « cedente, librarii fuerunt puniti ad sex denarios; qui vero « ultime recesserat de libraria eodem sero, scilicet magister « Joannes Riviere, fuit punitus ad unam quartam vini. » (*Regesta priorum Sorbonæ*, p. 22.)

2. « Die 2ª mensis maii, fuit punitus dominus prior De- « vremeu, quia non reddidit clavem et libros quos habebat « de parva libraria tempore debito postquam recesserat ad

lui un manuscrit et ne l'avait pas rapporté à l'époque fixée; on lui accorda cependant encore un délai de huit jours[1].

« parentes; vel saltem ille cui commiserat, non fecit debi-« tum suum tempore requisito post recessum suum. » (*Regesta priorum Sorbonæ*, p. 22.)

1. « Die nona octobris, punitus fuit magister Joannes de « Ponte, quia portaverat, contra statuta collegii, ad domum « suam scedem quæ in parva libraria erat scripta sub de-« functo magistro Alardo Palenc, ac etiam quia dictum li-« brum non reddidit tempore debito, insuper et fuit con-« clusum quod redderet infra octo dies. » (*Regesta priorum Sorbonæ*, p. 25.)

IV

La succession d'Alard Palenc. — Vol dans la bibliothèque. — Donation de G. Pomier. — Le prêt des livres.

Deux bibliothécaires, Thomas Kessel[1] et Guillaume de Paris[2] s'étaient déjà succédé au collége quand, en 1433, mourut Alard Palenc. Dans sa chambre, située au-dessus de la cuisine, il laissait un certain nombre de volumes dont la Sorbonne se montra fort embarrassée. Elle désirait vivement les garder, cela est évident, mais elle craignait

1. « Die annunciationis B. Mariæ Virginis fuit electus in librarium magister Thomas Kessel. » (*Regesta priorum Sorbonæ*, p. 21.)

2. « Die annunciationis B. Mariæ Virginis, anno Do-
« mini 1433, fuit electus in librarium magister Guillelmus
« de Parisius. » (*Regesta priorum Sorbonæ*, p. 31.)

les réclamations d'un oncle du défunt. Pour gagner du temps, elle décida que tous ces livres seraient provisoirement déposés dans un coffre qui était placé derrière le grand autel, au fond de la chapelle[1]. Ils y restèrent, oubliés ou non, l'année suivante, quand on vendit le mobilier d'Alard[2].

Puis, en 1435, quelques maîtres ayant demandé à emprunter des livres de droit qu'il avait eus en sa possession, on arrêta que ces ouvrages leur seraient prêtés sur récépissé, dès qu'ils auraient fait connaître à quel titre ils pouvaient les intéresser[3]. Enfin, en octobre 1442, aucune réclamation ne s'étant sans doute produite, la Sorbonne se dé-

1. « Die octava aprilis, fuit deliberatum per magistros « collegii quod libri reperti in camera defuncti magistri « Alardi Palenc, sita supra coquinam, quam pro nunc in- « habitat magister Guillelmus de Parisius, ponerentur in « capella, in archa quæ est retro magnum altare, pro ma- « jori securitate, cum inventario dictorum librorum, quo- « rum aliqui pertinent avunculo præfati magistri Alardi. » (*Regesta priorum Sorbonæ*, p. 31.)

2. *Regesta priorum Sorbonæ*, p. 68.

3. « Die 26ª septembris, conclusum est quod illis qui conquæruntur libros aliquos juris quos habebat in dispositum « magister Alardus Palenc traderentur, facta prius debita « informatione quod fuissent illi libri et quod pertinuissent « illis pro quibus conquærebantur, et præterea quod habe- « retur ad dehonerationem littera de recepisse. » (*Regesta priorum Sorbonæ*, p. 42.)

cida à dresser l'inventaire de tous ces livres[1], et à les vendre. Au nom du collége, Jean Rivière, Guillaume de Paris et Pierre Corii les cédèrent à Denis Courtillier, « alter quatuor « librariorum principalium almæ matris Uni« versitatis Parisiensis; » celui-ci reconnut dans l'acte qu'il avait conclu le marché « non « vi, dolo, metu, non coactus, non deceptus, « sed ex sua spontanea voluntate. » Voici, avec les prix d'estimation, le titre des premiers volumes qui figurent sur cet inventaire :

Quidam parvus tractatus	12 d. p.
Commentum veteris logice	2 s. p.
Proporciones Procli.	6 s. p.
Rethorica nova Tullij.	3 s. p.
Commentum Alberti supra librum de causis .	4 s. p.
Quædam quæstiones ethicorum.	12 d. p.

Le 25 mars 1434, Guillaume de Paris, devenu grand procureur du collége, fut remplacé, comme bibliothécaire, par Jean de Châtillon[2]. Quelques jours auparavant il avait

---

1. *Inventaire et prisée des livres de M. Alard Palanc, trouvez en la chambre de M. Guillaume de Paris, vendus à Denis Courtillier, libraire, par MM. de la Rivière, Paris et Corii, écoliers, demeurant au collége de Sorbonne.* Archives nationales, série M, n° 133.

2. « Fuit electus ad officium librariatus magister Guillel« mus de Parisius. In crastino vero prius quam acceptaret, « objectum est quod non esset capax, quia erat magnus pro-

présenté au Conseil la supplique d'un médecin, maître Rouland Tisserand, qui désirait obtenir le prêt d'un ouvrage d'astrologie intitulé *De Judiciis*. Sur l'avis conforme du sous-proviseur, la demande fut accordée, mais aux conditions suivantes : maître Tisserand fournirait, soit en livres, soit en vases d'argent, une caution équivalente à deux fois le prix de l'ouvrage, et le volume serait inscrit sous le nom d'un *socius* qui consentirait à répondre pour l'emprunteur[1].

Tandis que le Conseil maintenait ainsi les sévères traditions de la Maison, les bibliothécaires au contraire montraient assez peu de

« curator ; idcirco, rursum celebrata nova electione, electus « fuit magister Johannes de Castiliono. » (*Regesta priorum Sorbonæ*, p. 39.)

1. « Die 4a mensis marcii, magister Guillelmus de Parisiis, procurator magnus collegii, supplicavit in aula, ex « parte magistri Roulandi Textoris, doctoris in medicina, « quod collegium vellet concedere dicto magistro Roulando « quemdam librum astrologiæ de magna libraria intitulatum « *de Judiciis*. Qui quidem liber concessus [est] eidem Textoris ex parte magistrorum collegii, etiam de consensu « domini subprovisoris, usque ad festum beati Johannis « Baptistæ proxime futurum, cum conditionibus consuetis, « videlicet quod dictus Textoris dabit vadium ad duplum, « sive in libris, sive in tasseis argenteis, et quod dictus liber « scriberetur supra aliquem socium collegii, scilicet supra « magistrum Guillelmum de Parisiis, qui respondit pro « eo. » (*Regesta priorum Sorbonæ*, p. 36.)

zèle dans l'accomplissement de leurs fonctions. Le 18 septembre 1436, ils furent condamnés à une amende de trois blancs, parce qu'il avait été prouvé qu'ils faisaient ouvrir et fermer la bibliothèque par leurs clercs. Pendant que les *socii* étaient en séance, un autre clerc s'empara des clefs, s'introduisit dans la petite bibliothèque, et y déroba des livres pour une valeur de 60 sols. Il demanda grâce et restitua tous les ouvrages qu'il avait volés. On usa de douceur avec lui, et on lui permit de se retirer sans que l'affaire eût été ébruitée hors du collége[1].

Jean Soquet, élu bibliothécaire le 25 mars 1436[2], eut l'année suivante pour successeur Guillaume de Paris[3], qui remplit alors ces

---

1. « Die 18ª septembris, fuerunt puniti duo librarii quili « bet ad tres albos, eo quod mittebant clericos suos ad clau- « dendum et apperiendum librariam. Occasione cujus fuit « unus de aliis clericis qui, ex perversa et callida volun- « tate, ceperit prædictas claves, quodam die, tempore dis- « putationum in aula, introivit parvam librariam, et fura- « tus est libros usque ad valorem 60 s.; occasione cujus fuit « deliberatum quod expelleretur. Et quia penituit et resti- « tuit omnes libros quos ceperat, dulciter actum est cum « ipso, nec fuit scandalizatus extra collegium, sed recessit « post. » (*Regesta priorum Sorbonæ*, p. 48.)

2 « Die annunciationis gloriosæ Virginis Mariæ, fuit « electus in librarium magister Johannes Soquet. » (*Regesta priorum Sorbonæ*, p. 52.)

3. « Die annunciationis beatæ Mariæ Virginis, electus

fonctions pour la seconde fois, et qui prit l'initiative de réformes assez importantes. Le 1er avril 1437, les maîtres s'assemblèrent dans la chapelle pour entendre un rapport du prieur sur l'état de la bibliothèque[1]. Celui-ci

---

« fuit in librarium magister Guillelmus de Parisius. » (*Regesta priorum Sorbonæ*, p. 58.)

1. « Prima die aprilis congregati fuerunt magistri in ca-« pella post missam supra statu librariarum, et propositum « fuit per priorem qualiter in parva libraria erant libri in « tantum confusi, quod nullus sciverat numerum, nec qua-« litatem, nec quidditatem librorum, et quod libri medici-« nales, theologicales, logicales et de jure erant ita ad invi-« cem mixti, quod nullus scire poterat nec invenire librum « quem petebat, et quilibet ignorabat utrum liber quem « alias habere voluit reperiretur in parva libraria.

« Propositum etiam fuit qualiter libri de una materia fue-« rant aliqui nimis multiplicati, et collegium multis indi-« guit pro reparationibus necessariis domorum duntaxat ad « inhabitandum, et quod apud collegium nullæ fuerant pe-« cuniæ, ymo debebat collegium antiquo procuratori som-« mam 48 libr. et ultra, et reparationes necessariæ domo-« rum, capellæ et scholarum taxatæ fuerant ad sommam « mille francorum et amplius per juratos Regis.

« Dictum fuit quod forte erant in parva libraria 30 Bi-« bliæ et 40 textus Summarum.

« 1° Positum fuit in deliberatione utrum expediret ven-« dere aliquot illorum librorum pro dictis necessariis repa-« rationibus faciendis, et tunc fuit concorditer deliberatum « per magistros capellæ quod omnes libri de parva libraria « existentes de una materia ponerentur in una archa et in « uno loco distincto ab aliis, cum annotatione quod in tali « loco essent tales libri.

« 2° Quod omnes libri sic distincti ponerentur in inven-

exposa que les livres de la petite bibliothèque étaient dans un tel désordre qu'il était impossible d'en savoir le nombre, la valeur ni l'objet; que les ouvrages de médecine, de théologie, de logique, de droit étaient confondus à ce point que nul ne pouvait désigner ou trouver le livre qu'il désirait, ni vérifier si un ouvrage qu'il avait eu autrefois existait encore dans la bibliothèque.

Le prieur ajouta que les doubles étaient en très-grand nombre, tandis que le collége n'avait pas le moyen de faire faire aux maisons qu'il possédait les réparations nécessaires pour

---

« tario de novo faciendo, quoniam hoc etiam requisiverat « dominus provisor.

« 3° Quod omnes libri magnæ librariæ inventarientur, quoniam inventarium magnæ librariæ inchoatum fuit, « sed imperfectum quidem, et factum fuerat per priorem « dicti collegii cum magnis laboribus, qui fuit adjutus « principaliter ab aliquibus hospitibus et sociis dicti col- « legii.

« Item, deliberatum fuit quod expediet aliquos libros par- « væ librariæ vendere superfluos et nimis multiplicatos pro « necessariis reparationibus faciendis, dummodo ad hoc in- « terveniret concessus domini provisoris, cui dicta conclusio « fuit significata per dominum priorem; qui suum conces- « sum dare distulit supra hoc, sed prius petivit inventa- « rium parvæ librariæ et magnæ. Quæ inventaria postea « sibi per priorem fuerunt apportata; qui antequam daret « supra hiis suum concessum, dixit se velle visitare dicta « inventaria, et quod ad hoc ut amplius actum erat. » (*Regesta priorum Sorbonæ*, p. 59.)

les rendre au moins habitables ; que non-seulement la Sorbonne n'avait pas d'argent, mais qu'elle devait plus de 48 livres à un ancien procureur, et que les travaux indispensables réclamés par les maisons, la chapelle et les écoles avaient été estimés à la somme de 1,000 francs et plus ; et il y avait peut-être dans la petite bibliothèque trente Bibles et quarante textes de Sommes théologiques.

On proposa donc de vendre quelques-uns de ces livres superflus pour payer les réparations urgentes.

Il fut décidé à l'unanimité :

1° Que tous les livres de la petite bibliothèque seraient classés séparément selon la matière dont ils traitent, et chacune des divisions indiquée par une inscription spéciale ;

2° Que, comme l'avait déjà demandé le proviseur, on dresserait un nouvel inventaire des livres ainsi classés ;

3° Que l'on achèverait l'inventaire de la grande bibliothèque, travail qui avait été commencé avec beaucoup de zèle par un des prieurs, aidé de quelques *hospites* et de quelques *socii*.

Il fut convenu que l'on vendrait plusieurs des nombreux livres inutiles de la petite bibliothèque, afin de payer, avec leur produit, les réparations devenues indispensables.

Mais cette vente ne pouvait avoir lieu sans l'autorisation du proviseur, et le prieur se chargea de lui communiquer la décision du Conseil. Le proviseur différa de donner son approbation, voulant qu'auparavant on lui remît l'inventaire de la grande et de la petite bibliothèque; le prieur les lui apporta. On ne put encore obtenir son consentement : il déclara qu'il voulait examiner ces inventaires et réfléchir aux mesures à prendre.

Les années qui suivent ne furent marquées par aucune décision importante relativement à la bibliothèque. Nous devons cependant mentionner les noms de trois bibliothécaires : Pierre Corii, élu en 1442[1]; Jean de Allies, en 1448[2], et Jean de Ecconte en 1459[3].

Cette même année, Guillaume Pomier, curé de Saint-Germain-le-Vieux[4], donna à la Sorbonne les sermons de Jordan[5] et ceux de Jacques de Voragine. L'acte de donation, qui fut

1. *Regesta priorum Sorbonæ*, p. 65.
2. *Regesta priorum Sorbonæ*, p. 67.
3. *Regesta priorum Sorbonæ*, p. 79.
4. Cette église a été démolie en 1802.
5. Peut-être Raymond Jordan, dit le savant idiot, *sapiens idiota*.

reproduit en entier dans les registres du collége, mérite d'être conservé; nous traduisons textuellement :

« Moi, Guillaume Pomier, maître en théologie, curé de l'église paroissiale de Saint-Germain-le-Vieux, en la Cité de Paris, je déclare que j'ai légué et donné, que je lègue et donne par mon testament aux maîtres, boursiers et *socii* du collége de Sorbonne, les sermons de Jordan en deux volumes, écrits sur parchemin. Le premier volume commence au premier dimanche de l'Avent et va jusqu'à Pâques; le second commence à la fête de Pâques et va jusqu'à l'Avent. Item, j'ai légué au même collége par mondit testament, les sermons de Voragine, écrits également sur parchemin, en un volume, qui contient les sermons du dimanche pour toute l'année, et même des sermons pour plusieurs fêtes. Je veux et ordonne que ces livres ou volumes soient attachés à l'aide de chaînes dans la bibliothèque. Ils ne pourront ni ne devront être vendus ou aliénés, mais ils resteront dans la bibliothèque pour servir à la communauté et à tous ceux qui en auront besoin; je m'en réserve cependant l'usage pendant ma vie. Après mon décès, lesdits boursiers et maîtres pourront réclamer à mes exécuteurs testamentaires lesdits livres comme appartenant à eux boursiers et au collége. En foi de quoi j'ai apposé sur cet acte ma signature et le sceau de ma cure susdite. L'an du Seigneur 1459, le vingt-sixième jour du mois de septembre. *Signé* G. POMIER[1]. »

---

1. « Copia cedulæ donationis magistri nostri Guillelmi Pomier.

« Ego Guillelmus Pomier, magister in theologia, curatus « ecclesiæ parochialis Beatissimi Germani Veteris in Civi- « tate Parisiensi : confiteor legasse et dedisse, lego et do per « testamentum meum magistris, bursariis et consociis col- « legii Sorbonæ, sermones Jordani in duobus voluminibus « scriptis in pergameno, quorum primum volumen incipit a « dominica prima Adventus usque ad Paschas, et secundum « volumen incipit a festo Paschæ usque ad Adventum Do- « mini. Item, eidem collegio legavi per dictum testamentum « meum sermones de Voragine, scriptos etiam in perga- « meno, in uno volumine, in quo continentur sermones do- « minicales totius anni et etiam sermones festorum nonnul- « lorum per annum. Quos libros sive quæ volumina volo et « ordino quod affigantur in catenis in libraria; et non pote- « runt nec debebunt in posterum vendere sive alienare præ- « fata volumina et dictos libros, sed manebunt in libraria, « servientes communitati et hiis omnibus qui indigebunt, « retento tamen usu dum vita mihi erit comes. Et poterunt « dicti bursarii et magistri, post obitum meum, repetere « ab executoribus meis præfatos libros tanquam suos et dicto « collegio pertinentes.

« In cujus rei testimonium, signetum meum manuale, « cum sigillo præfatæ curæ meæ, huic cedulæ apposui.

« Anno Domini 1459°, die vicesima sexta mensis septem- « bris.

« Signata est G. Pomier. »

(*Regesta priorum Sorbonæ*, p. 81.)

Dix ans après, un ancien *socius*, Jean Tinctor, chanoine de Tournai et professeur au collége de Cologne[1], légua à la Sorbonne plusieurs ouvrages. On lit à la fin de l'un d'entre eux qui est aujourd'hui à la Bibliothèque nationale : « Iste liber est pauperum magistro« rum et scholarium collegij Sorbone in theo« logica facultate Parisius studentium, ex « legato magistri Johannis Tinctoris, Colonien« sis, et quondam socij hujus domus de Sor« bona[2]. »

Dans l'intervalle de ces deux donations, Luc Desmoulins[3] (*Lucas de Molendinis*), Reginald du Brule[4], Jean Chenart[5] et Guillaume Fichet[6] s'étaient succédé comme bibliothécaires. Ce dernier fut remplacé en mars 1471 par Jean de Lapierre (*Johannes Lapidanus*, *Lapideus* ou *de Lapide*)[7], qui avait rempli précé-

---

1. *Domus et Societatis Sorbonicæ historia*, p. 165.
2. Bibliothèque nationale, manuscrits, fonds latin, nº 15900.
3. *Regesta priorum Sorbonæ*, p. 84, 92, 94, 97 et 105.
4. *Regesta priorum Sorbonæ*, p. 98.
5. *Regesta priorum Sorbonæ*, p. 106 et 108.
6. *Regesta priorum Sorbonæ*, p. 110 et 111. — En 1464, année où il fut nommé prieur, les registres l'appellent *G. Phichetus*, en 1468 *Vichetus*, et en 1470 *Fischetus*.
7. *Regesta priorum Sorbonæ*, p. 115.

demment les fonctions de prieur et dont nous aurons à reparler.

On continuait à se montrer fort sévère pour le prêt des livres au dehors, et les prélats eux-mêmes devaient se soumettre à la loi commune. En 1473, l'évêque de Beauvais ayant voulu emprunter un volume, le Conseil exigea qu'avant tout on demandât l'autorisation du proviseur et qu'on s'assurât que l'ouvrage existait en double dans la bibliothèque; l'évêque devait, en outre, fournir un autre volume qui eût au moins deux fois la valeur de celui qu'il empruntait et qui resterait enchaîné à la place de ce dernier jusqu'au jour de la restitution. Le prélat trouva sans doute ces conditions un peu dures, car il ne donna pas suite à sa demande[1]. Quatre ans après, le Conseil infligea une amende à l'un des docteurs, maître Denis Bourgeois, qui avait quitté le collége pour une

1. « Die 17 aprilis 1473, deliberatum fuit quod episcopo « Belvacensi concederetur liber beati Dionisii, si in libraria duplatus reperiretur, habito primo consensu domini « provisoris, tali pacto quod præfatus episcopus dabit aliquem alium librum meliorem ad minus in duplo, qui incathenabitur in dicta libraria, loco illius, quousque præfatum librum reposuerit tempore sibi assignato per « collegium. Non prosequutus est præfatus episcopus ad « habendum præfatum librum, et ideo non habuit. » (*Regesta priorum Sorbonæ*, p. 120.)

dizaine de jours sans restituer auparavant des livres à lui prêtés[1]. Mais ces actes de sévérité n'empêchaient pas encore tous les abus, puisque, en 1476, la Sorbonne recouvra un volume qui, longtemps auparavant, avait été soustrait dans la bibliothèque par un médecin qu'un docteur de la Maison avait pourtant accompagné[2].

Il semble qu'à cette époque les legs de livres fussent devenus moins fréquents que dans le passé; peut-être aussi le souvenir ne nous en a-t-il pas été aussi fidèlement conservé. En 1476, maître Fabien Chartier légua au collége une *Vie du Christ*, qui, nous ne savons pourquoi, fut déposée « in coffro thesauri[3]. »

---

1. « Die 6a marcii (1478), conclusum fuit quod magister « Dyonisius Burgensis, qui in recessu ejus non restituit li- « bros collegio quos a collegio habuerat, puniretur in ejus « reditu. — Decima 6a marcii, supplicavit magister Dyoni- « sius Burgensis, de quo supra fit mentio, in ejus reditu « solvendo unam bursam, absque hoc, quod condemnare- « tur, habere abolitionem; cujus supplicatio fuit concessa. » (*Regesta priorum Sorbonæ*, p. 137.)

2. « Die sabbati ante Quinquagesimam, retulit magister « noster Lucas quod quidam liber esset sibi traditus, quem « alias per quemdam medicum intrantem cum magistro li- « brariam fuit clandestine asportatus. » (*Regesta priorum Sorbonæ*, p. 126.)

3. « Die 1a aprilis, placuit collegio quod liber de vita « Christi, quem nobis legaverat magister Fabianus Auri- « garii, nuper defunctus, depositus in custodiam in manibus

En 1480, Thomas Troussel, ancien *socius*, docteur en théologie, pénitencier et chanoine de Notre-Dame, laissa à la Sorbonne la *Somme* du franciscain Astesano, en deux volumes qui sont aujourd'hui à la Bibliothèque nationale[1], la *Somme* de Bartholin et les *Sermons* de J. de Torquemada sur saint Paul[2]; ces ouvrages furent aussitôt enchaînés dans la librairie[3].

« magistri Dominici, reponeretur in coffro thesauri. » (*Regesta priorum Sorbonæ*, p. 131.)

1. Manuscrits, fonds latin, n°s 15379 et 15923.

2. Th. Troussel légua également des volumes à l'église Notre-Dame et à l'église Saint-Marcel. Voy. A.-F., *Recherches sur la bibliothèque publique de l'église Notre-Dame de Paris au treizième siècle*, p. 55 et 56.

3. « Insuper placuit quod ex singulis Nationibus singuli « ad numeros unus accederent ad executores piæ memoriæ « magistri nostri Thomæ Troussel... qui haberent recipere « libros legatos : scilicet Summam Actantii in duobus volu- « minibus, et Bartholini Summam, et sermones de Turre « Cremata super explanationes Pauli in duobus volumini- « bus, quod factum fuit. Et placuit ut libri incathenarentur « et ponerentur in magna libraria. » *Regesta priorum Sorbonæ*, p. 143.)

V

Reconstruction de la bibliothèque. — Nouveau règlement. — Dons en argent et en nature. — « Honteuse » conduite du maçon.

Depuis longtemps déjà on songeait à reconstruire la bibliothèque, qui menaçait ruine. Le danger devint si pressant en 1480, que, le 12 mai, les *socii* furent convoqués pour en délibérer. Ils reconnurent que les ressources du collége ne pouvaient suffire aux frais de travaux aussi coûteux, et qu'il fallait demander des secours au dehors. Maître Jean Roer ou Royer, qui avait trois fois déjà rempli les fonctions de bibliothécaire [1], fut donc député auprès du proviseur pour le prier d'aller voir un cer-

1. *Regesta priorum Sorbonæ*, p. 121, 126, 130, 134.

tain cardinal d'Autun[1] qui jadis avait promis de s'associer à l'entreprise[2]. Cette démarche eut un plein succès, car, quelques jours après, tandis qu'on était à table, Jean Roer raconta que le cardinal avait très-favorablement accueilli la demande du collége et venait d'envoyer au proviseur une somme de cent francs pour commencer les travaux[3]. On se mit à l'œuvre aussitôt. Un marché fut conclu avec le maçon Guillaume Bigner, puis le prieur posa la première pierre des fondations, et donna au maçon, de la part du collége, un

---

1. Sans doute Jean Rolin, évêque d'Autun et cardinal, mort en 1483.

2. « Die 12a mensis maii, convocatum fuit collegium per « priorem supra edificatione novæ librariæ, et visum est « sociis, cum tam sumptuosum opus ex facultatibus ipsius « collegii, sed alieno auxilio, proficisci non posset, quod « domino provisori persuaderetur quathenus visitaret reve- « rendum in Christo patrem dominum cardinalem Eduen- « sem, qui, alias, ad hoc opus perficiendum promiserat suas « manus adjuvantes porrigere, et ad hoc fuit deputatus ma- « gister noster Johannes Roer. » (*Regesta priorum Sorbo-* « *næ*, p. 148.)

3. « Post paucos dies retulit in mensa præfatus magister « noster Rouer, quod dominus provisor, suo suasu, visitave- « rat præfatum patrem dominum cardinalem in sui præsen- « tia, porrexeratque illi supplicationem præfatam ex parte « collegii; cui supplicationi reverendus in Christo pater « annuit, et centum franchos pro inicio promisit se datu- « rum, quos post modum juxta promissum contulit. » (*Regesta priorum Sorbonæ*, p. 148.)

écu d'or au soleil comme pourboire, « ad potandum[1]. »

On avait compté sur d'autres libéralités, et elles arrivaient, mais lentement. Le 13 juin, Jean Gambier, bibliothécaire en fonctions[2], et Alexandre, bedeau de la Faculté de théologie, tous deux exécuteurs testamentaires de maître Luc Desmoulins, ancien bibliothécaire de la Maison, remirent au collége quarante écus d'or, que le défunt avait légués pour faire des réparations à la bibliothèque et aux ornements de la chapelle; la somme tout entière fut appliquée aux frais des nouvelles constructions[3]. Un mois après, Jean de Martigny, principal

1. « Die 12a mensis maii, Guillelmus Bigner, lathomus, « cum quo convenerunt dominus provisor et socii collegii, « incipit edificare prædictum opus librariæ. In inceptione « cujùs prior posuit primum lapidem fundi, et post hujus- « modi inceptionem dedit lathomo ad potandum unum scu- « tum auri ad solem, ex parte collegii. » (*Regesta priorum Sorbonæ*, p. 148.)

2. *Regesta priorum Sorbonæ*, p. 147.

3. « Die 13a mensis junii, recepit procurator collegii « 40a scuta auri a magistro nostro Joh. Gambier et domino « Alexandri, bidello facultatis theologiæ, executoribus tes- « tamenti defuncti magistri nostri Lucæ de Molendinis, de « veneranda natione Normaniæ, quæ legaverat collegio pro « reparatione librariæ vel ornamentorum capellæ, ut annu- « meraretur suffragiis, orationibus et benefactis collegii; et « fuit applicata dicta pecunia ad præfatum opus librariæ. » (*Regesta priorum Sorbonæ*, p. 148.)

du collége de Bourgogne, offrit de fournir toutes les poutres nécessaires à l'édifice ; il demandait seulement, en retour, à avoir droit aux suffrages, prières et bienfaits de la Sorbonne, et aussi qu'on lui fît remise de quelques arrérages qu'il devait pour le loyer d'une maison située vers la porte Saint-Germain[1]. Ces conditions furent acceptées[2]; et, peu de jours après, par les soins de Jean Roer, les poutres entrèrent au collége[3].

---

1. La porte Saint-Germain était située à l'extrémité de la rue des Cordeliers (rue de l'Ecole-de-Médecine), entre la rue du Paon et le passage du Commerce, un peu au-dessous de l'endroit où se trouve aujourd'hui une fontaine. Le collége de Bourgogne occupait l'emplacement de l'école de médecine actuelle.

2. « Die 13ª julii, exposuit magister noster Johannes Roeri « in prandio, coram omnibus sociis, qualiter post multas « persuasiones per eum factas, magister Johannes de Marti- « gniaco, magister principalis collegii Burgundiæ, obtulit « et offerebat pro constructione novæ librariæ decem vel un- « decim magnas trabes, aut saltem tot quot sufficerent pro « sustentatione edificii ; hiis tamen conditionibus appositis, « quod esset annumeratus in suffragiis, orationibus et cunc- « tis benefactis collegii, ut ceteri speciales benefactores « dicti collegii ; item etiam quod sibi remitterentur et de- « falcarentur aliqua arreragia in quibus tenebatur collegio « de quadam domo sita juxta suum collegium versus por- « tam Sancti Germani. Quæ oblatio, cum suis conditioni- « bus, fuit omnibus sociis grata, et grate acceptata, ro- « gaveruntque præfatum magistrum nostrum Roer, ut « præstatæ oblationis executionem prosequatur, quod polli- « citus est facere. » (*Regesta priorum Sorbonæ*, p. 149.)

3. « Post paucos dies, procurante magistro nostro Roer,

Pendant deux ans, presque toutes les assemblées des *socii* eurent pour objet la reconstruction de la bibliothèque, et l'examen des nombreuses difficultés auxquelles donnait lieu l'exécution des travaux.

Le 8 avril 1481, il est décidé qu'on ne payera le maçon qu'après avoir fait mesurer la profondeur et la hauteur des murs. Cet examen achevé, on lui donnera de l'argent, mais modérément, et de manière à ce que le collége reste toujours son débiteur; car, dans le cas contraire, on pourrait redouter qu'il ne laissât la construction inachevée. On s'occupa, le même jour, d'une maison dite *de la Pie*, en raison de son enseigne; on refusa de faire un bail aussi long que le demandait le locataire, mais « on convint que le procureur dissimulerait avec lui et le payerait de belles paroles, dans la crainte que ce locataire n'empêchât l'écoulement des eaux de la nouvelle bibliothèque[1]. » Autre réunion le 13 juin; les vérifi-

---

« fuerunt præfatæ trabes usque ad murum, unde ad colle- « gium deportatæ, juxta pollicita. » (*Regesta priorum Sorbonæ*, p. 149.)

1. « Statim post Pascha, die martis post Quasimodo, sed « quæ fuit 8ª aprilis, congregati fuerunt socii super nego- « tiis collegii, super multis articulis, et... 7° quod non den- « tur pecuniæ lathomo quousque fuerit mensurata profun-

cations ordonnées dans la séance précédente avaient fait constater la « honteuse » conduite du maçon. Il avait trompé le collége sur la profondeur des fondations; et, en outre, il s'était servi de plâtre au lieu d'employer exclusivement, comme on en était convenu, la pierre et le ciment jusqu'au niveau du sol. Il dut réparer le dommage à dire d'experts[1].

Ces travaux semblent avoir été achevés vers la fin de 1483.

La bibliothèque, isolée de tous côtés, était à l'abri du feu. Elle se composait d'une ga-

---

« ditas et altitudo murorum librariæ; qua mensuratione « facta, dabuntur ei pecuniæ, moderate tamen, ita ut simus « semper debitores usque ad operis consummationem, ne « forsan dictus lathomus, si nobis debitor esset, opus in- « completum relinqueret... Fuit et conclusum de duabus « domibus, videlicet de domo ad Picam, quæ non daretur « ad ita longos annos sicut petebat quidam habitator illius « domus; sed dictum est quod procurator dissimularet cum « eo, dando ei bona verba, ne forsan ille impediret stilli- « cidia aquarum novæ librariæ. » (*Regesta priorum Sorbonæ*, p. 155.)

1. « Decima 3a junii, articulus fuit de lathomo qui nos « turpiter decepit in fundamentis muri anterioris ejusdem « librariæ, primum quoad fundamenti profunditatem, se- « cundum quoad hoc quod debuit facere fundamentum « usque ad terræ superficiem omnino de lapidibus et se- « mento, posuit tamen dictus lathomus loco sementi et « calcis plastrum, in gravem jacturam domus. Ideo conclu- « serunt unanimiter quod, ad arbitrium juratorum in illa « arte, cogeretur dictus lathomus reparare damnum. » (*Regesta priorum Sorbonæ*, p. 156.)

lerie longue de quarante pas, large de douze, et éclairée par trente-huit petites fenêtres. Les livres étaient attachés au mur, mais par des chaînes assez longues pour qu'ils pussent s'ouvrir sur des pupitres au nombre de vingt-huit et élevés de cinq pieds. Entre chaque pupitre était réservé un espace vide dans lequel on pouvait travailler assis[1]. Les vitraux des fenêtres formaient le principal ornement de la galerie; les sorbonnistes y avaient fait représenter les hommes qui avaient des droits particuliers à leur reconnaissance[2].

---

1. « Fuit ædificium antiquæ bibliothecæ monostegum, fir-« mum, solidum, longum passus XL, latum XII, et quo tu-« tius esset ab incendii periculo vicinæ cujusque domus « conflagrantis, a quovis habitaculo sufficienti distantia « recessit, patiscens utroque latere longitudinis triginta « octo fenestrellis æqualibus. Fuerunt autem pulpita viginti « octo, distincta per alphabeti litteras, alta pedes quinos, « ita ordinata ut intervallum mediocre singula divideret, « voluminibus onusta cathenatis quidem omnibus... Sedens « illo intervallo pulpitorum assurgentium pedes quinos, ut « diximus, alterum alibi legentem scribentemve non vidit « nec inturbavit... » (Cl. Héméré, *Sorbonæ origines, disciplina, viri illustres*, etc., p. 162.)

2. Claude Heméré nous a conservé leurs noms : « Robertus « de Sorbona; Guilelmus de Sancto Amore; Henricus de « Gandavo; Thomas Hibernicus; Henricus de Hassia; Jo-« hannes de Poliaco; Petrus Plaoul; Johannes l'Hullier; « Franciscus de Fondenaio, thesaurarius Nivernensis; Mar-« tinus de Andosella, archidiaconus Pampilonensis; Jo-« hannes Nosereti, cantor Matisconensis; Franciscus de Se-« govia, etc., etc.

Le règlement de la Bibliothèque fut revu et complété vers cette époque, et la nouvelle rédaction mérite, sous tous les rapports, d'être reproduite; malheureusement l'écriture du manuscrit qui nous sert ici de guide est fort difficile à déchiffrer[1].

---

1. « I. Nemo e Societate non togatus pileatusque bibliothecam ingreditor.
« II. Pueris et vulgo illiterato ne aperitor.
« III. Viris honestis et eruditis in eam introducendis, unus saltem e Societate admissionalis esto. Comitiva si qua est coram pro foribus præstolator.
« IV. Clavis bibliothecæ socius apud se caute servato. Nulli alii concredito.
« V. In bibliothecam, quovis tempore, non ignis aut lumen inferuntor.
« VI. Volumen, inconsulta Societate, nullum bibliotheca exportator.
« VII. Si quis librum pulpito in usum eduxerit, pulverem aut deformitatem quamcumque prius abstergito, eodem utitor honeste, eum ordini et loco clausum restituito.
« VIII. Nulla litura aut nota, nullave complicatione foliorum librum deformato.
« IX. Scribens, legensve, nulla aliorum collocutione aut ambulatione interpellator.
« X. Silentio quantum licebit locus sacer et augustus esto.
« XI. Damnatæ doctrinæ scripta soli magisterio theologiæ donati evolvunto. Cursores periculosa lectione, nisi premat argumentandi refutandique necessitas, abstinento.
« XII. Magister quidem ita legito ut absit curiositas, ne noceat venenum.
« XIII. Si quis faxit secus, merito reprehensione castigator. »
(Cl. Héméré, *Sorbonæ origines, disciplina, viri illustres*, etc. Bibliothèque de l'Arsenal, manuscrits, n° 133.)

« I. Aucun membre de la Société n'entrera dans la bibliothèque sans être en robe et en bonnet.

« II. Elle sera interdite aux enfants et aux gens illettrés.

« III. Si des personnes recommandables et instruites demandent à y pénétrer, un des *socii* devra leur servir d'introducteur, mais leurs valets resteront à la porte.

« IV. Chaque *socius* conservera sa clef de la bibliothèque avec soin, et ne la prêtera à personne.

« V. En aucun temps, on n'apportera ni feu ni lumière dans la bibliothèque.

« VI. On ne devra emporter de la bibliothèque aucun volume sans le consentement de la Société.

« VII. Avant de placer un volume sur un pupitre pour s'en servir, on commencera par en enlever la poussière ; on s'en servira honnêtement, puis on le remettra fermé à sa place.

« VIII. Il est interdit d'écrire sur les volumes, d'y faire aucune rature, de plier aucun feuillet.

« IX. Qu'on écrive ou qu'on lise, on ne doit interrompre personne, soit en causant, soit en marchant.

« X. Autant que possible, le silence doit régner dans la bibliothèque, comme en un lieu auguste et sacré.

« XI. Les livres dont les doctrines sont condamnées, les écrits d'une lecture dangereuse, ne seront confiés qu'au professeur de théologie ; encore devra-t-il s'en abstenir si les besoins d'une argumentation ou d'une controverse ne le forcent à y avoir recours.

« XII. Le professeur lui-même ne doit donc pas les lire par pure curiosité, de peur que le poison ne le pénètre.

« XIII. Si quelqu'un le fait néanmoins, qu'il soit puni d'une réprimande. »

Maître Dominique était alors bibliothécaire[1]. Il avait succédé au zélé Jean Roer, mort en 1480, et qui avait donné plusieurs volumes à la Sorbonne. On lit à la fin des *Questions* de saint Thomas d'Aquin *sur le mal* : « Hunc li-
« brum questionum de malo, compilatarum a
« doctore sancto de Aquino, emit Johannes
« Roerij, socius in collegio Sorbone, et pro-
« priis solvit pecuniis venditorj, die ultima
« martij, anno Domini 1480. J. ROERIJ[2]. »

1. *Regesta priorum Sorbonæ*, p. 155 et 175.
2. Bibliothèque nationale, manuscrits, fonds latin, n° 15807.

Mentionnons encore ici deux autres donations qui paraissent se rapporter à la même époque. Jean Bouhale, écolâtre et chanoine d'Angers, docteur en droit civil et en droit canon, légua au collége les opuscules de saint Bernard et un volume des lettres d'Yves de Chartres provenant de la vente de maître Jean Daveluys, promoteur de l'évêque d'Angers. Il avait écrit à la fin du premier de ces ouvrages, qui est aujourd'hui à la bibliothèque Mazarine[1] : « Pre« sentem librum ego Johannes Bouhale, utrius« que juris doctor, scribi feci Turon. anno « Domini Mº CCCCmo LXº. » Le second, conservé à la Bibliothèque nationale[2], porte cette inscription : « Pro Johanne Bouhale, utriusque « juris doctore, scolastico Andegavensi, qui « emit presentem librum de executore magis« tri Johannis Daveluys, promotoris episcopi « Andegavensis, mense augusto, anno Domini « Mº CCCCmo LXº. BOUHALE. » De son côté, Richard Palefroy, *socius* en 1481[3], et mort en 1483[4], laissa à la Sorbonne un recueil de

1. Bibliothèque Mazarine, manuscrits, nº 909.
2. Bibliothèque nationale, manuscrits, fonds de la Sorbonne, nº 436.
3. *Regestum bibliothecæ Sorbonicæ*, p. 123. — *Domus et Societatis Sorbonicæ historia*, p. 213.
4. « Obiit magister Richardus Palefroy, socius, anno Do-

pièces théologiques qui avaient été copiées par lui. On lit sur l'avant-dernier feuillet du volume : « De dono magistri Richardi Palefroy, « quondam socii hujus domus, » et à la fin : « Iste liber pertinet Ricardo Palefroy, ab eodem « scriptus [1]. »

Deux faits assez graves occupèrent le Conseil pendant les derniers mois de l'année 1483. Le bibliothécaire Dominique perdit la clef de la bibliothèque et celle de la chapelle. Malgré l'importance de la faute [2], il fut traité avec une grande indulgence : il offrit vingt sols parisis qui furent acceptés, et on ordonna que cette décision servirait de règle pour l'avenir en pareille circonstance [3]. Enfin, au mois d'octobre,

---

« mini M CCCC LXXXIIJ, qui multa bona fecit huic collegio. » (*Necrologium Sorbonæ*, 6 februarii.) — En mai 1482, R. Palefroy avait loué au collége une maison située rue des Poirées, entre la petite Sorbonne et le collége de Cluny; le bail est conservé aux Archives nationales, série S, n° 6211.

1. Bibliothèque nationale, manuscrits, fonds latin, n° 16518.

2. « Die vigesima 7ª septembris, fuerunt socii congregati « supra tribus articulis..... 2us articulus fuit de clavibus li- « brariæ et capellæ, quas magister noster Dominicus ami- « sit, et quantum ad hoc placuit facere ipsum judicem, eo « quod ipse cognoscit consuetudines collegii. » (*Regesta priorum Sorbonæ*, p. 174.)

3. « Die 28ª ejusdem mensis, magister noster Dominicus « obtulit viginti solidos parisienses pro clave bibliothecæ « quam amiserat, et conclusum fuit quod, si predictus ma-

la Sorbonne put disposer d'une petite somme qu'elle venait de recevoir à titre de restitution. Un religieux qui, dans sa jeunesse, avait été accueilli au collége, avait abusé de cette hospitalité pour dérober dans la bibliothèque plusieurs volumes, qu'il vendit ensuite. Tourmenté plus tard par le remords, il résolut d'en rendre au moins le prix. On arrêta que cet argent serait employé en achats de livres, soit manuscrits, soit imprimés, si l'on en pouvait trouver à bon marché[1].

Voici la première fois que cette expression de *libri impressi* figure dans notre texte; mais nous allons voir que, depuis longtemps déjà, la Sorbonne devait posséder plus d'un précieux spécimen de l'admirable découverte de Gutenberg. Il nous faut pour cela revenir de quelques années en arrière.

« gister pro illo precio absolveretur, alii quoque, si casus « similis contingeret, similiter pro illo precio absolverentur. » (*Regesta priorum Sorbonæ*, p. 177.)

1. « Die 17ª octobris deliberaverunt socii in aula quod de « quibusdam pecuniis existentibus in parva libraria, quas « restituit quidam religiosus, qui cum in juventute sua mo- « ram faceret in hac domo, ipse cum quibusdam aliis rapue- « runt aliquos libros et alienaverunt : quoque quod de dicta « pecunia emerentur libri impressi aut alii, si possent in- « veniri in bono foro. » (*Regesta priorum Sorbonæ*, p. 161.)

DEUXIÈME PARTIE

(1468 à 1795.)

I

Les débuts de l'imprimerie à Paris. — Achat de chaînes pour la bibliothèque. — Témoignage de Luther sur la Sorbonne. — Donations de livres.

Le plus ancien livre imprimé qui porte une date certaine est le Psautier de Mayence exécuté par Gutenberg, Fust et Schœffer en 1457. Douze ans après, la France ne possédait encore aucun établissement typographique. Cependant le bruit de cette grande découverte était venu jusqu'à Paris, et Charles VII paraît avoir promptement apprécié l'importance des services qu'elle était appelée à rendre. On lit en effet dans un précieux manuscrit de la bibliothèque de l'Arsenal :

« Le IIIe octobre M.IIII^{c}.LVIII, le roy ayant

« sceu que messire Guthemberg, chevalier,
« demeurant à Mayence au pais d'Allemagne,
« homme adextre en tailles et de caractères de
« poinçons, avoit mis en lumière l'invention
« d'imprimer par poinçons et caractères : cu-
« rieux de tel trésor, le roy avoit mandé aux
« généraux de ses monnoyes luy nommer per-
« sonnes bien entendues à ladite taille pour
« envoyer audit lieu secrètement soy informer
« de ladite forme et invention, entendre, con-
« cevoir et apprendre l'art d'icelles. A quoy fut
« satisfait audit sieur roy, et par Nicolas Jen-
« son fut entreprins, tant ledit voyage que
« semblablement de parvenir à l'intelligence
« dudit art et exécution d'iceluy audit royaume,
« dont premier a fait devoir dudit art d'im-
« pression audit royaume de France [1]. »

Mais quand Nicolas Jenson songea au retour, Charles VII était mort, et Louis XI poursuivait de sa haine tous ceux qui l'avaient servi. Jenson effrayé se réfugia à Venise, où il fonda une imprimerie, d'où sortirent, dès 1471, d'admirables spécimens de l'art nouveau.

A Paris, l'initiative partit de la Sorbonne. Le

1. Bibliothèque de l'Arsenal, manuscrits, histoire, n° 467.

prieur Jean Heynlin ou de la Pierre[1] et le bibliothécaire Guillaume Fichet[2] eurent le courage de braver la résistance qu'opposaient à l'introduction de l'imprimerie près de six mille industriels : copistes, enlumineurs, etc. En 1469, ils appelèrent de Mayence Ulric Gering[3], Michel Friburger et Martin Crantz, et les installèrent dans les bâtiments mêmes du collége. C'est là, *in ædibus Sorbonæ*, que parut, en 1470, le premier livre imprimé à Paris, les lettres de Gasparino de Bergame, revues et publiées par Jean Heynlin, sous ce titre : *Gasparini Bergamensis epistolarum opus, per Joannem Lapidarium, Sorbonensis scholæ priorem, multis vigiliis ex corrupto integrum effectum, ingeniosa arte impressoria in lucem redactum.* On trouve à la fin

1. « Incipit prioratus magistri Johannis de Lapide, Ale-« mani, anno Domini 1467. » (*Regesta priorum Sorbonæ*, p. 108.) — « Incipit prioratus magistri Johannis de Lapide, Alemani, anno Domini 1470. » (*Regesta priorum Sorbonæ*, p. 111.) — Il fut bibliothécaire en 1481. (*Regesta*, etc., p. 115.)

2. « Anno Domini 1468, die annunciationis B. M. V. fuit « electus in parvum librarium magister noster Guillielmus « Vicheti. » (*Regesta priorum Sorbonæ*, p. 110.)

3. Le nom de Gering n'a pas été plus respecté que celui de G. Fichet dans nos registres, car on l'appelle indifféremment *Gerinx*, *Guerinch*, *Guering*, *Guerincg*, *Guérin*, *Guarin*, etc.

de ce volume huit vers qui célèbrent la gloire de la Ville de Paris et l'hospitalité accordée par elle aux trois imprimeurs mayençais : « Pro-« tectrice des Muses, royale cité de Paris, toi « qui répands la lumière de la science sur tout « l'univers, comme le soleil l'éclaire de ses « rayons, accueille cet art d'écrire, invention « presque divine, que l'Allemagne vit naître, « et qui te revient de droit. Voici ces livres, « premiers produits créés par notre industrie « sur la terre de France, et dans ton palais ; « maître Michel, maître Ulric, maître Martin « les ont imprimés, et vont en exécuter d'au-« tres [1]. » L'année suivante, Gering et ses associés publièrent un traité de rhétorique composé par Guillaume Fichet; la dédicace de l'auteur au cardinal Bessarion se termine ainsi : « Ædibus Sorbonæ scriptum impressumque, « anno uno et septuagesimo quadringintesimo

---

1. Ut sol lumen, sic doctrinam fundis in orbem,
Musarum nutrix, regia Parisius.
Hinc prope divinam tu, quam Germania novit,
Artem scribendi suscipe, promerita.
Primos ecce libros quos hæc industria finxit
Francorum in terris, ædibus atque tuis.
Michael, Udalricus Martinusque magistri
Hos impresserunt, et facient alios.

« supra millesimum, » et on lit à la fin de l'ouvrage [1] :

In Parisior Sorbona conditæ Ficheteæ rhetoricæ finis, Roberti Gaguini sequit panagericus in auctorem ;

Cependant, chose étrange et vraiment inexplicable, ce grand fait de l'installation de l'imprimerie au sein même de la Sorbonne n'a laissé aucune trace dans les registres où les prieurs inscrivaient si scrupuleusement des détails qui nous paraissent aujourd'hui bien insignifiants. Nous avons deux fois parcouru tous les procès-verbaux des séances tenus par les docteurs entre 1469 et 1471, sans découvrir un seul passage relatif à l'invention nouvelle.

La forme des caractères employés par Ulric et ses associés se rapproche de celle des inscriptions romaines du siècle d'Auguste. Quelques lettres sont défectueuses, et parfois la fin des mots est laissée en blanc pour être

1. Bibliothèque Mazarine, incunables, n° 10230.

remplie à la plume; les abréviations sont nombreuses. Les capitales manquent, car elles devaient être peintes par le rubricateur. Dans plusieurs ouvrages, particulièrement dans le *Psautier* et le *Missel*, Gering employa l'encre rouge et l'encre noire pour distinguer les rubriques. Quelquefois le livre commence au *verso*. On n'y voit ni titres, ni numéros, ni pagination, ni signature. Le papier dont se servit Gering, seul ou avec ses divers associés, est d'une excellente qualité, bien collé, solide, mais un peu moins blanc que les beaux papiers de Rome et de Venise; il conserve encore aujourd'hui toutes ses qualités primitives. L'encre est belle et bonne, et le tirage est en général fort égal.

Vers le milieu de l'année 1473, deux étudiants de l'université de Paris, le Flamand Pierre de Kaysere (*Petrus Cæsaris*) et l'Allemand Johann Stoll, que les trois imprimeurs de la Sorbonne avaient employés comme apprentis, et qui avaient été par eux initiés à tous les mystères de l'art nouveau, s'étaient séparés de leurs patrons. Ils venaient de fonder un établissement particulier dans le haut de la rue Saint-Jacques, à l'enseigne du *Soufflet vert* (*in intersigno Follis viridis*), près du couvent des Frères Prêcheurs (*in-*

fra Sanctum Benedictum et Prædicatores).

Aussitôt les trois Allemands, jaloux de soutenir la lutte que venaient de provoquer leurs apprentis, quittent la Sorbonne, et fondent, tout près de l'imprimerie rivale, dans la même rue, un établissement considérable, sous l'enseigne du *Soleil d'or;* aussi lit-on ces deux vers à la fin de la Bible de 1475, première édition qui ait été imprimée en France :

... Me correctam vigilanter
Venalem in vico Jacobi Sol aureus offert.

Ils adoptent en même temps un nouveau caractère qui n'a plus rien de commun avec celui qu'ils avaient emprunté à l'épigraphie romaine; il devient purement allemand, c'est-à-dire gothique (lettres de forme).

Les deux imprimeries rivales se firent une concurrence acharnée, chacune réimprimant dans le courant de la même année le livre que l'autre venait de publier [1].

La victoire resta à Gering, car ses deux ri-

1. Voy. P. Deschamps, *Dictionnaire de géographie*, v° Parisius, p. 998. — A. Bernard, *Origine de l'imprimerie en Europe*, t. II, p. 322 et s. — A.-F. Didot, dans l'*Encyclopédie moderne*, article *Typographie*, t. XXVI, p. 738.

vaux disparurent vers le milieu de l'année 1476.

Trois ans auparavant, Ulric et ses associés, éclairés par le danger qu'avait couru Pierre Schœffer[1], sollicitèrent de Louis XI des lettres de naturalisation, et ils les obtinrent en février 1474. Cette pièce curieuse, dont l'original est conservé aux Archives nationales[2], commence ainsi :

« Loys, par la grace de Dieu, roy de France, « savoir faisons à tous présens et avenir, nous « avoir receue l'umble supplication de noz bien « amez Michel Friburgier, Uldaric Quering et « Martin Grantz, natifz du pays d'Alemaigne, « contenant : que ilz sont venuz demourer en « nostre royaume, puis aucun temps en ça, « pour l'esercice de leurs ars et mestiers de « faire livres de plusieurs manières, d'escrip- « tures, en mosle et autrement, et de les vendre « en ceste nostre ville de Paris, où ilz demeu- « rent à présent, et ailleurs, où mieulx ilz « trouveront leur proufit, en espérance de faire « leur résidence, le demeurant de leurs jours, « en nostre dit royaume. Mais ilz doubtent

1. Voyez ci-dessus page 10.
2. Archives nationales, série K, carton n° 71.

« que, obstant ce qu'ilz ne sont natifz de nostre « dit royaume, que après leur decès, on voulsist mectre empeschement en leurs dits biens, « et les prandre de par nous ou autres, comme « biens aubeins, et les en frustrer, et semblablement leurs femmes, enffans ou autres « leurs héritiers, s'aucuns en avoient, s'ilz « n'estoient par nous habilitez à povoir tester « et disposer de leurs dits biens; requérans « humblement noz grace et provision leur estre « sur ce imparties... »

En 1477, Martin Crantz et Michel Friburger quittèrent Paris, et à partir de cette époque, le nom de Gering figura seul sur ses publications qui attestent un progrès sensible. Il employa alors deux caractères d'une forme très-pure, dont la fonte est fort belle, qui rappellent ceux de Jenson, et sont supérieurs à tous ceux que l'on employait alors en Europe.

Au commencement de l'année 1479, Gering s'associa avec un libraire de Paris, nommé Guillaume Maynyal. Enfin, en mars 1483, il se rapprocha de la Sorbonne, qui lui loua par bail à vie, au prix de 9 livres par an, une maison dite *du Buis* « ad Buxum, » et attenante au collége[1]. Gering y plaça son enseigne

1. *Regesta priorum Sorbonæ*, p. 175.

du *Soleil d'or* et prit pour associé un Strasbourgeois nommé Berthold Rembold. « Gering, dit « A. Chevillier (bibliothécaire de la Sorbonne), « étant ainsi revenu près des Docteurs, s'unit « avec eux d'une si étroite amitié qu'elle dura « toute sa vie. Comme il n'étoit point engagé « dans le mariage, il les visitoit souvent, se « faisant un plaisir de converser avec eux, et « un honneur d'être à leur compagnie [1]. Il leur « communiquoit ses desseins et les consultoit « sur les ouvrages d'imprimerie qu'il entre- « prenoit et dont il faisoit présent à leur « bibliotèque. Ce fut un avantage pour cette « Société, qui, ayant toûjours été pauvre, a eu « besoin en tout tems de trouver des amis qui « eussent le pouvoir et la volonté de la secourir « dans ses nécessitez [2]. » Gering, en effet, tenait même sa bourse à la disposition du collége. En 1493, l'ancien bâtiment de la bibliothèque, qui depuis si longtemps menaçait ruine, s'écroula; et, comme la Sorbonne manquait

1. « Itaque ab officina sua, quam in vico Sorbonæ erexe- « rat, sub horam cibi capiendi, in aulam quotidie bonus « Guarinus, laico habitu, venitabat, exceptus serena fronte « sociorum... » (Cl. Héméré, *Sorbonæ origines, disciplina, « viri illustres*, etc., p. 58; voyez encore page 131.)

2. A. Chevillier, *De l'origine de l'imprimerie de Paris*, p. 84.

d'argent pour le faire reconstruire, Gering donna une somme de 50 livres[1]. La communauté reconnut ce bienfait en recevant le vieil imprimeur au nombre des hôtes (*hospites*) de de la Maison[2], titre qui, comme nous l'avons

---

1. A. Chevillier, *De l'origine de l'imprimerie de Paris*, p. 84.

2. « Joannes Luillier, sacræ theologiæ professor, misera-« tione divina Meldensis Episcopus, Provisor Domus seu « Collegii de Sorbona Parisius fundati, dilectis nobis in « Christo priori et collegiatis dictæ Domus, salutem in « Domino et sinceram charitatem. De vitæ ac morum ho-« nestate providi viri Ulrici Guerin, impressoris Librorum, « Constantiensis diœcesis, sufficienter informati, eoque spe-« cialiter moti quod idem Ulricus pro ædificatione came-« rarum loci dictæ domus in quo erat antiqua Libraria « prædicti Collegii, eidem Collegio liberaliter dedit et con-« cessit summam quinquaginta librarum Turonensium pro « una vice, sperantes eumdem Ulricum ampliora dicto Col-« legio bona facturum, ipsum Ulricum id instanter requi-« rentem, in Hospitem dictæ Domus admittendum duximus, « eidemque mansionem, hospitium et cameram in ipsa « Domo, quandiu vixerit in humanis et ibidem habitare vo-« luerit, decernimus fore assignandas, prout assignavimus, « assignamus et concedimus per præsentes. Ita ut sibi liceat « in dicta Domo Sorbonæ residere, nec non cum cæteris so-« ciis, sicut eorum alter se habere, ac libere hospitari, hos-« pitioque hujusmodi exinde in futurum ejus vita comite « uti et gaudere, absque eo quod a camera eidem pro sua « habitatione in dicto Collegio concessa disturbari, et a quo-« quam etiam Socio dictæ Domus expelli, aut ad transpor-« tandum de ea sua mobilia bona cogi valeat, et absque eo « quod locagium, seu aliquam ratione dicti hospitii et habi-« tationis dictæ cameræ pensionem nobis, seu dicto Collegio « imposterum solvere teneatur. Nos enim ab hujusmodi lo-« cagio et pensione præstandis, mediante prætacta quinqua-

dit, lui conférait le droit d'y loger, d'être nourri à la table des docteurs et de travailler dans la bibliothèque. Trois jours après, par acte passé devant notaires, le collége accorda « à « Ulry Guerin un bûcher par bas, deux cham-« bres faisant les second et tiers étages, et « tout le dessus, le tout ayant vûë sur ruë. » Gering était en outre autorisé à loger avec lui un écolier et deux domestiques [1].

« ginta librarum Turonensium summa, per eum, ut præmit-« titur, pro una vice præstita et data, quictum, liberum et « immunem esse voluimus, volumusque ac nos voluisse de-« claramus.

« Quocirca vobis Priori et Collegiatis antedictis earum-« dem mandamus serie literarum, quatenus dictum Ulricum « in Hospitem dictæ Domus recipere, et admittere cum suis « mobilibus bonis, cameramque in ipsa Domo eidem distri-« buere, et realiter assignare, nec non ipsum a præstatione « locagii et pensionis supradictæ liberum et immunem te-« nere, seu ea omnia et singula fieri facere curetis.

« Datum apud Germiniacum, episcopi Meldensis diœce-« sis, sub sigillo Cameræ nostræ, anno Domini 1493, die « Sabbathi post Ascensionem Domini, 18 mensis Maii. »

(*Copie des Lettres d'hospitalité dans la maison de Sorbonne données à Ulric Gering, premier imprimeur de Paris, par M. le Proviseur de cette Maison,* dans A. Chevillier, *De l'origine de l'imprimerie de Paris*, p. 85.)

1. « Furent présens en leurs personnes, vénérables et « scientifiques personnes maîtres Guillaume de Querquu, « Compagnon et Prieur, Jean Cordier, Jean Jacquelin, « Pierre Voleau, Gilbert Fournier, tous compagnons Bour-« siers et Maîtres en théologie, Charles Guérin, Pierre de « Fontenay, Claude Rougnart, François de Sagonge, Pro-« cureur, et Jean Boyan, tous Bacheliers en théologie,

Gering put jouir longtemps de tous ces avan-

« compagnons et Boursiers dudit collége de Sorbonne, « fondé à Paris, faisans et représentans la plus grande et « saine partie des compagnons et Boursiers d'icelui col- « lége, d'une part; et Ulry Guerin, Imprimeur de Livres et « écolier étudiant en l'Université de Paris, demeurant en « la ruë de Sorbonne, en son nom et pour lui, d'autre « part. Disant lesdites Parties, etc.

« Et finablement, pour considération de ce que dit est, « et aussi en faveur des grands biens que ledit Ulry Gue- « rin a eu propos et volonté de faire, et qu'il a faits au- « dit collége, et qu'il espéroit que plus fera au temps « avenir, et moyennant la somme de cinquante livres « tournois par lui de nouvel baillée et délivrée audit col- « lége, se tiendroient et tiennent pour contens, et en quit- « teroient et quittent ledit Ulry, etc. Iceux Prieur et com- « pagnons Boursiers d'iceluy collége de Sorbonne, de leur « bon gré, bonne volonté, propre mouvement, et certaine « science, sans force, fraude, erreur, séduction, contrainte « ou decevance aucune, sur ce bien conseillez, pourvûs, avi- « sez et délibérez, comme ils disoient, reconnurent, et con- « fessèrent ès présentes, et par devant lesdits notaires..... « iceux don et bail (du Proviseur) dessusdits avoir rati- « fiez, confirmez et approuvez, et par la teneur de ces pre- « sentes Lettres ratifient, confirment, approuvent et ont « pour bien agréables, voulans et consentans qu'ils vail- « lent, tiennent et sortissent leur plein et entier effet, « force et vertu, en tous leurs points et articles. Et d'a- « bondant, au lieu d'icelle chambre ainsi à lui indistinc- « tement baillée par ledit Proviseur, iceux Prieur et compa- « gnons Boursiers dudit Collége baillèrent et donnèrent, « baillent et donnent par ces présentes audit Ulry Guerin « ladite Hospitalité, avec un bûcher par bas, deux chambres « faisant les second et tiers étages, et tout le dessus, le tout « ayant vûë sur ruë, et étant des appartenances dudit col- « lége....., avec faculté de pouvoir faire par ledit Ulry ve- « nir audit bûcher toutesfois que bon lui semblera, et de « pouvoir mettre esdits lieux ainsi à lui baillez, un homme

tages, car il mourut seulement en 1510 [1]. Par son testament daté de 1504, il partageait ses biens entre la Sorbonne et le collége de Montaigu. La Sorbonne eut une somme de 8,500 livres, à laquelle il faut ajouter le produit de la vente de

---

« étudiant et un clerc ou deux, de bonne vie et renommée « et honnête conversation, pendant le temps qu'il ne se « tiendra pas esdits lieux, sans et que ores ne pour le « temps avenir ledit Ulry soit tenu, sa vie durant, en payer « autre chose audit collége que ladite somme de cent livres « tournois ainsi par lui baillée à deux fois audit Collége, ne « qu'on le puisse mettre hors desdits lieux sa vie durant, « non plus que l'un desdits compagnons Boursiers dudit « collége.

« Lesquelles ratification, confirmation, approbation, con- « sentement, bail, don, et toutes et chacune les autres choses « dessusdites, et en ces lettres contenues et écrites, lesdits « Prieur, compagnons et Boursiers dessus nommez, pro- « mirent et jurèrent par la foi et serment, la main mise « au pix, en paroles de Prêtres, avoir agréables, tenir fer- « mes et stables à toûjours, sans aller, venir, faire ou dire « contre par eux, etc.

« Furent faites et passées doubles, etc., c'est à sçavoir « par lesdits Cordier, Jaquelin, Voleau, Guérin, Sagonge, « Fontenay et Rongnart, le vendredy neufiesme; par ledit « Fournier le samedy dix-septième; et par ledit Querquu « le mercredy vingt et unième jour de may l'an 1494. « Signé : Lorage et Lauteault. »

(A. Chevillier, *De l'origine de l'imprimerie de Paris*, p. 86.)

1. Sa mort est ainsi enregistrée dans le nécrologe : « Obi- « tus Ulrici Gering, civis ac typographi Parisiensis, insignis « benefactoris hujus domus, pro quo missa solemnis et duæ « privatæ de defunctis. » (*Necrologium Sorbonæ*, 23 augusti.)

l'imprimerie et « d'un riche fond de livres en « feuïlles [1]. » Mais c'est surtout à la bibliothèque que profitèrent l'intelligente initiative prise par Heynlin et l'intimité de Gering avec les docteurs ; pendant longtemps, aucune collection ne l'emporta sur celle de la Sorbonne pour les produits si précieux et devenus rapidement si rares des premières années de l'imprimerie. La bibliothèque Mazarine possède deux des nombreux volumes qui furent donnés au collége par Gering ; ce sont deux exemplaires du Psautier de 1494. On lit au commencement du premier : « Ex dono Udalrici Gering typographi [2], » et en tête du second : « Ex dono domini Udalrici « Guerin. Orate pro eo. Sorbona [3]. »

Le legs fait par Gering à la Sorbonne fut assez considérable pour permettre d'y créer huit bourses de plus, dont quatre furent attribuées à deux nouveaux professeurs. Ces faits, mentionnés dans les registres de la Maison [4], étaient en outre attestés par une inscription gravée sur cuivre, qui fut placée dans l'église

1. A. Chevillier, *De l'origine de l'imprimerie de Paris*, p. 90.
2. Bibliothèque Mazarine, incunables, n° 11886''.
3. Bibliothèque Mazarine, incunables, n° 11886'.
4. *Regesta priorum Sorbonæ*, année 1540, p. 8 à 10.

du collége, et dont la traduction nous a été conservée [1].

Berthold Rembold acheta l'imprimerie et l'enseigne de Gering. Il alla se loger rue Saint-Jacques, en face de la rue Fromentel, dans une propriété qui appartenait à la Sorbonne, et qu'il loua au prix de douze livres par an, à charge par lui d'y faire construire un bâtiment de six cents livres. Jusqu'au

1. « Ce collége de Sorbonne pour le grand legs testamen-
« taire qu'il a accepté et reçu, à lui fait par feu de bonne
« mémoire maître Ulric Gering, en son vivant Imprimeur
« de Livres en cette ville de Paris, où il trépassa le
« 23 août 1510, est tenu et obligé de mettre et entretenir au-
« dit collége aux dépens d'iceluy par chacun an à toujours,
« quatre bourses et boursiers, de la qualité d'autres jadis fon-
« dez par maître Robert de Sorbonne, et outre le nombre
« d'iceluy. Item, plus de mettre et entretenir audit collége
« deux docteurs ou licentiez en théologie, qui seront tenus
« chacun jour ordinairement à toujours, lire publiquement
« és écoles dudit collége la sainte Bible, l'un le matin du vieil
« Testament, l'autre aprés-midi du nouvel. Lesquels lecteurs
« auront pour ce dudit collége le salaire et profit chacun
« par moitié de quatre autres bourses. Le tout, selon qu'il
« est plus à plein contenu en l'accord et contract sur ce
« fait et passé, multiplié audit collége, par devant deux No-
« taires du Châtelet de Paris, le dixième jour de mars 1532,
« entre les Prieur, Compagnons et Boursiers dudit collége
« d'une part, et maître Jean Coignet, Prêtre, seul survi-
« vant exécuteur dudit testament, d'autre.

« Laus Deo. Pax vivis. Requies defunctis. Amen. »

(Duboulay, *Historia universitatis parisiensis*, t. V, p. 919. — A. Chevillier, *De l'origine de l'imprimerie de Paris*, p. 90.)

XVIIIe siècle, l'enseigne du *Soleil d'or* est restée sur la porte de cette maison, qui n'a jamais cessé d'être occupée par un imprimeur-libraire [1]. Dans les registres de la Sorbonne, on la trouve nommée : *Domus olim ad Gallum et Picam, nunc ad Solem aureum.* Elle était contiguë à celle qu'avait occupée d'abord Ulric Gering, et qui, après lui était devenue la maison du *Chêne vert* [2].

Quelques autres donations de livres se rapportent à cette période. En 1496, François Perez ou Fernand, originaire de Tolède en Espagne, donna à la Sorbonne, dont il était devenu prieur, un manuscrit des Décrétales, à la fin duquel on écrivit : « Iste liber est pau« perum magistrorum de Sorbona, in theolo« gica facultate studentium, ex dono magistri « Francisci Perez, alias Fernandi, Hispani To« letani, socii hujus domus et prioris ejusdem. « Anno millesimo quadringentesimo nonage« simo sexto [3]. » Deux ans après, Jean du Mont, chanoine de Mâcon, et prieur de la Sorbonne, où il mourut le 23 mai 1498, lui laissa

---

1. Lacaille, *Histoire de l'imprimerie*, p. 59.
2. A. Bernard, *Origine de l'imprimerie en Europe*, t. II, p. 338.
3. Bibliothèque nationale, manuscrits, fonds latin, n° 15391.

plusieurs volumes, dont chacun porte une inscription spéciale. On lit en tête de deux commentaires anonymes sur les *Sentences* de P. Lombard : « Ex dono Joannis de Monte, « socii hujus domus, canonici Matisconensis, « qui obiit in hac domo 23 maii, in anno Do« mini 1498...[1]. » A la fin d'une glose de Grégoire de Rimini se trouve une note qui indique que du Mont l'avait achetée avec deux autres ouvrages pour 8 écus d'or[2]. Enfin les lignes suivantes, qui figurent à la fin de la *Somme* de Guillaume d'Auxerre, prouvent que la bibliothèque consentait parfois à des échanges : « Istud volumen comparavi per commutatio« nem quorumdam aliorum librorum ex colle« gio Sorbone. Volo quod redeat ad collegium, « et quod expensis meis reddatur collegio... « Do ad usum pauperum scolasticorum famo« sissimi collegii Sorbone, in quo ego Jo. de « Monte resedi per longa tempora, et bina vice « gessi prioratum. In honorem et gloriam « Dei[3]. »

Le bibliothécaire de la Sorbonne était alors

---

1. Bibliothèque nationale, manuscrits, fonds latin, n° 15909.
2. Bibliothèque nationale, manuscrits, fonds latin, n° 15890.
3. Bibliothèque nationale, manuscrits, fonds latin, n° 15739. — Voyez encore les n°s 15871, 15896 et 15909.

Thomas Faverel. Il eut pour successeur ou pour collègue Josse Clichtou, savant docteur, et l'un des premiers qui aient écrit contre Luther; Clichtou fut élu après sa licence, en novembre 1505 [1].

En 1523, nouvelle donation due à Philippe Grivel, *socius* de la Maison, docteur en théologie et principal du collége de Cambrai, comme nous l'apprend cette inscription : « Pro libraria « Sorbonica; ex dono magistri nostri Grivelli, « doctoris theologi, primarii collegii Camera- « censis et socii Sorbonici [2]. » Une libéralité beaucoup plus considérable que les précédentes fut faite à la Sorbonne en 1527 par le *socius* François Guillebon ; sur un très-grand nombre de volumes provenant du collége, on rencontre son nom, tantôt écrit par lui-même [3],

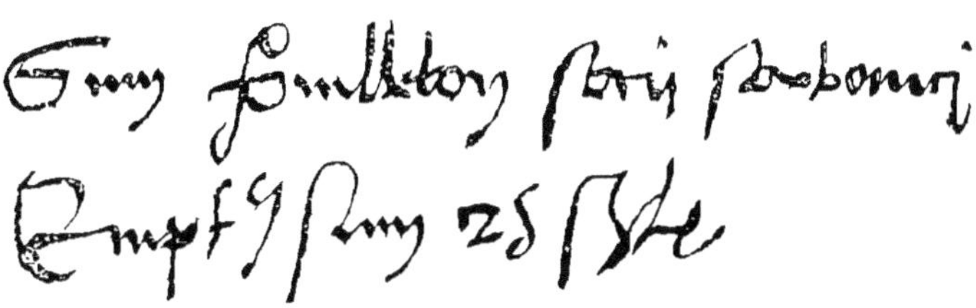

1. *Regestum bibliothecæ Sorbonicæ*, p. 129.
2. Bibliothèque nationale, manuscrits, fonds latin, nos 15367, 15366, 15368, 15390, 15374 et 15882.
3. Bibliothèque Mazarine, nouveau fonds, philosophie, in-4°, n° 209.

tantôt ajouté sur le titre par la gratitude des donataires : « Ex dono Francisci Guillebon, « socii Sorbonici [1]. » Les docteurs firent plus encore ; ils collèrent au verso de la couverture de presque tous les volumes l'inscription suivante, imprimée à part, sans beaucoup de soin d'ailleurs, sur une bande de papier :

EX dono Mag. Francisci Guillebon,
Parrhisini, socij sorbonici, et
Doctoris Theologi.

Mentionnons encore, dans leur ordre chronologique, quatre donations qui semblent avoir été fort peu importantes. On lit sur le premier feuillet d'un exemplaire des *Institutes* de Justinien (Venise, 1484, in-folio) : « Dedit M. Antonius Demochares, doctor ac socius Sorbonicus, anno domini 1548 [2] ; » sur le titre des *Questiones subtilissimæ* d'Albert le Grand : « Ex « dono M. Michaelis Barthelemy, doctoris ac « socii Sorbonici, anno 1548 [3] ; » sur les Pro-

1. Bibliothèque Mazarine, nouveau fonds, littérature, n° 29.
2. Bibliothèque Mazarine, incunables, n° 2818 B. — Son vrai nom était A. de Mouchy, il eut le titre d'inquisiteur de la foi en France, et mourut en 1574, laissant quelques ouvrages sans valeur.
3. Bibliothèque Mazarine, incunables, n° 3772 B.

verbes de Salomon, en hébreu et en latin : « Dedit Johannes Canchiacus, socius Sorbo« nicus, anno 1548, quo tempore bibliothecam « in ordinem redigebat [1] ; » enfin, au commencement et à la fin d'un *index* des œuvres de saint Thomas (Venise, 1497, in-fol.) : « Ex « dono magistri Fursei de Cambray, socii « Sorbonici, anno 1549 [2]. »

Bien que ces différentes donations émanent toutes de membres de l'établissement, la réputation de ce *famosissimi collegii*, comme disait Jean du Mont, et le mérite de la fondation déjà trois fois centenaire de Robert de Sorbon, étaient reconnus non-seulement de la France entière, mais de l'étranger. Vers l'époque qui nous occupe, Luther écrivait : « C'est « à Paris que se trouve la plus célèbre et la « plus excellente école. Il y a une foule d'étu« diants, dans les 20,000 et au delà. Les théo« logiens y ont à eux le lieu le plus agréable « de la ville, une rue particulière fermée de « portes aux deux bouts ; on l'appelle la Sor« bonne. » Le célèbre réformateur, il est vrai,

1. Bibliothèque Mazarine, nouveau fonds, théologie, in-8°, n° 786.
2. Bibliothèque Mazarine, incunables, n° 1587 F*.

ne s'arrête pas là ; il ne saurait oublier que la Sorbonne est depuis longtemps l'un des plus fermes soutiens de l'orthodoxie catholique, et il ajoute : « Peut-être, à ce que j'imagine, « tire-t-elle son nom de ces fruits de cormiers « (*sorbus*) qui croissent sur les bords de la « mer Morte, et qui présentent au dehors une « agréable apparence ; ouvrez-les, ce n'est que « cendres au dedans. Telle est l'Université de « Paris, elle présente une grande foule, mais « elle est la mère de bien des erreurs [1]. »

Durant l'année 1542, la Sorbonne ne s'occupa de sa bibliothèque que pour ordonner l'acquisition de nouvelles chaînes destinées à attacher les volumes sur les tables. Un premier achat eut lieu le 13 avril [2] ; on en eut deux cents autres le 17 novembre [3]. Les sept années suivantes présentent seulement quelques sages mesures relatives à la conservation des livres. Le 6 avril 1546, on rappelle aux

---

1. J. Michelet, *Mémoires de Luther*, t. II, p. 108.

2. « Tredecima die mensis aprilis... jusserunt catenas emi « ad alligandos libros scamnis bibliothecæ, et negotium da- « tum fuit magistro Tussano. » (*Regesta priorum Sorbonæ*, p. 15. Bibliothèque nationale, manuscrits, fonds latin, n° 15441.)

3. « Decimo septimo die novembris... ducentas catenas emi « jusserunt pro bibliotheca. » (*Regesta priorum Sorbonæ*, p. 19.)

socii qu'ils doivent fermer les volumes après s'en être servi, et qu'il est interdit d'y rien écrire ou d'y souligner des passages [1]. Le 28 mars 1549, recommandation est faite au bibliothécaire de dénoncer les docteurs qui changeraient de place les volumes ou qui les laisseraient ouverts [2].

Nous n'avons plus guère à mentionner, jusqu'à la fin du seizième siècle, que les nombreuses mutations qui eurent lieu dans le service de la bibliothèque. Sur Robert Thiboust et Jean Paradis, bibliothécaires de 1571 à 1573, nous ne possédons aucun renseignement. Jacques de Cueilly, qui leur succéda en 1574, laissa dans la Maison un souvenir plus durable; il fit le voyage de Rome, poussa même jusqu'à Jérusalem, et rapporta de ces excursions des curiosités, des reliques et des livres qu'il donna au collége [3]. Les docteurs renouvelè-

1. « Die 6ª aprilis dictum fuit... et admonendos esse omnes « socios, ne in posterum relinquant libros bibliothecæ aper- « tos, et ne notis quibusdam vel lineis aliquid notent in eis- « dem libris. » (*Regesta priorum Sorbonæ*, p. 62.)

2. « Vigesimo octavo die martii... De bibliotheca com- « muni conclusum fuit quod ejus claviger diligenter obser- « varet qui in ea libros apertos relinquerent aut eorum ordi- « nem perturbarent, et fideliter Societati nomina deferret. » (*Regesta priorum Sorbonæ*, p. 89.)

3. « Laudata est ab omnibus magistri nostri de Cueilly

rent pour lui ce qu'ils avaient fait pour Guillebon ; la mention suivante fut placée au verso de la couverture des volumes provenant de sa libéralité :

Ex Legato Magistri nostri Iacobi de Cueilly Socii huiusce domus, et Ecclesæ Sancti Germani Au tissiodor. Parœchi vigilantissimi.

Un passage de la *Cosmographie* de Séb. Munster, dont Belleforest venait de donner une nouvelle édition, nous montre comment les écrivains de cette époque appréciaient la collection réunie à la Sorbonne. On y lit : « De « marque est la bibliotèque, une des plus « belles et rares qui soyent en Paris, et en « laquelle on voit des livres autant anciens et « en toute facultez qu'on sçache guère trouver « ailleurs [1]. »

« præclara in domum Sorbonicam voluntas ac liberalitas, « qui acta conciliorum Florentini et Tridentini, nec non « calendarium Gregorianum, græce scripta et a se Roma « delata, ad perpetuum bibliothecæ ornamentum, simul « etiam quasdam sanctorum reliquias quas Hierosolimis in « illa sua tam celebri peregrinatione detulerat, cum aliis « quæ satis negligenter antehac domi servabantur, theca « honestiori suis sumptibus conficienda quantocius... libentissime obtulit. » (*Regesta priorum Sorbonæ*, p. 333.)

1. Séb. Munster, *Cosmographie universelle*, édition revue par Fr. de Belleforest, 1575, in-folio, t. Ier, p. 194.

J. de Cueilly eut pour successeur Marguerin de la Bigne, le savant éditeur de la *Bibliothèque des Pères;* il s'efforça de remédier au désordre qui s'était introduit dans la collection [1]. On doit croire qu'il ne réussit pas complétement, puisque, en 1578, il fut décidé que l'on demanderait à l'évêque de Paris, et même au Pape, s'il le fallait, une menace d'excommunication contre les personnes qui dérobaient des livres à la bibliothèque [2].

Des bibliothécaires qui exercèrent ensuite nous ne connaissons guère que les noms. Ce sont : Guillaume Lucain, Boinvilliers, Guillaume Davoyne [3], Boucher [4], Tissart [5], Jean Saulmon ou Salmon [6], Antoine Patin [7], Sylvius *a Petraviva* [8], Robert Viseur [9], Nicolas

1. *Regesta priorum Sorbonæ*, p. 272.
2. « Deinde statutum fuit habendam esse excommunicatio-« nem ab episcopo Parisiensi, aut a summo Pontifice, si fit « necessarium, adversus eos qui furtim rapiunt libros bi-« bliothecæ. » (*Regesta priorum Sorbonæ*, p. 289.)
3. *Regesta priorum Sorbonæ*, p. 297.
4. *Regesta priorum Sorbonæ*, p. 310.
5. *Regesta priorum Sorbonæ*, p. 304.
6. *Regesta priorum Sorbonæ*, p. 318.
7. *Regesta priorum Sorbonæ*, p. 327 et 328.
8. Il était Piémontais. (*Regesta priorum Sorbonæ*, p. 335.)
9. Il était né à Amiens. (*Regesta priorum Sorbonæ*, p. 344.)

du Mesnil [1], Jean Filesac [2], Guillaume Chesnart [3], Rodolphe Pazil [4], Michel Mauclerc [5], Thomas Blangy [6], André Duval [7], Michel Aubry [8], Nicolas de Blairie [9], Claude de la Saulsaye [10], Philippe de Gamaches [11], Michel Boucher [12], Augustin de la Rue [13], Nicolas Ysambert [14], Louis Messier [15], Eustache Asse-

---

1. *Regesta priorum Sorbonæ*, p. 352.
2. *Regesta priorum Sorbonæ*, p. 358.
3. *Regesta priorum Sorbonæ*, p. 369.
4. *Regesta priorum Sorbonæ*, p. 386.
5. *Regesta priorum Sorbonæ*, p. 386.
6. *Regesta priorum Sorbonæ*, p. 400.
7. *Regesta priorum Sorbonæ*, p. 400.
8. *Regesta priorum Sorbonæ*, p. 409.
9. *Regesta priorum Sorbonæ*, p. 418.
10. Il était d'Orléans. (*Regesta priorum Sorbonæ*, p. 423.)
11. Il avait été prieur en 1596. (*Regesta priorum Sorbonæ*, p. 429.) Par son testament, du 21 août 1625, il légua au collége une rente de 50 livres « pro emendis libris in or- « namentum bibliothecæ et usum Societatis. » (*Regesta priorum Sorbonæ*, p. 659.)
12. *Regesta priorum Sorbonæ*, p. 436.
13. Il était né à Paris. (*Regesta priorum Sorbonæ*, p. 442.)
14. *Regesta priorum Sorbonæ*, p. 451 et 456. — La Bibliothèque nationale possède un manuscrit des lettres de saint Jérôme, en tête duquel on lit : « Legavit Sorbonæ N. Ysam- « bertus, doctor et professor regius. » (Fonds latin, n° 15646.)
15. Il était de Paris. (*Regesta priorum Sorbonæ*, p. 465 et 466.) Nous avons trouvé sur un volume cette inscription : « Ex dono S. M. N. Lud. Messier. » (Bibliothèque Mazarine, nouveau fonds, théologie, in-8°, n° 1320.)

line [1], Julien [2], Haouet [3], Demay [4], Garnier [5], Jérôme Parent [6], Louis Messier [7], de Montreuil [8], Jacques Messier [9], Jacques Charton [10] et Élie Du Fresne de Mincé [11].

Nous arrivons ainsi à l'année 1632. Mais quelques faits bons à noter s'étaient produits dans l'intervalle. En 1615, on avait décidé que les volumes cesseraient d'être enchaînés sur les tables; on n'osait cependant pas encore renoncer définitivement à ce vieil usage, car on voulait que les chaînes fussent conservées, « afin que l'on pût, au besoin, les employer « plus tard [12]. » Deux ans après, on autorisa

1. Il était né à Paris. (*Regesta priorum Sorbonæ*, p. 488.)
2. *Regesta priorum Sorbonæ*, p. 488.
3. *Regesta priorum Sorbonæ*, p. 499.
4. *Regesta priorum Sorbonæ*, p. 513.
5. *Regesta priorum Sorbonæ*, p. 519, 521 et 534.
6. *Regesta priorum Sorbonæ*, p. 544, 550 et 584.
7. *Regesta priorum Sorbonæ*, p. 588.
8. *Regesta priorum Sorbonæ*, p. 590.
9. *Regesta priorum Sorbonæ*, p. 596, 604, 611 et 618.
10. *Regesta priorum Sorbonæ*, p. 623.
11. *Regesta priorum Sorbonæ*, p. 639, 646, 662, 670, 674, 679, 694 et 700.
12. « ... Eximendas esse catenas quibus hactenus nostræ « bibliothecæ libri fuerunt concathenati, et in loco quodam « ejusdem bibliothecæ asservantur, ut, si in posterum necessariæ videantur, iisdem utamur. » (*Regesta priorum Sorbonæ*, p. 590.)

le bibliothécaire à faire restaurer ou relier de nouveau douze volumes dont nous avons les titres; dans le nombre, se trouvent trois anciens catalogues qui sont ainsi décrits :

« Item, un indice manuscrit des livres du « collége de Sorbonne, couvert de bois, qui se « commence au premier feuillet : *Biblia ex le-* « *gato magistri Galti*, et au dernier feuillet « escrit : *Originalia Hilarii*, in-folio.

« Item, un autre indice, manuscrit et cou- « vert de bois, qui se commence au premier « feuillet en lettres rouges : *Isti sunt libri* « *venerabilis collegii pauperum magistrorum* « *de Sorbona*, et au dernier feuillet : *Quædam* « *themata et sermones*, in-folio.

« Item, alius indiculus bibliothecæ Sorbonicæ, in-4° [1] »

Ces trois catalogues, déjà précieusement conservés [2], furent reliés en un seul volume, qui est aujourd'hui à la bibliothèque de l'Arsenal [3] ; nous l'avons décrit plus haut.

Constatons ici que la Sorbonne avait alors

1. *Regesta priorum Sorbonæ*, p. 601.
2. « Hos tres indices S. M. N. Parent accepit ex arca mi- « noris bibliothecæ Sorbonicæ, præsente S. M. N. Ysam- « bert, procuratore magno. » (*Regesta priorum Sorbonæ*, p. 601.)
3. Manuscrits in-folio, n° 855.

pour relieur, *compactor librorum*, le sieur de Hacqueville, qui demeurait rue Saint-Jacques, à l'enseigne de Saint-Georges[1]. Nous trouvons fort peu de donations à mentionner pendant cette période; citons pourtant celles de deux bibliothécaires, Élie Du Fresne de Mincé et Jérôme Parent. Nous ne connaissons du premier que cette inscription, qui figure sur un volume aujourd'hui à la bibliothèque Mazarine : « Legavit domui Sorbonicæ Elie Du « Fresne de Mincé, socius Sorbonicus, de- « canus sacræ facultatis[2]. » Il existe, au contraire, de très-nombreux représentants de la libéralité faite par le second; tous portent ces mots, placés en général au milieu du titre : « Hieron. Parent, Parisinus, doctor et socius « Sorbonicus, legavit, et 12 decembris 1637 « obiit[3]. » Nous ne possédons aucun renseignement sur un docteur nommé Étienne Du Puys, qui légua plusieurs volumes au collége,

1. « ... De Hacqueville, librorum compactor, in vico « Sancti Jacobi, ad insigne Sancti Georgii. » (*Regesta priorum Sorbonæ*, p. 702.)

2. Bibliothèque Mazarine, nouveau fonds, littérature, n° 3680.

3. Voyez Bibliothèque nationale, manuscrits, fonds latin, n°s 15181, 15182, 15613 et 15616; bibliothèque Mazarine, incunables, n° 24936 B, et nouveau fonds, littérature, n°s 1726 et 3218.

comme le prouve cette inscription assez fréquente : « Stephanus Du Puys, Parisinus, « doctor et socius Sorbonicus, bibliothecæ « Sorbonicæ legavit, et obiit 26 decembris « 1636[1]. »

Claude Morel, qui devint prédicateur ordinaire du roi, et se montra l'un des plus ardents adversaires du jansénisme, fut nommé bibliothécaire en 1633[2] et prorogé dans cette charge quatre années de suite[3]. Il eut pour successeur le savant historien de l'Université de Paris, Claude Héméré, que nous avons eu quelque peine à reconnaître sous l'étrange orthographe dont notre texte défigure son nom. Il est cité d'abord sous la dénomination d'*Emery*[4]; viennent ensuite Hemmery[5], Emmeret[6] et Esmeré[7], toutes les formes enfin, excepté la vraie. En 1642, on lui adressa des remercîments pour le zèle extrême qu'il avait apporté à rétablir l'antique règlement

1. Bibliothèque Mazarine, nouveau fonds, littérature, n° 1600.
2. *Regesta priorum Sorbonæ*, p. 707.
3. *Regesta priorum Sorbonæ*, p. 713, 719, 722 et 729.
4. *Regesta priorum Sorbonæ*, p. 740.
5. *Regesta priorum Sorbonæ*, p. 748.
6. *Regesta priorum Sorbonæ*, p. 763.
7. *Regesta priorum Sorbonæ*, p. 769.

de la bibliothèque, qui fut de nouveau unanimement confirmé. On décida donc que désormais tout *socius* aurait le droit de posséder une clef de la collection; mais on exigea en même temps que les serrures et les clefs seraient changées, de peur qu'il ne fût fait mauvais usage des anciennes clefs, qui avaient été abandonnées sans soin de tous côtés par des personnes devenues étrangères à la Maison [1].

A cette époque, la bibliothèque de la Sorbonne était, suivant le témoignage du Père Louis Jacob, « très-bonne et très-belle [2]. » Elle allait bientôt se trouver plus que doublée.

---

1. « Actæ sunt gratiæ S. M. N. ac D. Esmeré, ob restitutas, summa cum diligentia, bibliothecæ Sorbonicæ regulas, quas universa Societas auctoritate sua confirmatas voluit. Propterea eadem Societas cuilibet e sociis in Sorbona commorantibus præfatæ bibliothecæ clavium apud se retinendarum potestatem fecit; ita tamen ut deinceps seræ at claves immutentur, ne quis pristinis clavibus ab iis qui excesserunt e Sorbona relictis passim ac minus caute servatis abutatur. » (*Regesta priorum Sorbonæ*, p. 769.)

2. L. Jacob, *Traicté des plus belles bibliothèques*, p. 563.

II

Richelieu entreprend de reconstruire la Sorbonne. — La bibliothèque de Michel Le Masle. — Démêlés avec la duchesse d'Aiguillon.

A la fin de l'année 1607, Richelieu s'était fait recevoir en même temps *hospes* et *socius* de la Sorbonne [1]. Il eut bientôt le titre de proviseur et voulut signaler son administration par un bienfait digne de la haute position qu'il occupait en France. Les bâtiments du collége, soumis, depuis le treizième siècle, à des restaurations continuelles, étaient dans un état de délabrement qui inspirait parfois de sérieuses inquiétudes ; le cardinal entreprit de

1. « Anno 1607, in pervigilio omnium sanctorum... super « supplicatione D. D. Armandi du Plessis de Richelieu, re- « verendissimi episcopi Lucionensis, supplicantis ad hospi- « talitatem et societatem simul, annuit Societas, habita ra- « tione ejus dignitatis episcopalis. » (*Regesta priorum Sorbonæ*, p. 512.)

les reconstruire entièrement à ses frais, et la première pierre du nouvel édifice fut posée, en son nom, le 18 mars 1627, par François de Harlay, archevêque de Rouen[1]. Richelieu, le 30 juillet de l'année précédente, avait approuvé tous les plans, qui couvraient un espace beaucoup plus considérable que n'en occupait la vieille Sorbonne. De nombreuses expropriations, dont le détail nous a été conservé, eurent donc lieu dans la rue des Poirées, la rue Saint-Jacques, la rue des Mathurins, la rue des Maçons et la rue des Cordiers, où l'on acheta pour 40,000 livres tournois le collége des Dix-Huit[2]. Un autre collége, celui de Calvi ou petite Sorbonne, qui, comme nous l'avons dit, datait de Robert, disparut également-

1. *Copie du procès-verbal de la première pierre fondamentale de la grande salle de la maison de Sorbonne, posée par M. Fr. de Harlay, archevêque de Rouen, pour le cardinal de Richelieu.* Sur vélin. Archives nationales, série S, carton n° 6212.

2. *Extrait des prisées et estimation des maisons et jardins appartenant à divers particulliers, estans dans lestendue du dessein de la maison et colleige royal de Sorbonne. Lesdites estimations faites par les experts desnommez aux rapportz qui en ont esté faitz en exécution de l'arrest du conseil du septiesme septembre mil six cens quarente un, sur requeste présentée au Roy par l'Éminentissime cardinal duc de Richelieu et de Fronsac...* Archives nationales, série S, carton n° 6211.

ment, et sur ses ruines s'éleva la chapelle actuelle, dont Richelieu posa lui-même la première pierre le 15 mai 1635.

Lors de la mort du cardinal, en décembre 1642, les travaux n'étaient pas terminés ; et, dès le 24, une députation de la Sorbonne se rendit auprès des exécuteurs testamentaires pour s'entendre avec eux : « qui cum eis age« rent de promovendis et absolvendis reliquis « ædificiis, » disent les registres de la Maison[1]. On les renvoya à la duchesse d'Aiguillon, nièce du défunt, et chargée de l'administration des biens pendant la minorité d'Armand de Vignerot[2] ; la Sorbonne demandait que, conformément aux termes du testament laissé par Richelieu, la duchesse fît achever la construction de la Maison et de la chapelle, bâtir le collége qui devait remplacer celui de Calvi, et entreprendre les réparations[3]. Les députés

1. *Regesta priorum Sorbonæ*, p. 772.

2. Voyez, dans la troisième partie, un extrait du testament de Richelieu.

3. « ... In iis vero placuit Societati per aliquos deputatos « urgere illustrissimam ducissam Desguillon, Emin. Card. « Richelii, Sorbonæ nostræ provisoris, præcipuam hæredem « declaratam, ut, juxta voluntatem avunculi per testamen« tum expressam, ædificia domus et sacelli absolvat, con« struat collegium, reparet damna, etc. » (*Regesta priorum Sorbonæ*, p. 778.)

furent reçus le 1er août par Madame d'Aiguillon, qui, après les avoir entendus, déclara qu'elle n'avait nullement l'intention d'accorder tout ce qu'on réclamait d'elle[1]. Elle ne se montra pas plus accommodante dans deux nouvelles entrevues qui eurent lieu durant l'année 1644.

Les docteurs prirent cependant sur eux de faire continuer les travaux, et décidèrent que l'on commencerait la construction de la bibliothèque sur les plans proposés par Jacques Lemercier, si toutefois les murs étaient assez forts pour supporter le poids qui leur était destiné[2]. Mais cette détermination avait, selon toute apparence, été prise à la suite d'une nouvelle importante que nous allons faire connaître.

Richelieu avait eu, pour secrétaire d'abord, puis pour surintendant[3], un brave prêtre

1. « Domini deputati proposuerunt Societati obtulisse « articulos petitionum illustrissimæ dominæ ducissæ Des- « guillon, quæ, post lecturam illorum et examen factum, de- « claravit non esse sibi in animo omnibus articulis satisfa- « cere... » (*Regesta priorum Sorbonæ*, p. 779.)

2. « Construendam esse bibliothecam juxta ideam pro- « positam a D. Mercier architecto, modo tamen id ferre « possint muri domus. » (*Regesta priorum Sorbonæ*, p. 799.)

3. Avenel, *Lettres, instructions, etc., du cardinal de Richelieu*, t. I, p. 19.

nommé Michel Le Masle, sieur Desroches, qui, élevé à la dignité de chanoine et de chantre de Notre-Dame, finit par devenir un personnage considérable [1]. Deux passions remplirent sa vie, celle qu'il ressentit pour son illustre maître et celle qu'il eut pour les livres. Dès 1642, sa bibliothèque était « fort estimée pour « la bonté et multitude de ses livres [2]; » les contemporains semblent même avoir eu en général pour cette collection beaucoup plus de respect que pour son possesseur. On lit dans la *Rymaille sur les plus célèbres bibliotières de Paris :*

Les livres de des Roches ont belle couverture,
Mais leur Maistre n'en donne science ni lecture [3].

Michel de Marolles n'est guère plus enthousiaste :

La Sorbonique est grande, où la Richelienne
Est entrée en partie, et toute celle encor
De Des Roches Le Masle, acquise avec son or [4].

---

1. Voyez Tallemant des Réaux, *Historiettes*, t. III, p. 394, note.
2. L. Jacob, *Traicté des plus belles bibliothèques*, p. 537.
3. Vers 69 et 70.
4. *Paris ou description succincte et néantmoins assez ample de cette grande ville*, p. 45.

Sur la plupart de ces livres « très bien conditionnez, » dit le Maire[1], l'abbé Desroches, en vrai bibliophile, avait fait placer ses armoiries, tantôt collées dans l'intérieur du volume, ordinairement sur le verso du feuillet de garde,

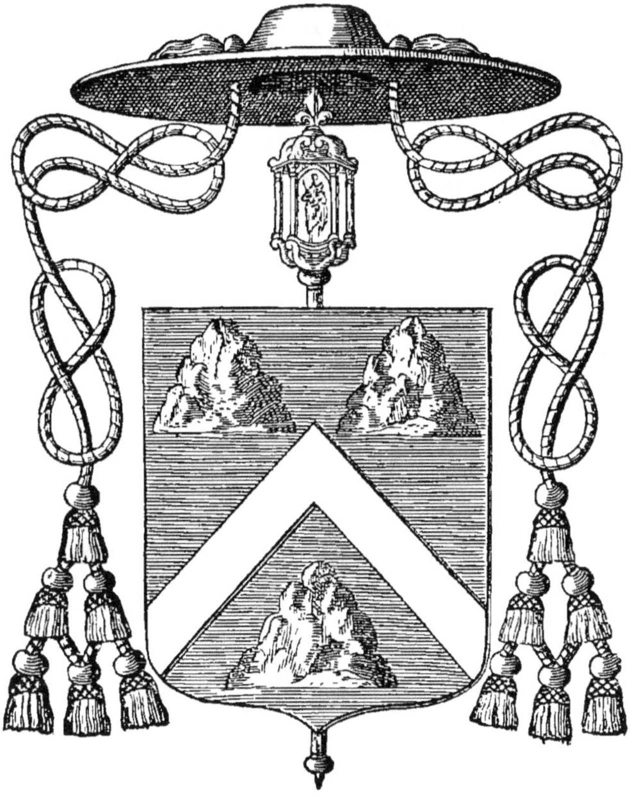

1. Le Maire, *Paris ancien et nouveau*, t. II, p. 460.

tantôt frappées en or sur les plats, tantôt même reproduites sur le dos des volumes entre chaque nerf.

Le Masle, avant de mourir, se préoccupa d'assurer le sort de ces chers volumes. Il se disait que c'était un bonheur bien rare pour une bibliothèque de survivre à son maître ; que souvent, partagée entre plusieurs héritiers, elle perd son importance et son nom [1]; aussi résolut-il de l'offrir tout entière au collége que Richelieu avait protégé. Le 24 décembre 1644, il écrivit en ce sens à la Sorbonne, qui accueillit la proposition avec transport. Il fut décidé que l'on adresserait des remercîments « à cet homme généreux. » Non-seulement l'âge présent, ajoute le procès-verbal, mais encore la postérité proclameront combien la Société lui doit de reconnaissance, et aussi longtemps que le nom de la Sorbonne aura quelque valeur, elle publiera, avec les expressions de la plus vive gratitude, qu'elle

1. « Rara bibliothecarum fœlicitas est ut totæ dominis « suis ac possessoribus supersint. Dum enim post eorum « obitum in plures dividuntur hæredes, hac partium dis- « tractione pristini corporis decus et nomen amittunt. Id ego « quum metuerem... » (Note en tête du *Bibliothecæ Rupesianæ catalogus.* Bibliothèque Mazarine, manuscrits, n° 3246 A.)

conserve le souvenir d'un si grand bienfait[1]. L'acte officiel de donation fut dressé le 16 mars 1646. Le Masle, sieur Desroches, y déclare « qu'ayant recongneu depuis longtemps les « grands et signalez services que Messieurs les « venerables docteurs en theologie de la Mai- « son et Societé de Sorbonne ont rendu et « rendent continuellement à l'eglise de Dieu, « tant par la pureté et solidité de leur doctrine « que par l'innocence et l'integrité singuliere « de leurs moeurs, il avoit tousjours eu une « estime et une veneration tres particuliere « pour eux, et n'avoit jamais rien tant souhaitté « que de leur en donner des marques et des « tesmoignages certains et assurez ; » aussi, « sur l'advis qu'il avoit eu que la bibliothecque « de Sorbonne n'estoit pas remplie de tous les « livres necessaires à une compagnie sy sça- « vante et sy illustre que la leur, de son bon « gré, franche et libre vollonté, » il donne au collége toute sa bibliothèque, « ensemble les

---

1. « Anno 1644, in pervigilio festi natalis Domini... sta- « tutum est iterandas esse munificentissimo viro gratias, « cui non ætas modo præsens, sed omnis etiam retro poste- « ritas sese obstrictam profitebitur, quamdiu aliquo erit « pretio Sorbonæ nomen, memorem tanti beneficii animum « effusa gratulatione devovendum. » (*Regesta priorum Sorbonæ*, p. 793.)

« armoires, tablettes et autres meubles et « ustancilles de ladicte bibliothecque. » Il n'entend cependant s'en dessaisir qu'après sa mort, mais il la conserve jusque-là à titre de dépôt seulement, et s'engage à l'augmenter jusqu'à son dernier jour au profit de la Sorbonne[1]. En tête du catalogue qui fut alors dressé[2], Michel Le Masle fit écrire et signa de sa main une nouvelle déclaration de sa volonté à cet égard.

Les docteurs obtinrent plus encore. Par acte daté du lendemain, Michel Le Masle, « voulant encore donner moyen, pour le temps à « venir, non seulement de conserver sa biblio- « theque en l'estat auquel elle est, mais aussy « de l'augmenter des bons livres qui seront « imprimés de nouveau ou des anciens qui « pourroient y manquer ; pour tesmoigner tous- « jours de plus en plus la grande affection qu'il « a pour ladicte compagnie, » il ajoute à sa précédente donation une rente de 4,000 livres,

1. Acte original sur parchemin de la donation de Michel Le Masle. Archives nationales, série M, carton n° 75, pièce n° 138.

2. *Bibliothecæ Rupesianæ catalogus*, 18 novembre 1646, in-folio, sur papier. Bibliothèque Mazarine, manuscrits, n° 3246 A.

sur laquelle 800 livres devront être prises chaque année « pour donner à celuy de la « mesme societé residant dans icelluy college, « qu'elle choisira et nommera pour estre bi-« bliothequaire et avoir le soing des livres de « Sorbonne...; desirant neantmoins icelluy « sieur donateur que Mre Hubert Le Masle, « son cousin, qui estudie maintenant en theo-« logie, soit preferé à tous autres au cas qu'il « se rende capable d'estre admis et soit receu « de ladicte societé ; ou bien se reservant pen-« dant sa vie de choisir et nommer à ladicte « charge de bibliothequaire celuy de ladicte « societé qu'il voudra[1]. »

Suivant le P. L. Jacob, Michel Le Masle entendait que sa bibliothèque fût conservée après sa mort dans un local spécial, et ouverte « à « ceux qui y voudroient étudier[2]. » Nous ne trouvons rien de semblable dans les actes authentiques que nous venons de citer, ni dans les procès-verbaux des séances des docteurs[3]. Au reste, nous verrons bientôt que, quand

1. Acte original de la donation de Michel Le Masle. Archives nationales, série M, carton n° 75, pièce n° 135.

2. L. Jacob, *Traicté des plus belles bibliothèques*, p. 537.

3. Voyez *Regesta priorum Sorbonæ*, p. 801 et 802.

même la Sorbonne eût accepté cette condition, il est fort peu probable qu'elle se fût décidée à l'exécuter. Elle ne se montra cependant point ingrate ; on accorda à Michel Le Masle la même faveur que cent trente-six ans auparavant avait obtenue Ulric Gering : un vote unanime lui accorda le titre de *socius* et la faculté de loger dans le collége [1].

Madame d'Aiguillon continuait à se montrer intraitable. Ne voulant pas débourser d'argent, elle avait d'abord offert aux docteurs (1er mars 1647) de leur céder un certain nombre de maisons situées près du Palais-Royal, « circa pa-« latium regium sitas [2]. » Après examen, la Sorbonne n'avait pas cru devoir accepter, et elle commençait à menacer la duchesse de s'adresser au chancelier de France [3]. Bientôt on parla de mettre tous les biens de Madame d'Aiguillon sous la main du roi [4]. Une députation fut enfin chargée d'aller consulter des avocats ; et, le 13 avril 1650, il fut décidé que l'on userait, vis-à-vis de la duchesse, de la

---

1. A. Chevillier, *De l'origine de l'imprimerie de Paris*, p. 89.
2. *Regesta priorum Sorbonæ*, p. 814.
3. *Regesta priorum Sorbonæ*, p. 826.
4. *Regesta priorum Sorbonæ*, p. 838.

plus grande rigueur, et que l'affaire une fois ainsi commencée serait menée à fin[1].

Pendant ces discussions, les travaux de la bibliothèque avaient marché, et l'on s'occupait déjà des embellissements intérieurs. Les Archives nationales possèdent à cet égard un document assez curieux, daté du 25 octobre 1647, c'est le *Plan de l'ouvrage de peinture à faire à la bibliothèque*. Au-dessous d'un joli plan colorié, on lit : *Devis de ce qu'il convient faire de peinture à la voulte de la bibliothèque de la Maison de Sorbonne.* « Premièrement, « elle sera bien préparée et imprimée de gris « à huille, puis couchée de bleu d'émail en « couleur, avec des nuages et petits enfans « vollants en l'air, les uns tenans des petits « écriteaux, et les autres tenans des cartels « aux deux bouts de ladicte voulte, et d'autres « dans le milieu ; dans lesquels cartels il sera « écrit ce qu'il plaira à Messieurs les Direc- « teurs. Et pour l'aticque qui est au dessus de « la corniche régnant tout au pourtour de la « dicte bibliothèque, elle sera aussy peinte :

1. « ... Ut summo jure agatur cum illustrissima domina « ducissa d'Esguillon, et res incepta ad exitum perducatur. » (*Regesta priorum Sorbonæ*, p. 846.)

« sçavoir les fonds des compartimens de grys, « et les isteaux qui forment les compartimens « seront peints de blanc, et la corniche au « dessus aussy, avecq quelques filets jaunes ; « et dans les ronds qui font la séparation des « paneaux seront peints des... tous bien et « deument faicts et de bonne couleur à huile, « moiennant le prix et somme de sept livres « pour chacune toise quarrée, et cinquante « livres pour les eschafaudages[1]. » Ces travaux furent exécutés par Sanson Letellier, « maitre pintre, » et coûtèrent 899 livres, qui furent payées le 25 octobre 1647. Un an après, une commission fut chargée de proposer les mesures nécessaires pour l'ornementation et l'administration de la bibliothèque[2]. Puis, le bibliothécaire Morel, successeur d'Héméré, dut, aidé par qui il voudrait, commencer la rédaction du catalogue[3].

1. Archives nationales, série M, carton n° 75, pièce n° 140.

2. « Die sabbati 4a octobris, Societas deputatos voluit « S. M. N. de Mincé, Bachelier, Petier et Morel, ut videant « quæ necessaria sint ad nostræ bibliothecæ tum ornamen- « tum, tum gubernationem, proximisque comitiis referant. » (*Regesta priorum Sorbonæ*, p. 829.)

3. « 4a die junii. Ad contextandum catalogum librorum « bibliothecæ deputatus est S. M. N. Morel, qui ad illud « opus assumat quos voluerit. » (*Regesta priorum Sorbonæ*, p. 848.)

A la même époque, le *socius* Charles-François Talon, curé de Saint-Gervais, légua à la Sorbonne « tous ses livres, et la somme de mil « livres pour employer à l'usage de telz livres « qu'il sera jugé à propos pour mettre à la « bibliotecque [1]; » l'inscription suivante fut collée au verso de la couverture de tous les volumes provenant de cette libéralité :

CAROLVS FRANCISCVS TALON
Doctor et Socius Sorbonicus
legauit Bibliothecæ Sorbonicæ.

De même que la bibliothèque, la chapelle était alors à peu près terminée, car Madame d'Aiguillon venait d'envoyer des tableaux destinés à orner le dessus des autels ; la pudeur des docteurs s'était même trouvée offensée de certaines nudités qui y figuraient, et le procureur reçut mission de s'entendre avec la duchesse pour faire corriger ou enlever ces tableaux [2]. Il est probable que Madame d'Ai-

1. 27 *septembre* 1651. *Extrait du testament de Charles Talon, prestre, docteur de Sorbonne, par lequel il donne tous ses livres et mille livres à la Sorbonne.* Archives nationales, série M, carton n° 75, pièce n° 141.

2. « Deputatus est dominus procurator qui adeat illustris- « simam ducissam d'Aiguillon, propter quasdam nuditates « quæ in tabellis, sive jam altaribus impositis, sive impo-

guillon ne refusa pas cette satisfaction à la Sorbonne; mais elle ne lui en accorda du moins point d'autre, et il fallut décidément en venir à un procès, qui se prolongea pendant plus de vingt ans.

Dans l'intervalle, les docteurs réussirent à arracher à leur créancière un gage d'une valeur considérable ; nous voulons parler de la bibliothèque du cardinal.

« nendis, conspiciuntur; et cum illa vel de tollendis ejus-
« modi tabellis vel reformandis agat. » (*Regesta priorum Sorbonæ*, p. 849.)

III

La bibliothèque de Richelieu. — Le parlement l'adjuge à la Sorbonne.

RICHELIEU, comme son successeur Mazarin, était grand ami des livres, il avait rassemblé une bibliothèque « admirable [1], » et la mort le surprit au moment où il allait lui donner un local splendide dans l'hôtel [2] qu'il faisait élever près du palais Cardinal, sa demeure habituelle [3]. Par

1. Mich. de Marolles, *Paris ou description succincte et néantmoins assez ample de cette grande ville*, p. 42.
2. G. Brice, *Description de Paris*, t. Ier, p. 237.
3. « Item, je donne et legue audit Armand de Vignerot, « mon petit nepveu, aux clauses et conditions des institu- « tions et substitutions qui seront cy apres apposées, ma « bibliotecque, non seullement en l'estat auquel elle est à « present, mais en celuy auquel elle sera lors de mon de-

ses ordres, le savant polyglotte[1] Jacques Gaffarel, son bibliothécaire, et Jean Tilemann Stella avaient parcouru l'Italie et l'Allemagne, réunissant les meilleurs ouvrages et les plus précieux manuscrits, « ce qu'ils firent si heu« reusement, ajoute le Père L. Jacob, que « cette bibliothèque a été admirée par tous « ceux qui ont eu la connoissance des bons « livres[2]. » Richelieu, qui, en bibliographie comme en politique, se préoccupait assez peu du choix des moyens, avait d'abord confisqué à son profit la bibliothèque de la ville de La Rochelle[3]; il s'était emparé ensuite de huit cents manuscrits rapportés du Levant par M. de Brèves, et que Louis XIII paya tant bien que mal.

La lecture du testament de Richelieu, dicté par lui sept mois avant sa mort, nous révèle tout l'attachement qu'il portait à sa bibliothèque et le brillant avenir qu'il lui réservait, car

---

« ceds, declarant que je veux que elle demeure au lieu ou « j'ay commancé à la faire bastir dans l'hostel de Richelieu, « joignant le pallais Cardinal. » (*Testament du cardinal de Richelieu.* Archives nationales, série S, carton n° 6212.)

1. Voyez le *Mercure galant*, n° de janvier 1682, p. 159.

2. L. Jacob, *Traicté des plus belles bibliothèques*, p. 478.

3. De Guignes, *Réponse à la lettre de M. Gayet de Sansale*, dans le *Journal des Savants*, n° de mai 1788, p. 304. — L. Jacob, *Traicté des plus belles bibliothèques*, p. 480.

il avait dessein de l'ouvrir au public dès qu'elle aurait été installée dans les bâtiments alors en construction. Le cardinal lègue toute sa collection à son petit-neveu Armand de Vignerot. Cependant il entend qu'avant de lui être remise un inventaire minutieux soit dressé sous la surveillance de deux docteurs de Sorbonne, qui en conserveront un exemplaire et feront tous les ans un récolement complet des volumes [1] : ce sont là à peu près les seuls droits que le cardinal accorde sur sa bibliothèque à la Maison de Sorbonne. Mais il ordonne, en outre, que ses livres soient confiés à un

1. « Et d'autant que mon dessein est de rendre ma biblio- « teque la plus accomplie que je pourray, et la mettre en « estat qu'elle puisse non seullement servir à ma famille, « mais encores au publicq, je veux et ordonne qu'il en soit « fait ung inventaire general lors de mon decedz par telles « personnes que mes executeurs testamentaires jugeront à « propos, y appellant deux docteurs de la Sorbonne, qui se- « ront deputez par leur corps pour estre presens à la con- « fection dudit inventaire. Lequel estant fait, je veulx qu'il « en soit mis une coppie en ma bibliotecque, signée de mes- « dits executeurs testamentaires et desdits docteurs de Sor- « bonne, et qu'une autre coppie soit pareillement mise en « ladite maison de Sorbonne, signée ainsy que dessus. Et « afin que ladite bibliotecque soit conservée en son entier, « je veux et ordonne que ledit inventaire soit recollé et ve- « riffié tous les ans par deux docteurs qui seront deputez de « la Sorbonne. » (*Testament du cardinal de Richelieu.* Archives nationales, série S, carton n° 6212.)

bibliothécaire dont il assure le traitement [1], et qui devra surveiller attentivement la collection, « la tenir en bon estat, et y donner « l'entrée à certaines heures du jour aux « hommes de lettres et d'erudition, pour veoir « les livres et en prendre communication dans « le lieu de ladite bibliotecque, sans trans- « porter les livres ailleurs [2]. » Dans le cas où le cardinal n'aurait point nommé de bibliothécaire avant son décès, il veut que la Sorbonne présente trois candidats à Armand de Vignerot, qui sera tenu de choisir l'un d'entre eux [3]. Déjà gravement malade, hors d'état même de signer son testament [4], Richelieu

1. « Et qu'il y ait un bibliotecquaire qui en ayt la charge, « aux gages de mil livres par an, lesquelz gages et appoin- « temens je veux estre pris par chacun an par preference à « toutes autres charges, de quartier en quartier, et par « advance, sur le revenu des arrentemens des maisons bas- « ties et à bastir à l'entour du parcq du pallais Cardinal, « lesquelles ne font part dudit pallais. » (*Testament du cardinal de Richelieu.*)

2. *Testament du cardinal de Richelieu.*

3. « Et en cas qu'il n'y ait aucun bibliotecquaire lors de « mon decedz, je veux et ordonne que la Sorbonne en nomme « trois audit Armand de Vignerot, et à ses successeurs qui « seront ducs de Richelieu, pour choisir celuy des trois qu'ilz « jugeront le plus à propos. Ce qui sera tousjours observé « lors qu'il sera nécessaire de mettre un nouveau bibliotec- « quaire. » (*Testament du cardinal de Richelieu.*)

4. « Mondit seigneur le cardinal n'ayant peu ecrire ny « signer soudit testament de sa main, à cause de sa maladie

entre ensuite dans les détails les plus minutieux relativement à la conservation des livres, au balayage de la salle; il fixe le chiffre de la somme à employer pour les gages d'un gardien, et même pour l'achat des balais [1]. Il ordonne enfin que 1,000 livres soient consacrées tous les ans à tenir la bibliothèque au courant des publications nouvelles, et veut que les acquisitions de cette nature soient faites sur l'avis de trois docteurs de la Sorbonne [2].

« et des abscez survenus sur son bras droict. » (*Testament du cardinal de Richelieu.*)

1. « Et d'aultant que pour la conservation du lieu et des « livres de ladite bibliotecque, il sera besoin de netoyer « souvent, j'entendz qu'il soit choisy par mondit nepveu ung « homme propre à cet effect, qui sera obligé de ballayer « tous les jours une fois ladite bibliotecque, et d'essuyer les « livres et les armoires dans lesquelles ilz seront. Et pour luy « donner moyen de s'entretenir et de fournir les ballays et « autres choses necessaires pour ledit netoyement, je veux « qu'il ayt quatre cens livres de gaiges par an, à prendre « sur le mesme fondz que ceux dudit bibliotecquaire, et en « la mesme forme. Ce qui sera fait, ainsy que ce qui con- « cerne ledit bibliotecquaire, par les soins et par l'auctorité « de mondit nepveu et de ses successeurs en la possession « dudit hostel de Richelieu. » (*Testament du cardinal de Richelieu.*)

2. « Et d'aultant qu'il est necessaire, pour maintenir une « bibliotecque en sa perfection, d'y mettre de temps en « temps les bons livres qui seront imprimez de nouveau, ou « ceux des anciens qui y peuvent manquer, je veux et or- « donne qu'il soit employé la somme de mil livres par cha-

Aussitôt après la mort du cardinal, le libraire Blaise fut chargé de dresser l'inventaire de cette collection; il agit de concert avec Geoffroy, alors bibliothécaire de Richelieu [1]. Cet inventaire, qui porte la date de 1643, forme deux volumes in-folio, dont une copie existe à la bibliothèque Mazarine; on lit à la fin : « Fin de la description de la gallerie, ensemble des aultres livres blancs [2] et reliez « qui nous ont esté montrez par le sieur « Geofroy; lesquelz nous avons inventoriez de « jour en jour en sa présence, ainsi qu'il est « énoncé cy dessus. Et a ledit sieur Geofroy « signé en nostre minute le troisiesme jour « dudit mois de juing de la présente année « 1643. Achevé le vingt deuxiesme dudit mois « de juing dicte année [3]. » Deux ans après,

---

« cun an en achapt de livres, par l'advis des docteurs qui « seront deputez tous les ans pour faire l'inventaire de la- « dite bibliotecque. Laquelle somme de mil livres sera pa- « reillement prise par preferance à toutes autres charges, « excepté celles des deux articles cy dessus, sur ledit revenu « des arentemens des maisons qui ont esté et seront basties « allentour du palais Cardinal. » (*Testament du cardinal de Richelieu.*)

1. L. Jacob, *Traicté des plus belles bibliothèques publiques et particulières*, p. 485.

2. Brochés.

3. Bibliothèque Mazarine, manuscrits, n°s 3216 et 3216 A.

sur les instances de Madame d'Aiguillon, la Sorbonne désigna deux de ses docteurs, Claude Héméré et de Flavigny, pour rédiger le catalogue de la collection [1]. Cependant, en 1648, la duchesse, qui peut-être commençait à être inquiète, s'adressa au lieutenant civil, et celui-ci ordonna qu'un nouvel inventaire serait dressé par les soins de Geoffroy et de l'avocat Desclos. Ce travail a pour titre : *Inventaire en forme de recollement des livres, volumes et cahiers qui se sont treuvés dans la salle de la bibliotecque de l'hostel de Richelieu à Paris, suivant et en vertu de l'ordonnance rendue par mons^r le lieutenant civil, en date du vingt huictiesme jour de janvier mil six cens quarante huict, apposée au bas de la requeste à luy presentée par Madame la duchesse d'Aiguillon, en qualité d'administratrice de la personne et biens de Monsieur le duc de Richelieu, son nepveu, legataire general et particulier de deffunct monseigneur l'Eminentissime cardinal*

1. « Nominati sunt S. M. N. Hemere et de Flavigny, va« riarum linguarum periti, librorum notitia præstantis« simi, qui recensionis librorum bibliothecæ Eminentissimi « olim cardinalis ducis Richelii, provisoris et restauratoris « nostri... jam id illustrissima ducissa de Aiguillon postu« lante, quod cardinalis Eminentissimus testamento jusse« rat. » (*Regesta priorum Sorbonæ*, p. 808.)

duc de Richelieu et de Fronsac, son grand oncle. Ledit inventaire et recollement faict par moy François Desclos, advocat en Parlement, à ce commis par ladite ordonnance, et en presence tant de M. Jacques Geoffroy, bibliothequaire, qui a faict l'exhibition desdits livres, volumes et cahiers, que de M. Pierre Gaultray, requerant pour madite dame, ainsy qu'il ensuict [1].

Cependant le petit-neveu de Richelieu, pas plus que sa tutrice, n'avaient pour les livres le même goût que le cardinal, et ils se souciaient assez peu des trésors bibliographiques qu'ils tenaient de lui. Ils laissèrent donc la collection où elle était, et ne s'inquiétèrent nullement de faire exécuter les prescriptions qui leur avaient été imposées. Suivant Tallemant des Réaux, « Fourille, grand mareschal « des logis, voulut à toute force en avoir la « clef quand le Roy alla loger au Palais; on « y trouva pour sept à huit mille livres de « livres. » Il ajoute : « Ce fat de La Serre y loge « présentement, et y a fait je ne sçay quel « taudis [2]. »

---

1. Bibliothèque nationale, manuscrits, fonds latin, n° 15464.
2. Tallemant des Réaux, *Historiettes*, t. II, p. 54.

La Sorbonne, longtemps complice de ce désordre, ne songea à y mettre un terme que quand elle comprit à quel point ses intérêts étaient engagés dans la question. Elle rappela alors au duc de Richelieu, devenu majeur, que son grand-oncle avait accordé à la Société certains droits sur cette bibliothèque; qu'il avait, en outre, ordonné le payement de sommes assez importantes destinées à l'entretien de la collection, aux appointements d'un bibliothécaire et aux gages d'un gardien [1]. Puis, comme elle s'y attendait, n'obtenant rien sur ces différents points, rien sur les réclamations déjà si anciennes qu'elle avait faites pour son propre compte, elle résolut de s'emparer de cette riche collection. Avant tout, elle devait elle-même se mettre en règle. Conformément aux termes du testament sur lequel elle s'appuyait, elle désigna, le 6 février 1655, trois docteurs : Cl. Morel, de Flavigny et Menessier, parmi lesquels le jeune duc devait choisir un bibliothécaire [2]. Avec ou sans la participation du duc,

---

1. Voyez *Regesta priorum Sorbonæ*, p. 903.
2. « Nominati sunt viva voce tres e S. M. N., nempe « S. M. N. Morel, de Flavigny et Menessier, e quibus unus « assumeretur et eligeretur ab illustrissimo duce Richelæo, « qui curam haberet bibliothecæ defuncti Eminentissimi car-

Claude Morel fut nommé [1], et un sieur Cochinat dut remplir les fonctions de gardien [2]. Le duc de Richelieu défendit assez mollement une collection à laquelle il ne tenait guère; tout son souci fut d'en tirer le meilleur parti possible. Les choses traînèrent en longueur, on s'adressa à des arbitres, puis au Parlement, et la question ne se trouva définitivement résolue que par un arrêt du 14 février 1660. En voici le texte : « La Cour... a ordonné et « ordonne que les livres de ladite bibliothèque « dudit feu cardinal duc de Richelieu, tablettes « et autres choses en dépendans, estant de « présent en un lieu destiné par ledit feu car- « dinal duc de Richelieu, seront portez, à la « diligence desdits de Sorbonne et aux frais « dudit duc de Richelieu, en la Maison de Sor- « bonne, pour y demeurer à perpétuité et être « annexez à la bibliothèque d'icelle. A con- « damné et condamne ledit duc de Richelieu « payer auxdits de Sorbonne la somme de « trente mille livres, pour être employée aux « logement, accommodement, ornemens et

---

« dinalis Richelæi, juxta testamentum ipsius. » (*Regesta priorum Sorbonæ*, p. 903.)

1. Voyez *Regesta priorum Sorbonæ*, p. 905.
2. *Journal des Savants*, n° de mai 1788, p. 300.

« nécessitez de ladite bibliothèque, et de payer
« annuellement à ladite Maison de Sorbonne,
« à commencer du 1er octobre dernier passé, la
« somme de six cens livres, rachetable de
« douze mille livres, pour les appointemens
« d'un bibliothécaire tel que lesdits de Sor-
« bonne adviseront de commettre, lesquels
« appointemens seront payez par lesdits de
« Sorbonne audit Morel, bibliothécaire, sa vie
« durant; et après son déceds seront lesdits
« appointemens payez par lesdits de Sorbonne
« au bibliothécaire qui sera nommé par eux.
« Ensemble sera payé par ledit duc de Richelieu
« audit Morel la somme de onze cens livres, à
« laquelle ont esté modérez tous les arrérages
« par luy prétendus du passé. Et ce faisant a
« déchargé ledit duc de Richelieu, ensemble
« les maisons basties et à bastir à l'entour du
« palais Cardinal qui ne font point partie dudit
« palais, du surplus des appointemens dudit
« bibliothécaire et autres charges portées par
« ledit testament touchant ladite bibliothèque.
« Même pourra ledit duc de Richelieu disposer
« du lieu où est ladite bibliothèque et autres
« places et maisons circonvoisines destinées
« pour le bastiment de l'hôtel de Richelieu, et
« les vendre si bon luy semble, à la charge
« que les deniers en provenant seront, avant

« tous autres, employés au payement des « sommes ci-dessus et de celles portées par la « sentence arbitrale rendue entre les parties le « 22 septembre dernier, et au parachevement « des bâtimens et ouvrages de Sorbonne aussi « énoncés en ladite sentence arbitrale... [1] »

La bibliothèque tout entière était donc attribuée à la Sorbonne. Le duc devait, en outre, 30,000 livres pour les dépenses d'appropriation dans les bâtiments du collége, et une rente de 600 livres pour les appointemens du bibliothécaire. On a vu que la Sorbonne s'était fait donner, de plus, le mobilier qui garnissait la bibliothèque du cardinal; c'était peine à peu près superflue, car voici de quoi il se composait alors :

Ensuivent les tablettes et meubles qui se sont trouvés es deux chambres de ladicte bibliothecque.

« Premièrement, sept tablettes peintes en « verd, de sept pieds de largeur ou environ, à

1. On trouve cet arrêt, écrit sur vélin, aux Archives nationales, série *S*, carton n° 6212. — Il a été publié dans la *Réponse de M. de Guignes à la lettre de M. G. de Sansale*, insérée au *Journal des Savants*, n° de mai 1788, p. 300. — Il figure aussi dans la brochure suivante : *Mémoire touchant le différend qui est entre monsieur Morel, bibliothécaire de la Maison de Sorbonne, de la fondation de M. le cardinal de Richelieu, et le sieur Chevillier, aussi bibliothécaire de ladite maison.*

« cinq rangées de planches sans aucune façon « ny ornement, avec le fond de bois, le tout « tel quel.

« Cinq autres demy tablettes de mesme « qualité.

« Plus, quattre tablettes doubles de simples « ais de deux pieds et demy de haulteur, dix « huict pieds de longueur ou environ.

« Plus, cinq tablettes sans enfoncement, à « cinq rangées de planches.

« Plus, une grande table de bois de chesne « tirante par les deux bouts, assize sur son « chassy.

« Plus, deux autres petites tables à demy « rompues dont les bouts se tirent.

« Plus, un marchepied de bois de sapin et « une eschelle telle quelle.

« Item, deux chaires avec trois tabourets « tels quels.

« Plus, un pulpitre de bois de sapin[1]. »

Heureusement les livres avaient été plus respectés que les meubles. Presque tous étaient d'une admirable conservation, et un grand nombre d'entre eux, surtout parmi les in-folio, portaient de riches reliures en maroquin rouge,

---

1. Note à la suite de l'*Inventaire* dressé en 1660. Bibliothèque Mazarine, manuscrits, n° 1944 N.

aux armes du cardinal : *d'argent à trois chevrons de gueules.*

Une grande marque avec lourd encadrement a été d'un usage assez rare.

Voici le fer qui se rencontre le plus fréquemment :

C'est celui que Mazarin fit copier et placer de préférence sur ses livres.

La forme suivante,

plus jolie et d'une exécution plus soignée, a été aussi très-souvent employée, et Mazarin la fit également imiter.

On la trouve parfois, un peu modifiée dans la forme, placée entre chaque nerf sur le dos soit des in-folio et des in-quarto, soit même des volumes de plus petits formats.

La Sorbonne dressa bientôt un nouvel inventaire[1] des volumes, et l'année même ils furent

1. Cet inventaire existe à la Bibliothèque nationale, manuscrits, fonds latin, n° 15465. — Une copie, qui provient de la Sorbonne, est conservée à la bibliothèque Mazarine, manuscrits, n° 1944 N. On lit en tête : *Copie d'inventaire des livres de la bibliotheque de feu M. le cardinal de Richelieu, qui ont été trouvez en l'hostel de Richelieu, et de là transportez en la maison de Sorbonne au mois de juillet de l'année mil six cens soixante, par arrest du Parlement de la même année.* Puis au verso du titre : « L'an mil six cens soixante, le douzieme juillet, en- « viron les sept heures du matin, sur l'advis qui a été donné, « à la diligence et de la part de Mrs les prieur, docteurs « et bacheliers de la Maison et Société de Sorbonne, à « Mrs Philippe Guneau et Charles François de Saint Vaast, « nottaires et gardenottes du Roy en son Châtelet de Paris, « qu'ils avoient été nommez d'office par le procez verbal de « Me Pierre Catinat, conseiller du Roy en la Cour de Parle- « ment, commissaire en cette partie, d'allé au commence- « ment du sixieme des presens mois et an et autres jours « suivans, pour proceder à l'inventaire et description des « livres, tablettes, tableaux et autres meubles de la biblio- « theque de deffunt Mgr le cardinal duc de Richelieu, en « execution de l'arrest dudit Parlement du quatorzieme « jour de febvrier audit an mil six cens soixante, donné en- « tre lesdits sieurs de Sorbonne, d'une part, et hault et puis- « sant seigneur Armand Jean du Plessis, duc de Richelieu, « pair et general des galeres de France, legataire general et « particulier dudit defunt cardinal de Richelieu, son oncle, « d'autre part, et qu'à cette fin lesdits nottaires eussent à se « transporter ledit jour, lieu et heure en l'hostel appellé de « Richelieu, proche le palais Cardinal, dans une grande salle « au bout de laquelle y a un salon et un cabinet à costé d'i- « celuy, dans lesquels sont les livres, tablettes et tableaux

transportés au collége. Ainsi se trouvèrent éludées toutes les volontés si minutieusement exprimées par Richelieu au sujet de sa chère bibliothèque ; car les docteurs se gardèrent bien de rendre la collection publique, malgré l'engagement tacite qu'ils semblaient avoir pris en l'acceptant.

« et autres meubles de ladite bibliotheque, lesdits nottaires « se sont transportez dans ladite grande salle, et après l'ou- « verture desdits salon et cabinet, faite de l'ordonnance du- « dit sieur Catinat, a été par lesdits nottaires commencé « l'inventaire et description desdits livres, tablettes et au- « tres meubles dependans de ladite bibliotheque trouvez es « dits lieux, et ce en la presence dudit sieur Catinat, com- « missaire en cette partie, à la requeste et diligence de « Mrs Elie de Mincé, Claude Morel et Barthelemy Le Blond, « docteurs et deputez de ladite Maison de Sorbonne, en la « presence de Mr Pierre Ferry, agent des affaires dudit sei- « gneur duc de Richelieu, de Mr Jacques Jannau, substitut « de M[r] le procureur general, pour estre lesdits livres et « autres meubles incessamment portez en ladite Maison de « Sorbonne, suivant et au desir dudit arrest, à mesure qu'ils « seront inventoriez. Etant arresté qu'après cette vacation « ledit Le Blond, qui est procureur de ladite Maison de « Sorbonne, assistera seul à la continuation du present in- « ventaire, de la part desdits sieurs de Sorbonne. Le tout « aux dires, declarations, requisitions et protestations res- « pectives des partyes portées et inserées dans le procez « verbal dudit sieur Catinat, selon et ainsi qu'il en suit. Et « ont lesdits sieurs de Mincé, Morel, Le Blond, Ferry, et « Regnard, substitut, signé la minutte de la presente inti- « tulation d'inventaire demeurée vers ledit de Saint Vaast, « l'un des nottaires soussignez. »

IV

Agrandissement de la bibliothèque. — Catalogue dressé par Chevillier. — Incendie. — Nouveau règlement. — Recettes et dépenses.

Mais cet immense accroissement de richesses n'avait pas été prévu lors de la reconstruction de la bibliothèque. Il fallut donc aussitôt songer à l'agrandir. Le 14 août, on nomma quatre commissaires, qui durent examiner la question avec des architectes et présenter le plus tôt possible un rapport au Conseil[1]. Comme toujours, l'affaire

1. « Definitum est consulendos esse architectos circa « ideam et sumptus edificandæ bibliothecæ. Qui hujus rei « curam haberent deputati sunt SS. MM. NN. Roullié, de « Gamaches, Leblond, Gasto Chamillard, cum procuratore, « ita ut quamprimum tum ipsi, tum architecti ea de re re- « ferent in comitiis Societati. » (*Regesta priorum Sorbonæ*, p. 18. Archives nationales, série MM, registre n° 271.)

traîna en longueur, et les travaux ne purent commencer qu'en 1662[1]. On s'occupait aussi de donner à la bibliothèque une organisation plus complète : quatre docteurs, chargés de rédiger un nouveau catalogue de la collection[2], étaient autorisés à s'adjoindre, pour hâter le travail, un homme habile, « et, si possible, universel[3] ; » on songeait à choisir deux étudiants en théologie, et à leur partager, pendant toute la journée, la surveillance de la bibliothèque[4]; enfin on décidait à la fois la vente des livres doubles ou inutiles[5] et un achat

1. Voyez *Regesta priorum Sorbonæ*, p. 14 et 16.

2. « Rogati sunt SS. MM. NN. Morel, Gaudin, Boisleau et « de Reveillon, ut quamprimum sumptibus domus describe- « rent catalogum librorum bibliothecæ nostræ, librosque « descriptos ordine suo collocarent. » (*Regesta priorum Sorbonæ*, p. 18.)

3. « Rogati sunt SS. MM. NN. Gaudin, Boileau et de Re- « veillon, ut virum quemdam peritum, et si fieri posset ca- « tholicum, quærerent, sibi adjutorem in disponendis bi- « bliothecæ libris et describendo eorum catalogo. » (*Regesta priorum Sorbonæ*, p. 24.)

4. « Visum est seligendos esse primis comitiis duos theo- « logiam studentes qui, ad majorem librorum nostrorum « securitatem et ordinem, alternatim maneant in biblio- « theca, alter matutinis horis integris, alter integris ves- « pertinis. » (*Regesta priorum Sorbonæ*, p. 24.)

5. « Nominati sunt SS. MM. NN. Gaudin, Boileau, Che- « villier, cum domino procuratore, qui libros superfluos se- « ligant, quos pecunia commutent. » (*Regesta priorum Sor- « bonæ*, p. 38. Voyez aussi p. 45.)

assez considérable d'ouvrages en langue hébraïque [1].

Plus que jamais il fallait maintenant apporter un soin extrême dans le choix du bibliothécaire. Gaudin, indiqué dès 1658 par Michel Le Masle, fut élu le 24 mars 1661 [2]. Mais Gaudin ne voulait pas consentir à venir loger dans l'établissement. Après plusieurs sommations restées inutiles, son remplacement fut résolu, et, le 22 mai 1665, André Chevillier, le savant historien de l'imprimerie de Paris, fut désigné pour remplir ses fonctions [3]. Chevillier donna presque aussitôt sa démission, sur les réclamations de Gaudin, que la Sorbonne déclara déchu de tous ses droits si, dans le délai de huit

---

1. « Rationem habendam supplicationis factæ a S. M. N. « de Flavigny, et ideo mittendam quamprimum summam « mille ducentarum libellarum ad S. M. N. Capelain, ad « emendos exquisitos libros, præsertim hæbræos, qui in « nostra bibliotheca desiderantur. » (*Regesta priorum Sorbonæ*, p. 45.)

2. « S. M. N. Gaudin, designatus hujus domus bibliothe- « carius ab illustrissimo viro domino Le Masle, priore Des- « roches, nostræ bibliothecæ instauratore munificentissimo, « minor claviger via scrutini pro more renunciatus est. » (*Regesta priorum Sorbonæ*, p. 9.)

3. « Solvendum honorarium S. M. N. Gaudin, bibliothe- « cario ; Societas via scrutini nominaret aliquem e sociis « qui curam librorum in posterum gerat; qua quidem via « statim electus fuit S. M. N. Chevillier. » (*Regesta priorum Sorbonæ*, p. 54.)

jours, il n'était pas venu occuper la chambre qui lui était destinée[1]. Gaudin s'adressa alors au Parlement, et obtint un arrêt favorable[2]. Les docteurs finirent par transiger : Gaudin consentit à renoncer, moyennant une somme de 400 livres, au titre de bibliothécaire[3], qui fut rendu à Chevillier. Celui-ci, d'ailleurs, n'avait pas cessé, quoique démissionnaire, de remplir tous les devoirs de cette charge.

Pendant ces discussions, les travaux de la bibliothèque avaient marché fort lentement. On venait pourtant de décider que les livres seraient provisoirement déposés dans une maison dépendante du collége, et dont le locataire serait congédié[4]. On arrêta aussi que les clefs de la bibliothèque seraient changées[5]. On en remit une à chaque *socius*, même à ceux qui ne logeaient pas au collége, même à ceux qui habitaient près de Paris et y venaient fréquemment ; mais on exigeait que les premiers

1. *Regesta priorum Sorbonæ*, p. 65 et 66.
2. *Regesta priorum Sorbonæ*, p. 67.
3. *Regesta priorum Sorbonæ*, p. 73 et 75.
4. « Nihil immutandum esse in domo illa in quam trans-
« ferendos esse libros posterioribus comitiis Societas cen-
« suit ; ejiciendum autem quam citissime fieri poterit ejus
« inquilinum. » (*Regesta priorum Sorbonæ*, p. 56.)
5. *Regesta priorum Sorbonæ*, p. 60.

quand ils retournaient dans leur famille, les seconds quand ils s'installaient pour longtemps à la campagne, remissent leur clef au bibliothécaire[1]; tous d'ailleurs étaient tenus, conformément au serment qu'ils avaient prêté, de ne confier leur clef à personne, pas même à un *hospes* de la Maison[2].

Mentionnons en passant deux donations d'une certaine importance et qui datent de l'année 1667. Un *socius*, Pierre de Blanger, procureur de la Sorbonne et devenu chanoine de Saint-Marcel, acheta au Chapitre de cette église deux magnifiques manuscrits in-folio contenant des Vies de saints écrites au onzième siècle, et il les donna au collége. On lit à la fin de ces volumes : « Emptum ex capitulo S. « Marcelli Parisiensis, Petrus de Blanger, doc- « tor et socius Sorbonicus, domus Sorbonæ

1. « Voluit Societas ut novæ claves bibliothecæ darentur « sociis solis et omnibus, tum iis qui degunt in domo, tum « etiam aliis qui commorantur Parisiis extra domum, iis « denique qui quandoque Lutetiam adventant; ita tamen ut « cum redibunt ad sua, aliique cum rus proficiscentur ad « multum tempus, reddant claves domino bibliothecario. » (*Regesta priorum Sorbonæ*, p. 82.)

2. « Ut quilibet socius sit memor jurisjurandi quod præs- « titit cum est ad Societatem admissus, neque alteri extra- « neo, vel hospiti, clavem bibliothecæ commodet. » (*Regesta priorum Sorbonæ*, p. 81.)

« procurator et Sancti Marcelli canonicus, dono « dedit bibliothecæ Sorbonicæ, anno Christi « 1667[1]. » Le 17 mai de la même année, Chevillier signa le reçu d'environ deux cents volumes qui venaient d'être légués à la Sorbonne par Pierre Roullié, curé de l'église Saint-Barthélemy; on conserve aux Archives nationales le catalogue de ces ouvrages, il est compris dans l'*Inventaire faict après le décedz de vénérable et discrette personne messire Pierre Roullié, docteur de Sorbonne, curé de l'église paroissiale Saint-Barthélemy... receu par Guillot, nottaire au Chastelet de Paris, le* 14 *juillet* 1666[2].

On dut, l'année suivante, ajouter au règlement un article fort sévère, qui portait qu'aucun livre ne pourrait plus être prêté hors de la bibliothèque, même aux *socii*, à moins que ceux-ci ne fissent d'abord approuver leur demande par le Conseil, et ne reçussent les volumes des mains du bibliothécaire; ils devaient, en outre, lui en signer un reçu sur un registre spécial[3].

---

1. Bibliothèque nationale, manuscrits, fonds latin, nos 15436 et 15437.

2. Archives nationales, série M, carton n° 75, pièce 144.

3. « Statuit Societas nemini in posterum nisi socio commo-« dandos esse libros bibliothecæ nostræ; neque ulli socio

La négligence du président du Parlement de Paris semble avoir été la cause de cette mesure. On lui avait prêté un manuscrit intitulé *Liber constitutionum monialium domus Dei*, et il mettait si peu d'empressement à le restituer, qu'une députation composée de huit docteurs fut chargée d'aller le lui redemander [1]. Il reçut, du reste, les envoyés « cum omni humanitate, » et leur rendit le volume; il exprima aussi le vœu que la Sorbonne en offrît une copie aux religieux de l'Hôtel-Dieu, qui, à ce qu'il paraît, ne possédaient même pas un exemplaire de leurs Constitutions [2].

Chevillier s'occupait alors de mettre à part les doubles que les deux donations de Michel Le Masle et de Richelieu avaient multipliés dans la bibliothèque. Son dessein était de les vendre, et ce projet rencontra d'abord quelque

---

« esse commodandos nisi supplicet in aula, et libros accipiet « e manibus domini bibliothecarii, cui chirographum in « libro ad id destinato dare tenebitur. » (*Regesta priorum Sorbonæ*, p. 108.)

1. « Morel, Gaudin, de Lestocq et Desperriers adjuncti « sunt Porcher, Gillot, Chevillier et Bourser, antea deputa- « tis in aula, ut adeant quamprimum illustrissimum sena- « tus principem, petituri ab ipso librum constitutionum « monialium domus Dei, quem ipsi commodavit Societas. » (*Regesta priorum Sorbonæ*, p. 108.)

2. *Regesta priorum Sorbonæ*, p. 110.

opposition[1]; Chevillier finit cependant par l'emporter. Il venait d'ailleurs de terminer[2] un nouveau catalogue qui forme quatorze volumes in-folio écrits avec un très-grand soin. On lit en tête du premier volume : *Catalogus librorum omnium utriusque bibliothecæ Sorbonicæ, servato alphabeti simul et materiæ ordine*[3]; le quatorzième volume est consacré à l'*Index generalis auctorum et librorum qui tredecim tomis catalogi utriusque bibliothecæ Sorbonicæ continentur*. Nous avons retrouvé encore une autre table générale écrite de la main de Chevillier et qui se rapporte à un catalogue que nous ne possédons plus; elle est intitulée : *Index generalis auctorum et librorum qui prioribus quatuor tomis catalogi utriusque bibliothecæ Sorbonicæ continentur*[4]. Les huit premières pages sont consacrées à une préface aujourd'hui sans intérêt, et qui est adressée « Lectori Sorbonico. »

Le lundi 2 mars 1671, un sinistre menaça de détruire tout l'établissement. Le feu se déclara, vers neuf heures du soir, dans l'un des quatre

1. *Regesta priorum Sorbonæ*, p. 112, 142 et 146.
2. Maichelius, *Introductio ad historiam literariam de præcipuis bibliothecis*, p. 86.
3. Bibliothèque Mazarine, manuscrits, n°s 1944 et A-L.
4. Bibliothèque Mazarine, manuscrits, n° 3259.

grands pavillons. « Le très-sage maître Bétille « alla aussitôt, avec un grand sentiment de « dévotion, promener l'adorable sacrement de « l'eucharistie dans la partie supérieure de la « cour[1]; » d'autres s'empressèrent de chercher du secours. Quand on se rendit maître de l'incendie, le pavillon où il avait pris naissance était presque entièrement consumé[2]; mais la bibliothèque, quoique contiguë, avait pu être préservée. On prit alors toutes les mesures nécessaires pour prévenir le retour d'un semblable sinistre. Dès le 5, il fut interdit d'allumer du feu dans les salles[3], et on fit visiter toutes les cheminées[4]; le 11, on ordonna de boucher

1. « Die lunæ 2ª martii, hora nona serotina... cum animadvertisset Societas aliquam ædificiorum domus Sorbonicæ « partem igne comburi, nominavit S. M. N. Betille, qui statim, in comitatu omnium sociorum, venerandum eucaristiæ sacramentum in area superiori, summo devotionis « sensu, circumferret. » (*Regesta priorum Sorbonæ*, p. 148.)

2. Le Maire, *Paris ancien et nouveau*, t. II, p. 459. — — Voyez aussi la pièce intitulée *Sorbona incensa*, dans les *Opera omnia* de Santeuil, t. Ier, p. 150.

3. « Prohibuit Societas ne deinceps, propter imminens « bibliothecæ nostræ periculum, in aula æstivali accenderetur ignis. » (*Regesta priorum Sorbonæ*, p. 151.)

4. « Statutum est accurate inspiciendos esse caminos, « tum bibliothecæ nostræ, tum sacelli proximos, atque imprimis caminum culinæ æstivalis. » (*Regesta priorum Sorbonæ*, p. 151.)

avec du plâtre celles de la bibliothèque[1].

Chevillier se plaignait depuis longtemps que les anciens statuts de la bibliothèque ne fussent plus observés, « quod non observarentur sta-« tuta et regulæ quæ spectant bibliothecam[2]; » on l'autorisa à refondre ceux qui avaient été adoptés depuis l'origine de l'établissement, et à présenter un projet de règlement définitif. Ce travail fut achevé le 31 décembre 1676. Non-seulement le Conseil l'approuva, mais il ordonna qu'il serait imprimé et que chaque *socius* en recevrait un exemplaire[3].

Ce règlement était conçu en ces termes[4] :

---

1. « Statutum est gypso obturanda esse ora duorum cami-« norum bibliothecæ nostræ. » (*Regesta priorum Sorbonæ*, p. 155.)

2. *Regesta priorum Sorbonæ*, p. 191.

3. « Die jovis ultima decembris. Retulerunt domini depu-« tati se in unum collegisse leges bibliothecæ, secundum « conclusiones ea de re latas, atque ad majorem claritatem « eas divisisse in duodecim articulos. Quos cum legissent, « de iis deliberatum est, et singulos probavit et confirmavit « Societas. Deinde, gratiis actis iisdem DD. deputatis, eos « rogavit ut leges illas inviolabiliter observari curarent; ac « preterea typis mandari voluit, et earum exemplar unicuique « socio tradi. Sequuntur autem duodecim leges illæ... » (*Regesta priorum Sorbonæ*, p. 235.)

4. LEGES BIBLIOTHECÆ SORBONICÆ.

« I. Sorbonicus ad bibliothecam non accedat, nisi ornatus « toga et pileo quadrato. Dum ingreditur aut egreditur, di-« ligenter ostium claudat.

« II. Inter legendum, non ducantur lineæ atramento,

RÈGLEMENT DE LA BIBLIOTHÈQUE DE LA SORBONNE.

I. Que nul Sorboniste ne pénètre dans la bibliothèque, s'il n'est en robe et en bonnet

---

« plumbo, vel minio, nec quicquam quomodocunque scriba-
« tur in libris ; non complicentur etiam eorum folia ; neque
« libro aperto alius imponatur, ne pulvis ex hujus tergo al-
« terius paginis adhærescat.

« III. Cum aliquis legerit, non relinquat librum apertum ;
« non projiciat ad mensam vel ad fenestras ; non eum ponat
« super libros in forulis collocatos, aut alicubi occultum
« habeat ; sed ordini suo, et eidem in quo erat loco, resti-
« tuat.

« IV. Silentium in bibliotheca servetur, nec quisquam in
« ea deambulet, vel librum alta voce legat, aut ita disserat
« cum alio ut legentibus molestus sit.

« V. Unusquisque memor sit jusjurandi (*sic*) quo apposita
« sanctis Evangeliis manu coram altari se adstrinxit : nec
« ullum unquam e bibliotheca librum, sive atramentaria,
« scalas, sedilia et alia quæ in ea sunt, ad cubiculum suum
« nec alio transferat, etiam ad brevissimum tempus ; neque
« foliola ulla aut tabulas libris detrahat.

« VI. Cum exteri ad visendam bibliothecam advenerint,
« qui fores aperuerit non omnes promiscue admittat : si
« quis vero admiserit, iis comitem se adjungat, servos in-
« gressu prohibeat, et caveat ne voce et pedibus strepitus
« excitetur.

« VII. Si famulus dominum quærat, vel exterus de ne-
« gotio aliquo socium alloqui voluerit, qui ostium recludet,
« nec famulum, nec exterum inducat in bibliothecam, sed
« moneat socium ; socius vero foris eos audiat.

« VIII. Cum ad januam pulsatur, illius sit, qui Societatis
« ordine postremus est, eam reserare, quamvis remotissi-
« mus sit.

« IX. Socius qui externum adduxerit ut aliquid scribat
« vel legat (quod raro fieri debet), cum illo maneat donec

carré. En entrant et en sortant, qu'il ait soin de fermer la porte.

II. En lisant, qu'on ne trace aucune ligne, soit à l'encre, soit à la mine de plomb, soit au crayon rouge, qu'on n'écrive absolument rien sur les livres; qu'on ne plie aucun feuillet; que sur un livre ouvert on n'en place point un second, de peur que la poussière qui serait restée sur le dos de l'un ne s'applique sur les pages de l'autre.

« exierit; nec sinat eum ad forulos ascendere, libros re-
« cognoscere et extrahere ex ordine suo; sed socius ipse ex-
« trahat, et deinde locis suis reponat. E codicibus manu
« scriptis, nisi consulta Societate, nihil exscribi permittat.

« X. Ad bibliothecam, cum dies deficit, candelam accen-
« sam deferre nemini liceat, quocunque prætextu.

« XI Singuli socii et soli clavem habeant. Qui longe ab
« urbe habitant, aut diuturni temporis iter ingrediuntur,
« reddant eam D. bibliothecæ præfecto, iterum ab illo ac-
« cepturi, cum venerint. Socius clavem bibliothecæ alteri
« non commodet, sive extraneo, sive etiam hospiti : si secus
« fecerit, jure clavis excidat.

« XII. Nemini commodentur libri nisi socio. Hic vero
« prius supplicet, et syngraphiam tradat D. bibliothecæ
« præfecto, a quo liber extrahatur e loco suo, et observetur
« an tabulas contineat, et pictas vel cælatas imagines. Qui
« aliquos acceperit bibliothecæ libros, ab urbe non recedat,
« antequam reddiderit. »

Ce règlement existe manuscrit dans les *Regesta priorum Sorbonæ*, p. 235 et 239. Les exemplaires imprimés sont composés de quatre pages in-4° d'une exécution très-soignée; nous en avons trouvé un aux Archives nationales, série M, carton n° 75, pièce n° 154, et un autre à la bibliothèque Mazarine, n° 12186.

III. Quand on aura cessé de lire, qu'on ne laisse pas le livre ouvert, qu'on ne le dépose ni sur une table, ni sur les fenêtres, ni sur les autres volumes restés en place, ni dans quelque coin obscur; mais qu'on le remette à son rang et à l'endroit précis qu'il occupait sur les rayons.

IV. Le silence doit régner dans la bibliothèque : que personne donc ne s'y promène, n'y lise à haute voix, ou n'y cause assez haut pour troubler les lecteurs.

V. Que chacun se souvienne du serment qu'il a prêté devant l'autel, la main étendue sur les saints Évangiles : que personne n'emporte donc jamais, soit dans sa chambre, soit ailleurs, rien de ce qui appartient à la bibliothèque, ni livres, ni encriers, ni échelles, ni siéges, même pour le temps le plus court, et que les feuillets et les figures des volumes soient scrupuleusement respectés.

VI. Quand des étrangers viennent visiter la bibliothèque, que le docteur qui a ouvert la porte ne les y reçoive pas tous indistinctement. S'il leur accorde l'entrée, qu'il les accompagne, qu'il veille à ce que les domestiques restent dehors, à ce qu'on n'entende ni la voix ni les pas des visiteurs.

VII. Si un domestique demande son maître,

ou si un étranger veut parler à l'un des *socii*, celui qui a la garde de la porte ne laissera entrer ni le domestique ni l'étranger; mais il avertira le lecteur, qui ne pourra les entretenir qu'au dehors.

VIII. Quand on frappe à la porte, c'est à celui qui occupe le rang le moins élevé dans la Maison à aller ouvrir, fût-il le plus éloigné de la porte.

IX. Le *socius* qui aura introduit une personne étrangère, en vue de quelque recherche (ce qui doit avoir lieu rarement), restera avec elle jusqu'à ce qu'elle parte; il ne lui permettra pas d'approcher des rayons, d'examiner les livres ou les changer de place; il les lui donnera lui-même, et les remettra ensuite à leur rang. Il ne doit laisser prendre aucun extrait des manuscrits sans l'autorisation de la Société.

X. Il n'est permis à personne d'entrer, sous quelque prétexte que ce soit, dans la bibliothèque avec de la lumière.

XI. Les *socii*, mais eux seuls, ont chacun une clef de la bibliothèque. Ceux qui demeurent loin de Paris, et ceux qui sont sur le point d'entreprendre un long voyage, la remettront au bibliothécaire, qui la leur rendra à leur retour. Le *socius* ne confiera sa clef à personne, pas même à un *hospes*, sous peine de perdre son droit à la clef.

XII. Les livres ne seront prêtés qu'aux *socii*. Celui qui désirera emporter un ouvrage en donnera reçu au bibliothécaire, qui prendra le volume, vérifiera s'il contient des portraits, des miniatures ou des gravures. Celui à qui on aura confié des livres ne devra point s'éloigner de Paris sans les avoir auparavant restitués.

Une nouvelle vente de livres inutiles eut lieu en 1681 ; on ordonna seulement que l'opération n'aurait pas lieu publiquement, et que l'argent qui en proviendrait serait appliqué à l'achat d'autres ouvrages [1]. Le résultat de cette mesure ne satisfit sans doute pas la Sorbonne; car, en décembre 1691, on résolut d'aliéner encore des volumes, et il fut décidé que, cette fois, la vente serait annoncée par des affiches [2].

---

1. « Dividendos esse libros inutiles, non quidem publice, « sed ea conditione ut pecunia, quæ ex illa divenditione « percipietur, in alios libros emendos insumatur. Qui huic « rei invigilent nominati sunt SS. MM. NN. Delameth, de « Lestocq, Gillot et Chevillier bibliothecarius. » (*Regesta priorum Sorbonæ*, p. 314.)

2. « Vendendos esse omnes libros inutiles et superfluos « qui sunt in minore bibliotheca, et hanc venditionem esse « publicis programmatibus denunciandam ad kalendas ja- « nuarii. » (*Regesta priorum Sorbonæ*, p. 83. Archives nationales, série MM, registre n° 272.)

On prit en même temps un parti assez étrange : plusieurs des livres dont on allait se défaire portaient sur les plats les armes du cardinal de Richelieu ; on n'enleva point ces armoiries, mais on ordonna qu'elles seraient frappées sur un nombre égal d'autres volumes [1].

La bibliothèque fut un peu oubliée pendant les années qui suivirent, sans doute en raison des embarras financiers qui paraissent, vers cette époque, avoir assailli la Sorbonne. Les fonds réservés jusqu'alors pour la bibliothèque n'étaient plus payés exactement [2], et le bibliothécaire avait bien de la peine à obtenir une somme de 100 écus pour l'acquisition de quelques ouvrages [3].

---

1. « ... Et quoniam inter eos libros multi sunt insigni « stemmate Eminentissimi cardinalis Richelii, si quando « contigerit alios libros emi, totidem signabuntur eodem « stemmate Eminentissimi cardinalis. » (*Regesta priorum Sorbonæ*, p. 86.)

2. « Censuit Societas persolvendam esse annuatim sum- « mam trecentarum libellarum bibliothecæ debitam, cum « res domus patientur, rogavitque S. M. N. procuratorem « ut describat memoriale quo constet quid ex arreragiis « debeatur bibliothecæ. » (*Regesta priorum Sorbonæ*, p. 119.)

3. « Cum ab uno e SS. MM. NN. postulatum fuisset ut, ad « emendos in usum bibliothecæ libros qui prodeunt de die « in diem, numerarentur S° M° N° Chevillier, bibliothecario « domus, nummi centum, censuit Societas esse numeran- « dos, si tamen id viderentur pati res domus, post auditas

Chevillier mourut le 8 avril 1700, après avoir rempli pendant trente-cinq ans les fonctions de bibliothécaire; il unissait à l'amour des lettres une charité vraiment évangélique, et il alla jusqu'à vendre ses livres pour secourir les pauvres [1]. On lui doit la conservation d'un exemplaire du précieux *Speculum humanæ salvationis* gravé sur bois à Harlem par Laurent Coster avant les premiers essais de Gutenberg [2]. Cet exemplaire avait appartenu à un bibliophile éclairé, M. de Balesdens. Les libraires chargés de la vente de sa bibliothèque ne comprirent pas la valeur de ce volume, qui fut mêlé à un lot prisé 4 livres; Chevillier passant un jour sur le quai de la Tournelle le vit à l'étalage, l'acheta presque pour rien [3], et le donna plus tard à la Sorbonne. Après qu'il eut achevé le grand catalogue en quatorze volumes dont

---

« ipsius rationes proxime reddendas a S° M° N° Rabouin. » (*Regesta priorum Sorbonæ*, p. 126.)

1. Ladvocat, bibliothécaire de la Sorbonne, *Dictionnaire historique*, t. I, p. 197.

2. Cette opinion, très-accréditée au seizième siècle, et depuis abandonnée, a trouvé récemment un avocat fort compétent dans M. Aug. Bernard. (Voyez son *Histoire de l'Imprimerie* et le *Batavia* d'Adrien Junius.)

3. A. Chevillier, *De l'origine de l'imprimerie de Paris*, p. 281. — J.-M. Guichard, *Notice sur le Speculum humanæ salvationis*, p. 40.

nous avons parlé, il entreprit la rédaction d'un catalogue spécial, qui devait embrasser tous les ouvrages de la bibliothèque écrits en faveur des protestants[1]; nous n'avons pas retrouvé ce travail, resté sans doute inachevé. Berthe fut élu le 21 mai 1700 pour remplacer Chevillier[2], et on lui alloua, comme à son prédécesseur, un traitement de 800 livres[3].

La Sorbonne recevait alors de toutes parts un grand nombre de volumes; mais ces donations ne sauraient être mentionnées ici. Nous signalerons cependant celle du *socius* Nicolas Petit-Pied, conseiller au Châtelet, puis sous-chantre et chanoine de Notre-Dame, qui enrichit la Sorbonne de plusieurs ouvrages rares et précieux[4].

---

1. A. Chevillier, *De l'origine de l'imprimerie de Paris*, p. 227.
2. « Die veneris 21ª maii, electus est via scrutini bibliothecæ præfectus S. M. N. Berthe. » (*Regesta priorum Sorbonæ*, p. 204.)
3. « Sancivit Societas tribuendum esse novo bibliothecario idem honorarium quo prius fruebatur S. M. N. Chevillier, nempe 800 libellarum. » (*Regesta priorum Sorbonæ*, p. 203.)
4. Voyez à la Bibliothèque nationale, manuscrits, fonds français, nos 21365 à 21383, 23328, 23815, 23866, 23655, 21096 à 21103, 20071, 25037, et fonds latin, nos 16066 à 16068 et 16447. Voy. aussi l'*Année littéraire*, 1788, t. II, p. 33.

Berthe donna sa démission, le 10 avril 1713[1], en ces termes :

« Je soussigné, prêtre, docteur et bibliothé-
« caire de la Maison et Société de Sorbonne,
« promets de me démettre, et me démets à
« présent, si besoin est, entre les mains de
« ladite Maison et Société, pour le premier jour
« d'octobre prochain, de la place de bibliothé-
« caire dont elle m'a honoré, au cas et supposé
« qu'elle me fasse l'honneur de m'élever à la
« place de professeur qui vaquera au même jour
« par la démission de Monsieur Bourrel, curé
« de Saint Paul[2]. Fait en Sorbonne, ce dixième
« avril mil sept cent treize[3]. »

Mais la place de bibliothécaire de la Sorbonne était devenue fort recherchée, et de nombreux compétiteurs se mettaient sur les rangs ; le remplacement de Berthe, indiqué au procès-verbal du Conseil dès le 26 juin[4], fut successivement ajourné au 8[5], puis au 12[6],

---

1. « Die 10ª aprilis, rata et approbata fuit bibliothecæ ab-
« dicatio facta S. M. N. Berthe. » (*Regesta priorum Sorbonæ*, p. 384.)

2. Berthe fut cependant nommé le jour même, 10 avril. (*Regesta priorum Sorbonæ*, p. 384.)

3. *Regesta priorum Sorbonæ*, p. 385.

4. *Regesta priorum Sorbonæ*, p. 386.

5. *Regesta priorum Sorbonæ*, p. 388.

6. *Regesta priorum Sorbonæ*, p. 390.

puis au 24[1], et enfin au 26 juillet[2]. On décida d'abord qu'on n'élirait, comme par le passé, qu'un seul bibliothécaire; que cette charge serait donnée à vie, et que celui qui la remplirait ne pourrait être ni professeur, ni procureur du Collége, ni posséder aucun bénéfice obligeant à résidence. Son traitement continuerait à être de 800 livres, mais 500 seulement devaient lui être payées jusqu'au jour où tous les volumes seraient en ordre et le nouveau catalogue achevé[3]. On fit encore une innovation : on décida de nommer deux inspecteurs de la bibliothèque, dont les fonctions dureraient deux ans seulement[4]. Le 26 juillet, Salmon

---

1. *Regesta priorum Sorbonæ*, p. 390.
2. *Regesta priorum Sorbonæ*, p. 391.
3. « Habita sunt comitia generalia eaque extraordinaria « prævia ad electionem bibliothecarii, in quibus statutum « est :

« 1° Unicum bibliothecarium eligendum, eumque perpe- « tuum, qui nec professor nec procurator, nec aliquod bene- « ficium habens obligans ad residentiam ; quod si electus « fuerit ejusmodi, vacabit bibliothecarii officium, nisi præ- « dicta officia aut beneficium dimiserit, aut dimittere pro- « miserit.

« 2° Assignatæ sunt octingentæ libellæ bibliothecario, qua- « rum quingentæ tantum ipsi tribuentur donec ordinati li- « bri et confectus catalogus bibliothecæ. Residuum autem « inserviet ad impensas necessarias pro conficiendo cata- « logo. » (*Regesta priorum Sorbonæ*, p. 389 et 390.)

4. « ... Nominandos duos inspectores bibliothecæ, et hoc

fut élu bibliothécaire au second tour de scrutin[1], et, le 13 du mois suivant, de la Rue et Danès furent choisis pour inspecteurs[2]. Dès le 31 décembre 1715, le catalogue promis par Salmon était terminé, et son traitement lui fut alors payé en entier[3].

Nous avons retrouvé à la bibliothèque Mazarine un manuscrit fort curieux[4], qui fut commencé par Salmon, et qui renferme, année par année, depuis 1713 jusqu'à la fin de 1765, les comptes que rendait à la Sorbonne le bibliothécaire en exercice.

Pour la période de 1713 à 1715, la recette s'élève à 2,621 livres 8 sols 6 deniers. Mille livres avaient été remises au bibliothécaire par Brillon, procureur du collége; le reste provenait

« ad biennium, qui in pervigilio Circumcisionis de his re« ferent quæ ad bibliothecam pertinent. » (*Regesta priorum Sorbonæ*, p. 390.)

1. « Die mercurii 26a mensis julii... tentata secunda scru« tinii vice, electus est S. M. N. Salmon. » (*Regesta priorum Sorbonæ*, p. 391.)

2. « Die sabbati 13a decembris, inspectores bibliothecæ « Sorbonicæ nominati sunt de la Rue et Danes. » (*Regesta priorum Sorbonæ*, p. 396.)

3. « Audito S. M. N. Dubourg, nomine DD. deputatorum « pro bibliotheca, visum est ex æquitate esse, confecto et ab« soluto catalogo quem optaverat Societas, S. M. N. Salmon « bibliothecario reddere trecentas libellas quæ erant in sus« penso. » (*Regesta priorum Sorbonæ*, p. 423.)

4. Bibliothèque Mazarine, manuscrits, n° 3170.

de la vente de nombreux ouvrages, parmi lesquels figurent plusieurs exemplaires de l'*Histoire de l'imprimerie* publiée par Chevillier, et que celui-ci avait légués à la Sorbonne. La dépense se monte à 3,152 livres 15 sols, employés en achats de livres, sauf ce dernier article : « Pour ancre (*sic*), coton, bouteille, cor« nets [1], depuis le mois d'octobre 1713 jusqu'à « ce jour : 4 livres 7 sols. » On lit à la fin : « Le « présent chapitre de dépense, compris en cinq « articles cy-dessus, a été calculé par nous dépu« tés par la Société, et nous avons trouvez que « lesdits cinq articles montent à la somme to« talle de trois mil cent cinquante-deux livres « quinze sols ; partant la dépense excède la re« cette de la somme de cinq cent trente-une « livres six sols six deniers, qui sont dues à « M. le Bibliotéquaire. Fait en Sorbonne, ce « 11 may 1715, arresté par Mrs Dubourg [2] et « Danès. »

Le deuxième compte va de mai 1715 à juin 1718. La recette avait été de 2,020 livres 11 sols 3 deniers, et la dépense de 1,744 livres

---

1. Encriers.
2. Dubourg avait été adjoint aux inspecteurs de la bibliothèque le 31 décembre 1713. (*Regesta priorum Sorbonæ*, p. 413.)

1 sol 9 deniers. En dehors des acquisitions de livres, nous rencontrons les articles suivants :

Pour deux écritoires de maroquin	4 l.	8 s.	
Pour un plateau	1	5	
Pour avoir fait mettre des roulettes à l'échelle.	2	5	6 d.
Pour des noms mis sur le dos des livres. . .	1		
Pour crocheteurs et porteurs	4	17	
Pour des écriteaux	1		
Pour dorures de 23 in-fol. de Roccaberti. . .	6	18	6
Pour cordons mis aux fenestres, 34 aulnes à 2 s.	3	8	
Pour avoir fait raccommoder les écritoires . .	2	10	

B. de Montfaucon allait alors commencer la publication de son *Antiquité expliquée,* et le libraire, tenant à s'assurer d'avance le recouvrement des sommes immenses que devait coûter cet admirable ouvrage, avait proposé au monde savant, « orbi litterario, » une souscription. Il annonçait cinq volumes contenant six cents feuilles d'impression et plus de mille planches gravées, et offrait l'exemplaire pour 200 livres, dont la moitié serait payée d'avance. Salmon exposa le fait au Conseil, qui l'autorisa à effectuer le premier versement de 100 livres[1].

---

1. « Die 14ª mensis augusti... Cum exposuisset S. M. N. « Salmon, bibliothecarius domus, jam a multis annis con- « cinnari opus ubi ea omnia explananatur quæ antiquitatem « spectant, sub hoc titulo *Antiquitas explanatione et sche-* « *matibus illustrata.* Subscriptiones autem D. Bernardus

Pendant la même année 1716, on régularisa le revenu de la bibliothèque : 500 livres furent mises annuellement à la disposition du bibliothécaire pour pourvoir à toutes les dépenses [1]. L'année suivante, plusieurs réparations eurent lieu dans la galerie ; on refit le plafond, qui fut peint de couleur dite *petit-gris* [2], et l'on

---

« de Montfaucon et bibliopolæ proponunt orbi litterario, et « meliorem subscribentibus quam cæteris conditionem offe- « runt ; hanc scilicet, ut ab iis liber ille minore sit pretio « comparandus. Cum autem e re bibliothecæ sit, illa quinque « volumina sexcentis foliis impressis, ac præterea tabulis « insculptis plusquam mille constantia, habere in majori « charta, et rogasset D. bibliothecarius Societatem ut ipsa « quamprimum a vigilantissimo procuratore domus nume- « rari centum libellas jubeat, quæ media pars est solutionis, « atque totidem dari statuat ad emendum illud opus ubi ab- « solutum erit ; quod pretium deferet ipse ad bibliopolas, « quorum nominibus munitas cautiones accipiet, sicque li- « ber ille ad Sorbonicam librorum supellectilem ornandam « et amplificandam accedet. Annuit Societas postulationi « S. M. N. Salmon bibliothecarii, approbavitque subscrip- « tionem propositam. » (*Regesta priorum Sorbonæ*, p. 433 et 434.)

1. « Conceduntur quingentæ libellæ singulis annis per- « solvendæ ex pecunia domus, et tradendæ D° bibliothecario « ad emendos libros et alias minores impensas faciendas « quæ ad dictam bibliothecam pertinent, ex consilio duorum « deputatorum pro bibliotheca ; ea lege ut rationem reddat « singulis annis tum accepti tum impensi dictus Dus biblio- « thecarius. » (*Regesta priorum Sorbonæ*, p. 439.)

2. « Probavit Societas oblitum, juxta mentem deputato- « rum, tabulatum superius bibliothecæ colore leucophæo, « vulgo *petit-gris*. » (*Regesta priorum Sorbonæ*, p. 445.)

proposa de construire, au-dessus de l'endroit où s'arrêtaient les tablettes, une galerie formant saillie, où l'on pût placer des volumes de petits formats[1].

Le troisième compte commence en juin 1718 et s'arrête le 15 août 1719. La dépense s'élève à 1,837 livres 13 sols 3 deniers, et figure cette fois avant la recette, qui est seulement de 1,241 livres 10 sols.

Quatrième compte, d'août 1719 à août 1720: dépense, 1,356 livres 13 sols 6 deniers; recette, 1,536 livres 15 sols, qui se composent du produit de la vente d'un certain nombre d'ouvrages légués au collége par l'ancien bibliothécaire Berthe, et de 1,000 livres reçues « de M. le « procureur de la maison de Sorbonne pour « l'achapt des livres et dépense de la biblio- « thèque. »

D'août 1720 à mai 1722, la dépense s'éleva à 1,332 livres 1 sol. La bibliothèque achetait alors par souscription les ouvrages suivants :

---

1. « Cum proposuissent nonnulli construendum esse in « superiori parte bibliothecæ projectum aliquod tabulatum, « in quo ordinarentur minoris voluminis libri, nominavit « Societas... qui inquirerent de commodo et incommodo « ejus tabulati. » (*Regesta priorum Sorbonæ*, p. 445.)

L'*Histoire de France* du P. Daniel,
Le *Dictionnaire de la Bible* du P. Calmet,
Le *Spicilége* de Luc d'Achery,
Les *Analectes* de Mabillon,
La *Biblia sacra* du P. Lelong.

La recette fut de 355 livres 10 sols; la Maison devait donc 977 livres 9 sols au bibliothécaire. Suivant G. Wallin, la Sorbonne possédait alors trente mille volumes imprimés et deux mille manuscrits, dont huit cents provenaient de Richelieu[1].

Le dixième compte embrasse les années 1722 à 1724. La dépense excède encore de 1,098 livres 9 sols la recette.

A la fin de 1724, le bibliothécaire avait avancé à la Maison 1,570 livres 17 sols 7 deniers. Il était temps de s'arrêter dans cette voie, et il y fut pourvu par l'exercice 1725-1727, qui commence ainsi : « Par le dépoüil-« lement des comptes de la Maison, il pa-« roit que, depuis le 31 décembre 1726, la « Maison a paié à la bibliotèque cinq cent « cinquante livres au delà des cinq cens livres « qu'elle a, ledit jour 31 décembre 1726, or-

1. G. Wallin, *Lutetia Parisiorum erudita sui temporis...*, p. 117.

« donné être paiées à Mr le bibliotéquaire par
« chacun an, laquelle somme de cinq cent cin-
« quante livres a été donnée à la bibliotèque
« par conclusion de la surveille de Noël 1727.
« Plus, la Maison a arrêté que Mr le bibliothé-
« caire seroit paié de la somme de 844 livres
« 1 sol 7 deniers qui lui sont dubs par le finito
« du présent compte ; mais elle n'a jugé à
« propos de donner à la bibliotèque, pour la
« présente année, qui échoira au premier du
« mois d'octobre 1728, que la somme de cent
« vingt cinq livres qui composera le premier
« article de recette du prochain compte, le-
« quel sera désormais rendu chaque année
« dans la même forme que ceux de la Maison. »

On remarque dans la recette les sommes payées au collége par deux libraires pour leur loyer, dont le produit était attribué à la bibliothèque. Un autre libraire, le sieur Cailleau, devait seulement, pour prix de sa location, un exemplaire de tous les ouvrages qu'il publiait.

Salmon, ardent bibliophile, possédait une fort jolie bibliothèque [1] ; elle ne lui fit cepen-

1. Jordan, *Histoire d'un voyage littéraire*, p. 111. — Le catalogue en a été publié en 1737 sous le titre : *Bibliotheca Salmoniana ;* en tête se trouve l'éloge de Salmon. G. Brice disait, en 1725, des docteurs de la Sorbonne : « Parmi eux,

dant pas négliger celle du collége, car il entreprit une révision complète du catalogue de Chevillier[1]. Suivant Ladvocat, qui l'a très-probablement connu, Salmon était un homme excellent, grand ami surtout des jeunes gens, qu'il guidait dans leurs études, et auxquels, ce qui est plus rare, « il prêtoit ses livres avec « plaisir[2]. »

Son dernier compte s'arrête à la fin de 1734. Il mourut au milieu de l'année suivante, et fut remplacé le 9 septembre 1736 par Henri-Michel Guédier de Saint-Aubin, patient travailleur, qui, dit Ladvocat, « connoissoit le grec, « l'hébreu, l'anglois, l'italien, et toutes les « sciences relatives à la théologie et à la mo- « rale[3]. » Il rédigea le catalogue des manuscrits de la Sorbonne; ce travail, écrit tout entier de sa main, forme un volume in-folio qui a pour titre : *Catalogus manuscriptorum Sorbonicorum, in duas partes divisus, quarum*

« il y en a plusieurs qui ont des bibliothèques particulières « assez nombreuses, mais que l'on ne voit pas aussi commo- « dément que la grande, qui est commune à toute la Mai- « son. » (Brice, *Description de Paris*, t. III, p. 173.)

1. Maichelius, *Introductio ad historiam literariam de præcipuis bibliothecis*, p. 86.

2. Ladvocat, *Dictionnaire historique*, t. II, p. 682.

3. Ladvocat, *Dictionnaire historique*, t. I, p. 645.

prior continet codices a domo Sorbonica comparatos, posterior complectitur eos qui de bibliotheca Richeliana in Sorbonicam translati fuere; a S. M. N. Guedier de Saint-Aubin, bibliothecæ Sorbonicæ præfecto, elaboratus, et manu sua scriptus[1].

Les comptes de ce bibliothécaire sont rédigés avec plus de soin que les précédents, mais ne présentent aucune particularité remarquable.

Guédier de Saint-Aubin mourut le 25 septembre 1742, et on lui donna pour successeur Jean-Baptiste Ladvocat, que son *Dictionnaire historique* et sa *Grammaire hébraïque* ont rendu célèbre. Ce n'est certainement pas par lui qu'ont été écrits les comptes de sa gestion, car ils sont couverts de fautes d'orthographe. Le premier d'entre eux contient sous ce titre, *Dépense extraordinaire faites pour la bibliothèque à l'occasion du nouvel arrangement des livres et du catalogue*, des détails assez curieux que nous devons reproduire :

Donné à Mr Guérin, jmprimeur, pour avoir fournis les jnstrumens d'imprimerie nécessaire pour cacheter et estampiller les livres de la bibliothèque, six livres sept sols, cy.	6 l. 7 s.
Donné au garçon jmprimeur, pour avoir	

1. Bibliothèque de l'Arsenal, manuscrits, n° 856 A.

montré la manière de s'en servir, vingt-quatre sols	1	4	
Une bouteille à drogue d'imprimerie, six sols.		6	
Un petit plat à colle avec un pinceau, trois sols six denier.		3	6 d.
Douze écritoires pour la bibliothéque, à quinze sols chacune, neuf livres, cy . . .	9		
Un couteau d'yvoire pour couper le papier, vingt sols.	1		
Trois caniff a huit sols chacun, et deux vieux pour faire repaser	1	6	
Six paquets de plumes à quatre sols chacun, vingt quatre sols	1	4	
Une boutaille à encre, huit sols		8	
Deux pintes d'encre à une livres douze sols la pinte.	3	4	
Pour le papier qui a servi à compléter le catalogue et à étiquer les livres, les marquer, et à faire les brochure nécessaire, cinq livres quinze sols six deniers.	5	15	6
Pour de la colle, de l'huile, du noir d'Allemagne		14	
Pour un ouvrier qui a nétoyer les livres.	1	4	
Pour quatorze livres de cartes à prendre des etiquest des livres, quarante sols, cy .	2		
Pour ceux qui ont apporté les livres donné à la bibliot. et pour les colporteurs qui en ont apporté d'achepté.	2		
A Mr Audebert, pour les alphabets et les chiffres qu'il a fait faire pour marquer et etiqueter les livres, dix-neuf livres . . .	19		

Il n'y a rien à mentionner dans les comptes qui suivent, sauf pourtant la régularité de leur division.

La Recette comprend en général quatre chapitres. Dans le premier figurent toujours les 500 livres accordées par la Maison pour l'entretien de la bibliothèque, ainsi que les rentes annuelles qui lui revenaient; nous avons dit déjà que la Sorbonne louait des magasins à différents libraires, et que le prix de ces loyers était attribué à la bibliothèque. Le deuxième chapitre se compose des sommes provenant de la vente des livres doubles ou inutiles; on se défaisait ainsi chaque année de cinquante à soixante ouvrages. Le troisième est la liste des volumes donnés à la Maison, soit par leur auteur, soit par des particuliers; ils sont classés dans l'ordre des formats, et leur nombre est parfois assez considérable, nous avons compté jusqu'à cent cinquante volumes offerts pendant une seule année.

La Dépense se divisait également en quatre chapitres : 1° *Livres achetés pour la bibliothèque :* cette liste renferme ordinairement de cent à cent cinquante volumes, et chacun est accompagné du prix d'achat. 2° *Livres reliés pour la bibliothèque :* en 1745, la reliure des in-folio coûtait 3 livres, celle des in-quarto 1 livre 10 sols, et celle des in-octavo 10 sols; en 1762, la reliure des manuscrits se payait ainsi : 3 livres 5 sols pour les in-folio, 1 livre 10 sols pour les in-quarto, et 15 sols pour les in-octavo; on indiquait parfois sur le feuillet de garde des volumes l'époque où ils avaient été reliés [1]. 3° *Souscriptions prises pour la bibliothèque :* presque toutes les grandes collections se publiaient par souscriptions, et en 1743 la Sorbonne recevait ainsi les *Annales* de Baronius, les magnifiques éditions de saint Justin et de saint Ambroise données par les Bénédictins, les *Actes* de Rymer et les *Scriptores rerum gallicarum.* 4° *Autres dépenses faites par la bibliothèque :* ce chapitre comprend presque exclusivement les menues dépenses de plumes, d'encre, de papier, etc.

Ladvocat resta bibliothécaire jusqu'à sa mort, arrivée le 29 décembre 1765 ; il eut pour successeur Adhenet. La bibliothèque de la Sorbonne, regardée depuis longtemps comme « l'une des plus riches de l'Europe [2], » renfermait à cette époque environ trente mille volumes [3], et un généreux ecclésiastique allait l'enrichir encore. François-Xavier-Valentin Jarry de Loiré, « prêtre du diocèse de la Ro-

---

1. Voyez, entre autres, à la bibliothèque Mazarine, nouveau fonds : jurisprudence, in-8°, n°s 33 et 343 ; philosophie, in-8°, n° 1552.

2. Durey de Noinville, *Dissertation sur les bibliothèques*, p. 49.

3. Jordan, *Histoire d'un voyage littéraire*, p. 112. — Sauval disait seulement dix-huit mille en 1724. (*Histoire de Paris*, t. III, p. 52.)

« chelle, docteur en théologie de la Faculté de « Paris et de la Maison de Sorbonne, directeur « spirituel de l'école militaire, » légua au collége, par son testament du 16 septembre 1766[1], « cinq cent volumes de livres à choisir dans « tous ses livres; » aussi rencontre-t-on souvent sur des volumes marqués au timbre de la Sorbonne cette inscription :

EX LEGATO S. M. N. DELOIRÉ SOCII DILECTISSIMI.

Le choix des volumes fut fait par le libraire Barrois, qui reçut 126 livres pour ce travail[2].

---

1. Il est conservé aux Archives nationales, série M, carton 75, pièce n° 151.
2. « Domino Barrois, pro præstita opera in delectu libro« rum quos Societati legavit S. M. N. de Loiré, 126 livres. » (Archives nationales, H, 2743.)

V

Liste des bibliothécaires. — Description de la bibliothèque. — La Révolution. — Catalogue. — Inscriptions et estampilles.

La bibliothèque de la Sorbonne avait alors acquis une telle réputation, que les monarques étrangers qui passaient à Paris s'y rendaient en grande cérémonie. Le prince Alexandre de Kourakin, ambassadeur de Russie, l'avait visitée vers 1740, et lui avait fait donner par le csar une Bible en langue russe imprimée à Moscou[1]. En 1768, ce fut le tour du roi de Danemark. Il fut reçu par l'archevêque de Paris comme

1. S. de Valhebert, *l'Agenda du voyageur à Paris*, p. 71.

proviseur de la Maison, et par le duc de Richelieu comme héritier du fondateur ; on « le « régala, dit Bachaumont, d'une thèse soute« nue quelques minutes en sa présence. » En parcourant la bibliothèque, « le monarque de« manda s'il y avait une Bible en danois, et, « d'après la réponse négative, il promit d'en « envoyer une[1]. »

Adhenet fut remplacé comme bibliothécaire par Mercier, qui resta en charge depuis 1772 jusqu'au 30 septembre 1780. Il eut pour successeur Jean-Baptiste Cotton des Houssayes. Ce dernier n'exerça que quelques années, et mourut en 1783 ; il légua à la Sorbonne un certain nombre de volumes qui portent cette inscription : « Ex legato S. M. N. Coton des « Houssayes, colendissimi socii et bibliothecæ « præfecti, fato functi anno 1783. » L'année suivante, Jean-Thomas Aubry, curé de Saint-Louis-en-l'Ile, laissa aussi au collége plusieurs volumes, parmi lesquels se trouvaient d'assez curieux manuscrits[2] ; sur chacun d'eux figure un *ex libris* gravé avec beaucoup de soin.

---

1. *Mémoires secrets dits de Bachaumont*, 24 novembre 1768, t. IV, p. 153.

2. Voyez, à la Bibliothèque nationale, dans le fonds français, les manuscrits cotés nos 22920, 24883, 24885, 24887 et 25256.

Antoine-Augustin-Lambert Gayet de Sansale succéda à Cotton des Houssayes, et fut le dernier bibliothécaire qu'ait eu la Sorbonne. Voici donc, par ordre chronologique, la liste de ceux dont nous avons retrouvé les noms :

1431. ALARD PALENC [1].	**1460 à 1463.** LUC DESMOULINS [4].
1432. THOMAS KESSEL.	**1464.** RÉGINALD DE BRULE.
1433. GUILLAUME DE PARIS [2].	**1465.** LUC DESMOULINS.
1434. JEAN DE CHATILLON.	**1466.** HENRI DU QUESNOY [5].
1435. GUILLAUME DE PARIS.	**1467.** JEAN CHENART.
1436. JEAN SOQUET.	**1468.** GUILLAUME FICHET [6].
1437. GUILLAUME DE PARIS.	**1470.** GUILLAUME FICHET.
1442. PIERRE CORII.	**1471.** JEAN HEYNLIN [7].
1448. JEAN DE ALLIES.	**1472.** JACQUES BACLET.
1459. JEAN DE ECCANTE [3].	**1474.** JEAN ROER [8].

1. Prieur en 1430, mort en 1433.
2. Procureur du collége en 1434.
3. Prieur en 1460.
4. Prieur en 1459, mort le 20 février 1479. Il légua au collége 40 écus d'or pour réparations à la bibliothèque.
5. Prieur en 1467.
6. Prieur en 1464.
7. Prieur en 1467 et 1470, mort après 1496.
8. Prieur en 1471, mort en 1480.

1476.
JEAN ROER.

1478.
JEAN ROER.

1479.
DOMINIQUE BÉGIN.

1480.
JEAN GAMBIER.

1482 à 1483.
DOMINIQUE BÉGIN.

150...
THOMAS FAVEREL.

1505.
JOSSE CLICHTOU.

1571.
ROBERT THIBOUT.

1573.
JEAN PARADIS.

1574.
JACQUES DE CUEILLY.

1576.
MARGUERIN DE LA BIGNE.

1577.
GUILLAUME LUCAIN [1].

1578.
BONVILLIERS.

1579.
GUILLAUME DAVOYNE.

1580.
BOUCHER.

1581.
TISSART.

1582.
BOUCHER.

1583.
JEAN SALMON.

1584.
ANTOINE PATIN.

1585.
SYLVIUS A PETRAVIVA [2].

1586.
ROBERT VISEUR [3].

1587.
NICOLAS DU MESNIL.

1588.
JEAN FILESAC.

1589.
GUILLAUME CHESNART.

1590.
RODOLPHE PAZIL.

1591.
MICHEL MAUCLERC.

1592.
THOMAS BLANGY.

1593.
ANDRÉ DUVAL.

1594.
MICHEL AUBRY.

1595.
NICOLAS DE BLAIRIE.

1596.
CLAUDE DE LA SAULSAYE [4].

1597.
PHILIPPE DE GAMACHES [5].

---

1. Sous-prieur en 1576.
2. Il était Piémontais.
3. Il était né à Amiens.
4. Il était né à Orléans.
5. Prieur en 1596.

1598.
MICHEL BOUCHER.

1599.
AUGUSTIN DE LA RUE[1].

1600 à 1601.
NICOLAS YSAMBERT.

1602.
LOUIS MESSIER[2].

1604.
EUSTACHE ASSELINE[3].

1605.
JULIEN.

1606.
HAOUET.

1607.
DEMAY.

1608 à 1609.
GARNIER.

1610 à 1614.
JÉRÔME PARENT.

1615.
LOUIS MESSIER et DE MONTREUIL.

1616 à 1619.
JACQUES MESSIER.

1620.
JACQUES CHARTON.

1621 à 1632.
ÉLIE DU FRESNE DE MINCÉ.

1633 à 1637.
CLAUDE MOREL.

1638 à 1643.
CLAUDE HÉMÉRÉ.

1644 à 1654.
CLAUDE MOREL.

1654.
PORCHER.

1656.
LE CAPELAIN.

1661 à 1665.
GAUDIN.

1665 à 1700.
ANDRÉ CHEVILLIER.

1700 à 1713.
BERTHE.

1713 à 1736.
FRANÇOIS SALMON.

1736 à 1742.
GUÉDIER DE SAINT-AUBIN.

1742 à 1765.
JEAN-BAPTISTE LADVOCAT.

1766 à 1772.
ADHENET.

1772 à 1780.
MERCIER.

1780 à 1783.
J.-B. COTTON DES HOUSSAYES.

1783 à 1792.
A.-A.-L. GAYET DE SANSALE.

Gayet de Sansale paraît avoir apporté un zèle extrême dans l'exercice de ses fonctions; car

1. Il était né à Paris.
2. Il était né à Paris.
3. Il était né à Paris.

sur un nombre immense de volumes provenant de la Sorbonne on rencontre de longues notes littéraires et bibliographiques entièrement écrites de sa main [1]. Il donna quelques ouvrages à l'établissement. Nous avons vu ces mots sur un volume imprimé : « Ex dono S. M. N. « Gayet de Sansale, Bibl. Sorb. præfecti, « 1788 [2]; » et la Bibliothèque nationale possède un manuscrit en tête duquel figure cette inscription : « Ce manuscrit très prétieux est « un suplément de la règle des religieuses de « la Visitation Ste Marie : il a été rédigé et écrit « par la mère Faure, une des premières dis« ciples de St François de Sales et de Ste Chan« tal. Les bontés constantes qu'a eu St François « de Sales pour mon arrière grand père An« toine Rambaud, gentilhomme du Dauphiné,

1. Une de ces notes, qui figure en tête d'un texte des *Décrétales* (aujourd'hui à la Bibliothèque nationale, fonds latin, n° 16542), le signale comme écrit sur peau humaine. Même mention, mais moins affirmative, au sujet d'une Bible latine du treizième siècle (Bibliothèque nationale, fonds latin, n° 16268). En revanche, Gayet de Sansale signale comme écrite sur peau d'agneau d'Irlande mort-né, une Bible charmante, aussi remarquable par l'élégance des caractères que par la blancheur et la finesse du vélin (Bibliothèque nationale, fonds latin, n° 16265), et que l'abbé Rive croyait écrite sur peau de femme.

2. Bibliothèque Mazarine, nouveau fonds, jurisprudence, in-8°, n° 113.

« qu'il avoit ramené à la foi catholique, qu'il
« avoit établi à Lyon, qu'il y visitoit souvent,
« ont lié ma famille avec les dames Ste Marie,
« parmi lesquelles on comptoit plusieurs filles
« et petites filles de ce sr Rambaud. Je suis
« encore dépositaire d'une croix pectorale de
« St François de Sales. Je l'ai été de ce ma-
« nuscrit, que je donne bien volontiers à la
« bibliothèque de Sorbonne. 1789. GAYET DE
« SANSALE, B. D. S. [1]. » Enfin le dernier bienfaiteur de cette bibliothèque fut certainement l'abbé Dans, chanoine de la cathédrale de Beauvais, qui, en 1790, lui donna deux beaux manuscrits [2].

On sait que la Sorbonne possédait alors, comme au temps de sa fondation, des logements pour trente-six *socii*. Au rez-de-chaussée se trouvaient les salles de cours, et la vaste galerie où l'on soutenait la fameuse thèse dite *Sorbonique*, et où avaient lieu les réunions solennelles des docteurs. Au-dessus [3], dans le corps de logis qui s'étend à gauche de la chapelle, régnait la bibliothèque, longue de 20 toises

1. Bibliothèque nationale, manuscrits, fonds français, n° 25075.
2. *Ibid.*, n° 20109, et fonds latin, n° 16418.
3. *Le Voyageur fidèle*, etc., p. 290.

sur 5 de large[1]. « Le vaisseau, dit Sauval, est « voûté, et au degré qui y monte sont plu- « sieurs rencontres d'arêtes fort hardies[2]. » A chaque extrémité se trouvait une cheminée monumentale ornée d'un grand portrait en pied : celui de Richelieu d'un côté et de l'autre celui de son secrétaire Michel Le Masle[3]; la première cheminée supportait encore un magnifique buste en bronze du cardinal, exécuté par Jean Varin et donné à la Sorbonne par la duchesse d'Aiguillon[4]. Cette salle a subi des modifications qui la rendent aujourd'hui méconnaissable. Elle a été coupée par un plafond, de manière à former deux étages : l'un servait tout dernièrement encore d'habitation à M. Cousin, qui y avait établi sa précieuse bibliothèque; l'autre est occupé par M. Maret, professeur de la Faculté de théologie.

Derrière l'église, dans un bâtiment qui donnait sur les jardins, on trouvait « une autre « petite bibliothèque, » beaucoup moins nom-

---

1. Leprince, *Essai historique sur la bibliothèque du roi*, p. 349.
2. Sauval, *Histoire de Paris*, tome I, p. 466.
3. Piganiol de la Force, *Description historique de Paris*, t. VI, p. 341.
4. Leprince, *Essai historique sur la bibliothèque du roi*, p. 352.

breuse que la précédente, et où il semble qu'étaient conservés les anciens manuscrits datant de l'origine du collége[1]. Jordan dit qu'elle n'était « pleine que de vieux bouquins « et de vieilles éditions de théologiens[2]; » mais suivant Leprince, « elle ne laissoit pas d'être « composée de livres rares et singuliers[3]. »

Il est impossible de déterminer d'une manière certaine le nombre de volumes que possédait la Sorbonne. Nous avons dit qu'on lui en attribuait vers le milieu du dix-huitième siècle un peu plus de trente mille ; le prieur, dans la *Déclaration* qu'il dut fournir en 1790 ne déclara cependant que 2,199 manuscrits et 25,367 volumes imprimés, qui étaient ainsi distribués[4] :

GRANDE PIÈCE.

In-folio	4,871	12,325
In-quarto. . . .	3,204	
In-douze.	3,387	
Mêlés	863	

1. Lemaire, *Paris ancien et nouveau*, t. II, p. 460. — « On y voit plusieurs volumes où le nom des boursiers de « diverses nations qui les ont donnés sont écrits. » (Piganiol de la Force, *Description historique de Paris*, t. VI, p. 347.)
2. Jordan, *Histoire d'un voyage littéraire fait en France, en Angleterre et en Hollande*, p. 112.
3. Leprince, *Essai historique sur la bibliothèque du roi*, p. 352.
4. Archives nationales, série M, carton n° 797.

PETITE BIBLIOTHÈQUE AU PREMIER.

In-folio	2,426	7,059
In-quarto. . . .	1,833	
In-douze	2,567	
Mêlés	233	

PETITE BIBLIOTHÈQUE AU SECOND.

In-folio	746	5,983
In-quarto. . . .	370	
In-douze	2,458	
Mêlés	2,409	

Un autre document officiel tendrait à faire supposer que les docteurs revinrent sur leur première déclaration et avouèrent trente-six mille volumes [1]. Cependant, lors du recensement détaillé qui eut lieu l'année suivante, on constata seulement la présence de 28,224 volumes [2].

On a vu que les docteurs avaient toujours repoussé l'idée d'ouvrir leur bibliothèque au public. Gayet de Sansale écrivait à M. de Guignes en 1788 : « Quoique notre bibliothèque « ne soit pas publique, on y accueille tous

1. *État général des livres de 162 maisons ecclésiastiques et relligieuses du département de Paris, selon les déclarations reçues.* Archives nationales, série M, carton n° 797.

2. *Recensement détaillé des livres des bibliothèques du département de Paris.* Archives nationales, série M, carton n° 797.

« ceux qui veulent puiser dans les sources[1]. » L'année précédente, un *Guide dans Paris* annonçait que l'entrée en était « toujours libre « pour messieurs les curieux et les étrangers[2] ; » mais l'*Almanach royal* continuait à ne pas faire figurer la bibliothèque de la Sorbonne parmi celles où le public avait un libre accès[3]. La Révolution elle-même échoua devant l'entêtement des docteurs sur ce point. Le 16 janvier 1791, le Comité d'instruction publique ordonna à la Maison de Sorbonne de mettre immédiatement sa bibliothèque à la disposition du public. Les docteurs cherchèrent d'abord à gagner du temps ; puis Gayet de Sansale écrivit au Comité : il déclara que, les livres n'étant pas protégés par des grillages, et « le biblio- « thécaire ayant beaucoup d'autres occupa- « tions, » la Sorbonne demandait à n'ouvrir sa bibliothèque que le mercredi et le samedi. A quoi un des membres du Comité répondit : « Le bibliothécaire fait le saint homme de « chat. Si on avoit exigé d'eux, il y a quatre

1. Gayet de Sansale, *Lettre à M. de Guignes*, publiée dans l'*Année littéraire*, t. II (1788), p. 32.
2. Thiéry, *Guide des amateurs et des étrangers voyageurs à Paris*, t. II, p. 341.
3. *Almanach royal*, année 1789, p. 501.

« ans, de rendre leur bibliothèque publique, « ils n'auroient pas manqué d'excommunier « les gens[1]. »

Si la Sorbonne eût obéi, peut-être sa bibliothèque eût-elle été respectée et mise au nombre de celles que la Révolution conserva ; les docteurs la perdirent pour l'avoir trop défendue. Le 27 août 1791, Ameilhon vint en prendre possession au nom de la municipalité :

L'an mil sept cent quatre vingt onze, le mercredi vingt sept avril, huit heures du matin. Nous, Jacques Joseph Hardy, officier municipal et commissaire à l'administration des Domaines nationaux, assisté de M. Hubert Paschal Ameilhon, bibliothécaire de la municipalité et commissaire en cette partie, sommes transportés en la bibliothéque de la maison de Sorbonne, sise rüe de Sorbonne ; où étant, s'est présenté M. Antoine Augustin Lambert Gayet de Sansale, dépositaire de ladite bibliothéque, auquel nous avons déclaré que, conformément aux ordres du directoire du département de Paris, en date du seize avril présent mois, nous allions faire procéder en notre présence aux recollement et dénombrement tant des livres imprimés que manuscrits, cartes, estampes, etc. contenus en la bibliothéque et dans les deux dépots où il nous a successivement conduits ; recensement auquel nous avons procédé ainsi qu'il suit, et conformément

---

1. Archives nationales, n° F^{17} 1163.

aux feuilles annexées au present procès verbal, et signées par nous *ne varietur*.

Et le jeudi vingt huit, audit an, nous, commissaire susnommé, assisté comme dessus, avons clos le présent procès verbal, déclarant à mondit Sr Gayet de Sansale, en lui remettant les clefs des bibliotheque et dépots ci,dessus indiqués, qu'il se trouve personnellement garant et responsable des livres contenus dans lesdits dépots. Ce qu'il a accepté, à la charge par nous de l'autoriser à employer les moyens qu'il jugera convenables pour assurer ledit dépot. Ce à quoi nous avons consenti. Et attendu qu'il est deux heures sonnées, nous avons clos le présent, et mesdits sieurs susnommés ont signé avec nous.

J. J. Hardy. Gayet de Sansale.

Ameilhon[1].

Un décret du 5 avril 1792 supprima la Sorbonne. Mais la bibliothèque resta intacte dans son local jusqu'à la fin de 1795, comme le prouve cette lettre adressée le 12 brumaire an IV par Ameilhon, alors conservateur du dépôt littéraire de Louis-la-Culture, « au ci« toyen Ginguené, commissaire de la commis« sion exécutive du comité d'instruction publi« que » :

1. *Procès-verbal et remise de la bibliothèque à M. Ameilhon.* Archives nationales, série M, n° 797.

Citoyen,

Je suis averti que la maison de Sorbonne est louée depuis le 18 vendémiaire dernier, et qu'il est indispensable d'en faire enlever au plus tôt les deux bibliothèques qui sont encore dans ce local, parce que l'adjudicataire est pressé de jouir, et qu'il serait en droit de répéter sur la nation des indemnités considérables pour sa non-jouissance.

Je ne vois d'autre difficulté à procéder sur-le-champ au déménagement de la petite bibliothèque qui occupe un corps de bâtiment particulier sur le jardin, que celle de se procurer des voitures pour en faire le transport.

Quant à la grande bibliothèque, celle qui contient les manuscrits et les meilleurs livres, je crois devoir, avant d'opérer son déplacement, vous faire quelques observations.

Le vaisseau qui la renferme est un des plus beaux qu'on puisse voir en ce genre. Le plancher est parqueté et bien conservé. Les tablettes et les boiseries qui les accompagnent ont été exécutées avec soin, et on n'y a pas épargné la dépense. Enfin cette pièce, par sa grandeur et son ensemble, présente un aspect véritablement imposant.

AMEILHON,

Conservateur du dépôt littéraire de Louis la Culture[1].

Le déménagement eut cependant lieu presque aussitôt; les volumes imprimés furent

1. Archives nationales, n° F[17] 1203.

distribués entre les différentes bibliothèques publiques, et les manuscrits allèrent presque tous enrichir la Bibliothèque nationale, où ils formèrent un fonds spécial comprenant environ deux mille volumes.

Les catalogues de la bibliothèque de la Sorbonne sont très-nombreux. Nous avons mentionné à leur date les plus importants et nous pouvons citer encore :

Catalogi prima pars, continens codices manuscriptos a domo Sorbonica comparatos[1]. Un volume in-folio.

Tabula in universum indicans libros singularum disciplinarum[2]. Un volume in-folio, dix-septième siècle.

Inventaire des livres imprimés de la grande bibliothèque de Sorbonne[3]. Un volume in-quarto, dix-huitième siècle. On lit sur le feuillet de garde : « Inventaire des livres de la grande « bibliotecque. — Cet inventaire a été fait et « écrit par M. Foulques, chapelain de Sor- « bonne. »

Inventaire des livres imprimés de la petite

1. Bibliothèque de l'Arsenal, manuscrits, n° 856 B.
2. Bibliothèque Mazarine, manuscrits, n° 3286.
3. Bibliothèque Mazarine, manuscrits, n° 3166.

bibliotêque de Sorbonne [1]. Deux volumes in-quarto.

Inventaire, sans titre, qui n'est que le brouillon du précédent [2].

Catalogue, sans titre [3]. Vingt-trois volumes in-folio.

Catalogue, sans titre [4]. Deux volumes in-folio. On a écrit sur le feuillet de garde : « Mon-« sieur l'abbé Riballier [5] m'a dit que ce cata-« logue a été fait par M. Foulques, chapelain « de la Maison. »

On trouve sur les anciens manuscrits provenant de la Sorbonne de très-nombreuses inscriptions. Presque tous portent le nom de la personne qui les a donnés au collége, et la mention est alors conçue en ces termes :

ISTE LIBER EST PAUPERUM MAGISTRORUM PARISIUS IN THEOLOGIA STUDENTIUM EX LEGATO OU *EX DONO*...

A partir du seizième siècle, cette formule

---

1. Bibliothèque Mazarine, manuscrits, n°s 3168 et 3169.
2. Bibliothèque Mazarine, manuscrits, n° 3167.
3. Bibliothèque de l'Arsenal, manuscrits, n° 857.
4. Bibliothèque Mazarine, manuscrits, n°s 3150 et 3151.
5. Grand-Maître du collége Mazarin, de 1765 à 1785.

tend sans cesse à se simplifier. Elle se résume d'abord en ces mots :

SORBONICUM COLLEGIUM PAUPERUM STUDENTIUM,

puis devient

EX BIBLIOTHECA SORBONICA,

inscription qui se rencontre même sur des volumes imprimés.

La Sorbonne ne marqua ses livres d'aucune estampille jusqu'au milieu du dix-huitième siècle ; les docteurs adoptèrent en 1743 [1] un timbre fort simple, et qui varie seulement de grandeur, suivant qu'il est destiné aux volumes in-folio,

aux in-quarto, ou aux in-octavo.

1. Voyez ci-dessus, p. 196.

Une marque presque semblable était parfois frappée en or sur le dos des volumes; mais elle y est souvent remplacée par les mots :

BIBLIOTHÈQUE
DE
SORBONNE,

placés entre les deux derniers nerfs de la reliure.

Quoi qu'en ait dit Ameilhon dans la lettre que nous avons reproduite plus haut, les bâtiments de la Sorbonne restèrent inoccupés pendant la Révolution. Vers 1820, des savants et des artistes obtinrent d'y avoir, comme aujourd'hui à l'Institut, des logements et des ateliers. Enfin, en 1821, la Sorbonne devint le chef-lieu de l'Académie de Paris, et les Facultés des lettres, des sciences et de théologie y furent installées. On y organisa alors une bibliothèque qui porta longtemps le nom de *Bibliothèque de la Sorbonne*, bien qu'elle n'ait jamais eu rien de commun avec celle dont nous venons d'esquisser l'histoire : on lui a restitué depuis 1861 son vrai titre, celui de *Bibliothèque de l'Université*.

TROISIÈME PARTIE

I. Testamentum Roberti de Sorbona. — II. Catalogus provisorum, sociorum et hospitum Sorbonæ. — III. Table des matières de la première partie du catalogue dressé en 1338. — IV. Préface et table des matières de la seconde partie du catalogue dressé en 1338. — V. Extrait du testament du cardinal de Richelieu. — VI. Contrat de donation passé, le 16 mars 1646, entre Michel Le Masle et la Sorbonne. — VII. Contrat de donation passé, le 17 mars 1646, entre Michel Le Masle et la Sorbonne. — VIII. Note placée en tête du catalogue de la bibliothèque de Michel Le Masle.

I

TESTAMENTUM ROBERTI DE SORBONA [1].

Universis presentes litteras inspecturis Officialis Curiæ Parisiensis salutem in Domino. Notum facimus

1. Bibliothèque nationale, manuscrits, fonds latin, n° 16069. (Voyez ci-dessus, page 16.)

quod in nostra presentia propter hoc constitutus vir venerabilis Magister Robertus de Sorbona, canonicus Parisiensis, in plena sua sanitate et compos sue mentis, prout prima facie apparebat, volens sibi precavere in futurum, de bonis suis immobilibus ordinavit in hunc modum. Primo enim omnia bona sua immobilia que tenet in manu mortua, videlicet vineas, domos, census, cum eorum pertinenciis, que acquisivit Parisius seu in confinio ejus, vel que acquiret in manu mortua usque ad diem mortis sue, dedit donatione inter vivos congregationi pauperum Magistrorum Paris. in theologica Facultate studentium, quorum diu Provisor extitit, et nunc dominium et proprietatem dictorum bonorum in ipsos Pauperes Magistros transferendo. Item dilectum suum virum venerabilem Magistrum Gaufridum de Barro Canonicum Parisiensem post decessum ipsius magistri Roberti suum constituit heredem omnium aliorum bonorum suorum immobilium, que non tenet in manu mortua, videlicet vinearum, domorum, censuum, feodi, cum eorum pertinenciis, seu appendiciis, que acquisivit Paris. vel in confinio ejus, vel que acquiret usque ad diem mortis sue, excepta dumtaxat domo quadam sita in monte S. Genovefe prope domum Magistri Geroldi de Abbatisvilla, de qua aliter ordinavit, ut dicebat : conferens et concedens predictus Magister Robertus ex tunc, scilicet post mortem ipsius Magistri Roberti, eidem Magistro Gaufrido, tanquam heredi suo, ut dictum est, omnium prædictorum immobilium, que non sunt in manu mortua, totum jus quod habebat vel habere poterat in premissis omnibus qualicumque ratione, salvo sibi quamdiu vixerit predictus Magister Robertus in omnibus et singulis cum proprietate premissorum usufructu, volens siquidem et concedens expressè quod dictus Magister Gaufredus heres institutus, ut dictum est, teneat et possideat post decessum ipsius Magistri Roberti omnia supradicta, tamquam heres pacifice et quietè, absque reclamatione et contradictione qualibet heredum suorum carnalium, seu eciam aliorum quorumcumque, tali apposita conditione ex parte ipsius Magistri Roberti, quod dictus Magister Gaufridus heres premissorum institutus, ut dictum est, pro eodem Magistro Roberto omnibus creditoribus suis satisfacere teneatur de omnibus debitis, in quibus nunc tenetur, vel eciam tenebitur tempore mortis sue. Voluit eciam predictus Magister Robertus quod de bonis predictis provideretur Johanni de Castellario clerico suo in bursa et hospicio, sicut uni de Pauperibus Magistris provideretur, sive audiat Logicam, sive eciam Theologiam, donec Dominus sibi providerit in beneficio competenti. De bonis autem suis mobilibus per alios ordinavit, ut dicebat. Hec itaque omnia et singula voluit predictus Magister Robertus rata esse et firma, nisi eum in vita sua contingeret de hiis aliter ordinare. In cujus rei testimonium presentes litteras sigillo Curie Parisiensis una cum sigillo ipsius Magistri Roberti fecimus sigillari. Actum ann. Dom. 1270, in die S. Michaelis.

II

CATALOGUS PROVISORUM, SOCIORUM ET HOSPITUM SORBONÆ [1].

I. ROBERTUS DE SORBONA, canonicus primum Cameracensis tum Parisiensis, regique S. Ludovico a confessionibus, fundator domus ac primus ejus provisor, 1253.

Hujus tempore fuerunt Sorbonæ socii hospitesve qui sequuntur :

Guillelmus de Sancto Amore.
Odo de Duaco.
Laurentius Anglus.
Sigerius de Curtraco.
Christianus Belvacensis.
Nicolaus de Barro.
Joannes de Mitriaco.
Petrus de Essonis.
Reginaldus de Rhemis.
Odo de Sancto Dionisio.
Bertrandus Aurelianensis.
Evrardus de Diona [2].
Poncardus de Sorbonio.
Theobaldus de Sorbonio.
Giraudus de Abbatisvilla.
Joannes de Essonis.
Reginaldus de Suessone.
Gerardus de Rhemis.
Joannes de Rupella.
Guibertus de Bona Curia.
Joannes de Abbatisvilla, nepos Giraudi.
Arnulphus le Becochie.
Stephanus de Alvernia.
Guilelmus de Feucheriis.
Arnulphus de Asnede.
Henricus a Gandavo.
Joseph de Brugis.
Arnulphus de Crespeyo.
Hubertus de Sorboniensibus.
Petrus de Alvernia.
Godefridus de Fontibus.
Albericus de Rhemis.
Petrus de Lemovicis.
Balduinus de Diepa.
Girardus de Nogento.

1. Bibliothèque de l'Arsenal, manuscrits in-folio, n° 133, p. 336 et suiv.

2. Nous reproduisons scrupuleusement l'orthographe du manuscrit, qui est souvent différente de celle que nous avons cru devoir adopter.

G. de Brugis.
Nicasius de Planca.
Petrus de Provincia.
Robertus Bernardus.
Jacobus de Alneto.
Gervasius de Monte Sti Eligii.
Arnulphus de Albuneria.
Joannes Clarambaudus.
Guilelmus de Monciaco Novo.
Stephanus de Gebennis.
Radulphus de Castro Radulphi.
Elias quidam.
Odo quidam.
Petrus de Ausona.
Anselmus de Buchiaco.
Eustachius de Monsteriolo.
Petrus Morelli.
An. de Dargies.
Hugo de Feucheriis.
Andreas de Feucheriis.
Joannes de Buzanceyo.
Joannes de Beliis.
Joannes de Gondricuria.
Joannes de Venis.
Lambertus Senogiensis.
Gervasius Ruffi.
Anselmus de Mesnillo.
Michaël de Vadis.
Stephanus de Abbatisvilla.

II. Guillelmus de Montemorenciaco, succentor Parisiensis et rector parochialis ecclesiæ Sancti Severini Parisiensis, 1274 electus, moritur 1284.

Robertus Handouf.
Joannes de Vauroy.
Mathæus Castellet.
Guido Brito.
Galterus de Hesdino.
Petrus de Bella Insula.
Thomas Codbrigius.
Jacobus de Linais.
Thomas de Monte Martini.
Simon de Furnis.
Ægidius de Tyllya.
Simon de Meldis.
Guillelmus de Villeta.
Joannes de Corbolio.
Petrus Orrent.
Michael Hellekius.

III. Petrus de Villa Petrosa, decanus Sancti Marcelli prope Parisios, 1284 electus, moritur 1299.

Thomas le Myesier.
Guillelmus Brito.
Guillelmus de Bondofle.
Bernerus de Nivella.
Simon de Vely.
Robertus de Piris.
Petrus de Crespiaco.
Joannes Persona.
Guillelmus Jafort.
Joannes Radulphus de Rua.
Henricus Anglicus.
Bernardus de Poliaco.
Hambaldus Flamingus.
Guillelmus Gommar.
Rogerius Symons.
Federicus Hirsede.
Firminus Dentar.
E. de Salmuro.
Ægidius de Aldenarda.
Galtherus de Alneto.
Guillelmus e Pulchro.

IV. Joannes de Vallibus, rector ecclesiæ parochialis Sancti Eustachii Parisiensis, 1299 electus, moritur 1315.

Ægidius d'Ambries.
Guillelmus de Hardrevillis.
Nicolaus de Bethleem.
Reignerus de Colonia.
Gerardus de Trajecto.
Guillelmus Stephani.
Lambertus Lamberti.
Thomas Hibernicus.
Joannes de Poliaco.
Galtherus de Biencourt.
G. Larcastus.
Laurentius Desquesnes.
Bartholomæus de Brugis.
Ægidius de Mentenay.
Guillelmus de Trecis.
Jacobus Brito.
Petrus Catus.
Guillelmus Amicidulcis.
Joannes de Marolio.
Guillelmus Graïthepanthere.
Guillelmus Pantemoisy.
Bertrandus de Brunimonte.

V. Radulphus Brito, quintus provisor, nominatus 1315, moritur 1320.

Joannes de Asenede.
Alanus de Pemuech.
Joannes Comtesse.
Jacobus Benedictus de Dacia.
Balduinus de Bruilina.
Clarinus de Sedeloco.
Richardus de Hampolo.
Clemens quidam.
Astorgius de Aqua bona, curatus.
Arnulphus, prior ibidem.

VI. Hanibaldus quidam, cujus cognomen in tabulis Sorbonicis non legitur, societati Sorbonicæ provisor præfuit ab anno 1320 et 1327.

Joannes Ydrighen.
Bartholomæus de Yp.
Germanus de Narbona.
A. Robin.
Christophorus, episcopus Seguntinus.
Galthærus Burlæus.
G. de Barluna.
Henricus Pistoris.
Nicolaus de Ultricuria.
Bertoldus de Constantia.
Conradus de Ronersheim.
Jacobus de Lemka.

VII. Petrus de Croso, Cardinalis Autissiodorensis, nuncupatus ab anno 1327 ad 1361 quo moritur.

VIII. Clemens, Papa hujus nominis VI^{us}, cum præcedente eligitur, tunc abbas Fiscanensis, moritur.....

IX. ANIBALDUS DE CECCANO, Cardinalis Tusculanus simul cum duobus præcedentibus provisor, moritur 1350.

Fulco de Calesio.
Joannes de Moravia.
Jacobus de Latiniaco.
Joannes de Bergona.
Jacobus de Lorgie.
Guillelmus de Avesnis.
Jacobus de Padua.
Elias de Corson.
Gaufridus Brito.
Gilbertus de Atrio.
Joannes de Colonia.
Joannes de Pontecrucis.
Adalbertus Rankonis.
Thomas Episcopi.
Bollard quidam.
Petrus Brevis.
Joannes de Avesnis.
Joannes Gorre.
Julianus de Muris.
Simon Martini.
Mauricius quidam.
Ægidius Piqueti.
Lambertus Bertrandi.
Ulricus.
Joannes Levret.
P. de Sireville.
Robertus Godefridus.
Galtherus de Ecclesia.
Joannes Textor.
Morella.
Guillelmus de Sarvavilla.
Grumerius Bonifacii.
Stephanus de Calvomonte.
Andræas de Novo Castro.
Ægidius de Duno canonicus.
Joannes Florie.
Jacobus Symonis de Cathalaunia.
Lambertus de Ouestbourg.
Joannes Boutevillain.
Hellinus de Durgico.
Sordolio.
Cumella.
Joannes de Lovanio.
Simon de Flandria.
Mervilla.
De Savoneriis.
Joannes de Sancto Amando.
Joannes qui non ridet.
Maria.
Themon.
Joannes Quadratus.
Joannes Griffo.
Joannes Falisca.
Miquelinus.
Albertus de Saxonia.
Joannes de Saxonia.
Thomas Duns.
Guillelmus Kessel.
Stephanus Galdetus.
Gerardus Wiltensis.
Thomas de Cracovia.
Mathæus Mercerii.
Jacobus de Hispania.

X. ÆGIDIUS DE BELLAMERA, Cardinalis Morinensis, electus provisor 1361, moritur 1378.

Radulphus de Tillia.
Michael de Stoch.
Philippus de Waubeke.
Brassator quidam.

Robertus de Sancto Nicolao.
Balduinus Agnus.
Joannes de Guisia.
Philippus Sapientis.
Petrus de Montibus.
Joannes de Maldinghem.
Petrus Wens de Machlinia.
Henricus Spiker.
Guillelmus Prior de Briense.
Guillelmus de Rosa.
Joannes Portes.
Jacobus Barsdorp.
Joannes de Sancto Luciano.
Franciscus de Arragonia.
Joannes de Prædio Gandavensis.
Guillelmus de Wion.
Marsilius de Inghen.
Henricus de Assia.
Joannes Guignecour.
Joannes de Quercu.
Leonius de Haren.
Rumoldus de Wens.
Hartwicus de Suevia.
Robertus de Hamelo.
Arnoldus de Celaya.
Guillelmus Le Doz.
Domnus Judocus.
Stephanus Purfing.
De Mara.
Nicolaus Gillart.
Petrus Trebron.
Ludovicus quidam.
Radulphus Sapientis.
Jacobus de Villaserin.
Joannes de Vuasia.
Joannes Thiso.
Hervæus Sulnensis.
Gerardus quidam.
Galtherus.

XI. Petrus de Monte Acuto, Cardinalis Laudunensis ab anno 1378 ad 1388, quo diem clausit extremum.

Guillelmus Bloscomare.
Joannes Luquet.
Joannes de Augia.
Petrus de Aliaco.
P. de Bosco.
Petrus Florie.
Christianus Tot.
Philippus Parentis.
Boucelin.
Simon Evrardi.
Henricus Scotus.
Ægidius Imperator.
Oliverius Fruglais.
Joannes Troullet.
Adam Carnifex.
Hugo Nicolai.
Pontius Simoneti.
Galeranus.
Nicolaus de Baya.
Guillelmus Gorren.
Joannes de Villaribus.
Petrus de Nogento.
Gaufridus Latanchier.
Marcilius de Platea.
Yvo Eliæ.
Pontius de Ulmonte.

XII. Robertus de Croso, episcopus Silvanectensis a 1388 ad 1412.

Guillelmus Charpentier.
Jordanus Morini.
Jacobus Parvi.
Georgius Ryn de Sclavonia.
Robertus de Flonville.
Joannes Salomonis.
Joannes Mercatoris.
Nicolaus Zerling.
Prunelle.
Joannes Ladorée.
Radulphus de Porta.
Rolandus Barguenel.
Thomas d'Esquetot.
Joannes de Colonia.
Petrus de Bruxella.
Joannes de Naninco.
Joannes Brout.
Joannes de Mesnillo.
Guillelmus de Laire.
Joannes Peton.
Bernardus Weglinghe.
Guillelmus de Vandello.
Ægidius de Agro.
Vincentius decanus Abbatisvillæ.
Eustachius de Mesnillo.
Joannes de Daventria.
Amandus de Brevimonte.
Joannes de Sarasaac.
Gerardus Dumhiere.
Joannes Scoti.
Hugo Faber.
Joannes de Austria.
Petrus Mignote.
Joannes de Dulcimesnillo.
Henricus de Ecca.
Joannes de Galencop.
Joannes de Valle.
Georgius de Aquila.
Petrus Parvi.
Radulphus Sylvester.
Joannes Derling.
Philippus Moleti.
Joannes Piri.
Joannes Ewal.
Erardus Emengart.
Joannes de Atrio.
Joannes Domestici.
Joannes Regularii.
Joannes Ortuini.
Bernardus Eccops.
Joannes Sperling.
Jacobus de Gouca.
Guillelmus Martini.
Simo Monart.
Joannes de Botuoc.
Thomas Marescallus.
Martinus Tlayus.
Leonius de Baest.
Arnoldus de Wultwict.
Joannes Varheretus.
Prior quidam de Villa Dei.
Paulinus de Paulino.
Guillelmus Pingart.
Joannes de Namurco.
Joannes de Nova Domo.
Joannes Pulchripatris.
Joannes Cabot.
Joannes de Bellomonte.
Victor de Baest.
Joannes Soquet.
Judocus de Liza.
Gerardus de Profontibus.

XIII. Petrus Plaoul, episcopus quoque Silvanectensis, ab anno 1412 ad 1418, quo moritur.

Richardus de Capella.
Joannes Potini.
Andreas Gareti.
Philippus Hayus.
Joannes de Landa.
Joannes Yonis.
Lambertus de Monte.
Nicolaus de Belismo.
Nicolaus de Veteri folio.
Joannes de Haomestede.
Georgius de Hauden.
Joannes de Perona.
Benedictus Gentiani.
Eleemosinarius quidam.
Joannes de Huöemen.
Petrus de Longolio.
Simon Freron.
Sylvester Vitæ de Pensauro.
Joannes de Cipomano.
Petrus de Bellicio.
Joannes Rivière.

XIV. Joannes de Thoisy, episcopus primum Autissiodorensis tum Tornacensis à 1418 ad 1433.

Dominicus Francisci.
Joannes de Ponte.
Cornelius quidam hospes.
Joannes Sannerii.
Gerardus Martelli.
Joannes Germani.
Robertus Venatoris.
Petrus Benin.
Joannes Fliche.
Theodoricus Alaude.
Michaël Nicolai.
Gonterus Doulé.
Joannes Berot.
Guillelmus Anglici.
Joannes Fleury.
Henricus Goetals.
Thomas de Quessel.
Gadmundus Agnerii.
Edmondus Munerii.
Joannes de Castellione.
Joannes Solerii.
Olaus Magni.
Thomas de Corcellis.
Alardus Palent.
Joannes Vredière.
Guillelmus de Parisiis.
Joannes Hochet.
Joannes Tinctoris.
Audomardus Civis.
Mathæus Andreæ
Guillelmus Bouillé.
Gabriel de Theserac.
Petrus Thierry.
Joannes Guys.
Jacobus Carpentier.
Henricus Aimart.
Joannis Bec.
Albertus de Vorden.
Antonius de Castellione.
Petrus de la Hasardière.
Joannes de Pratis.

XV. Thomas de Corcellis, ex canonico Ambianensi decanus Parisiensis, provisor a 1433 ad 1460.

Petrus de Sancto Germano.
Bernardus de Gazasagia.
Martinus de Gonda.
Joannes de Theseyo.
Petrus Corii.
Joannes Coramnius.
Joannes Guerin.
Joannes de Outrecth.
Joannes Laurentii.
Ursinus Thibout.
Joannes Lhuillier.
Jacobus Wintaast.
Lucas de Molendinis.
Joannes Pain et Chair.
Radulphus Morini.
Joannes Benedicti.
Thomas Troussel.
Joannes Magni.
Nicolaus Repus.
Joannes de Hayllis.
Verianus Petri.
Joannes Barré.
Joannes de Reques.
Bussardus de Gandavo.
Philippus Hetou.
Joannes Ouërhes.
Stephanus Godeau.
Joannes de Colomines.
Laurentius de Roverolla.
Reginaldus du Brusle.
Jacobus Chalery.
Joannes Baourd.
Guillelmus Baudin.
Joannes de Eeconte.
Antonius Coet.
Jacobus Britonis.
Joannes Pinera.
Vincentius Eude.
Joannes Benedicti.
Joannes Talhouet.
Arnoldus Foilrin.
Philebertus Savetier.
Petrus Vaucayne.
Raphaël Marchandel.
Abbas Sancti Lupi Trecensis.
Guillelmus Fichet.
Petrus Stricti.
Michael Parve.
Rolandus Hospitis.
F. Joannes Perrotus.
F. Petrus Piedieu.
Domnus Petrus Dauquesnes.

XVI. JOANNES LHUILLIER, Regi Ludovico XI° a confessionibus et magnus Franciæ Eleemosynarius, ex Decano Parisiensi episcopus Meldensis, provisor post Thomam de Corsellis, moritur anno 1500.

F. Joannes de Bailleul.
Guillelmus Vimont.
Joannes Chenart.
Joannes de Lapide.
Jacobus Bacler.
J. Franciscus Chambelland.
F. Nicolaus Foriot.
Gerardus de Suliaco.
Joannes Grimberch.
Prior de S. Martino.
F. Johannes de Fontenay.
Prior de Cinquonio.
Petrus Martini.
Henricus Quesnel.
Joannes Hasnon.
Petrus de Croco.
Petrus Scissoris.
Joannes Quentin.

F. Robertus de Asneriis.
Jacobus Philippi.
Sigerus Clerici.
Joannes Digni.
F. Petrus de Bello Ponte.
Joannes Roerii.
Jacobus Houet.
Philippus Bourgoing.
Prior Sancti Martini.
Cornelius Oudendick.
Joannes Berterii.
Alphonsus de Pina.
Petrus Sitart.
Robertus Doresmeaux.
Joannes Scriptoris.
Nicolaus de la Hermant.
Fabianus Quadrigarii.
Dominicus Beguin.
F. Joannes Bertin.
Joannes Gambier.
Joannes Cordier.
Antonius de Fraxineto.
Prior de Cormeil.
Petrus Kistler.
Dionisius Burgensis.
Gondisalvus Ferdinandi.
Joannes Bethencour.
Joannes de Monte.
Michael Fignerolles.
Joannes Lallier.
Joannes Baudequin.
F. Petrus Enguerand.
Prior de Conches.
Petrus Voleau.
M. Petrus dominus præpositus Alemaniæ.
Joannes Micheneau.
Joannes Mathiæ.
Petrus Parnitensis.
F. Antonius de Grassey.
F. Eustachius Laugatoris.
Mathias Kolbu.
Claudius Bauberetus.
Richardus Pallefroy.
Odo Finoti.
Ruricus Haldruict.
Joannes de Campis.
Petrus de Quesnay.
Eleutherius de Tornaco.
Petrus Potiers.
Petrus du Haze.
Jacobus de Peralta.
Martinus de Andocilia.
Franciscus de Segovia.
Bernardus de Paxis.
Gilbertus Fornier.
Martinus Delphus.
F. Michael Burelli.
Reginaldus Levicomte.
Antonius Nuni Coronellus.
Bartholomæus Hispanus.
Prior de Sancta Catharina.
Joannes Roxo de Valencia.
Joannes Forget.
Ægidius Delphus.
Andreas Parvi.
Joannes Odo.
Joannes de Segovia.
Prior de Colongnes.
Joannes Pardo.
Georgius Durandus.
Joannes Standonk.
Jacobus Jasso.
Joannes Jacquelin.
Franciscus Net.
Gaspardus de Puteo.
Carolus Guérin.
David Chambelland.
Joannes Charron.
Petrus Mercerii.
Robertus de Orto.
Petrus de Fontenaco.
Claudius Roignart.
Franciscus Petri.

Mathurinus Morelli.
Joannes Bonellus.
Joannes Budellus.
Joannes Benedictus Ungarus.
Joannes Joyot.
G. Lambale.
Adrianus Lamet.
Judocus Clerici.
F. Adrianus Galteri.
Joannes Militis.
Joannes Gaisser.
Adrianus Gemelli.
Guillelmus Legris.
Nicolaus de Voirmes.
Hospes quidam de Abula.
Gervasius Waïm.
Nicolaus Clerici.
Joannes Dacquet.
Thomas Faverel.
Joannes Damois.
Georgius Civis.
Natalis Galiot.
Hieronymus Pardo.
Jacobus Bartholomæi.
Philippus Grivelli.
F. Franciscus de Rupe.
Hieronymus de Paranda.

III

TABLE DES MATIÈRES DE LA PREMIÈRE PARTIE DU CATALOGUE DE 1338[1].

Biblie 1
Historie. 2
Libri legales glosati. 3
Libri historiales glosati 4

---

1. Bibliothèque de l'Arsenal, manuscrits in-folio, n° 855. (Voy. ci-dessus, p. 52.)

Psalteria glosata. 5
Libri sapientiales glosati 6
Libri prophetales glosati 7
Evvangelia glosata 8
Epistole Pauli glosate. 9
Job, Actus apostolorum, Epistole canonice, Apocalipsis glosati. 10
Libri glosati mixti 11
Postille super libros legales 12
Postille super psalteria. 13
Postille super libros Salomonis. 14
Postille super libros prophetales 15
Postille super evvangelia 16
Postille super epistolas Pauli. 17
Postille super Job, Actus apostolorum, Epistolas canonicas et Apocalipsis 18
Postille mixte. 19
Postille super historias. 20
Concordancie super Bibliam 21
Sentencie 22
Scripta et questiones super Summas 23
Summe questionum. 24
Originalia Augustini 25
Originalia Ambrosij. 26
Originalia Jeronimij. 27
Originalia Gregorij 28
Originalia Bernardi. 29
Originalia Dyonisij 30
Originalia Hylarij 31
Originalia Crisostomj 32
Originalia Ysidorij 33
Originalia Bede et Anselmj 34
Originalia Hugonis 35

Originalia Richardi 36
Originalia mixta sanctorum 37
Originalia mixta sanctorum et philosophorum . . 38
Flores originalium 39
Cronice 40
Distinctiones 41
Summe morales 42
Sermones 43
Libri ecclesiastici officij 44
Libri grammaticales. 45
Libri logicales 46
Libri naturales non commentati. 47
Libri naturales commentati 48
Libri morales 49
Libri morales Aristotelis 49
Libri Senece 50
Libri Tullij et Boecij 51
Libri Socratis, Platonis, Ciceronis, Valerij, Solini. 52
Plinii aliorumque libri mixti philosophorum. . . 53
Scripta et questiones super libros Aristotelis . . 54
Libri medicinales. 55
Libri quadruviales 56
Libri Raymundi 57
Libri juris 58
Libri in gallico 59

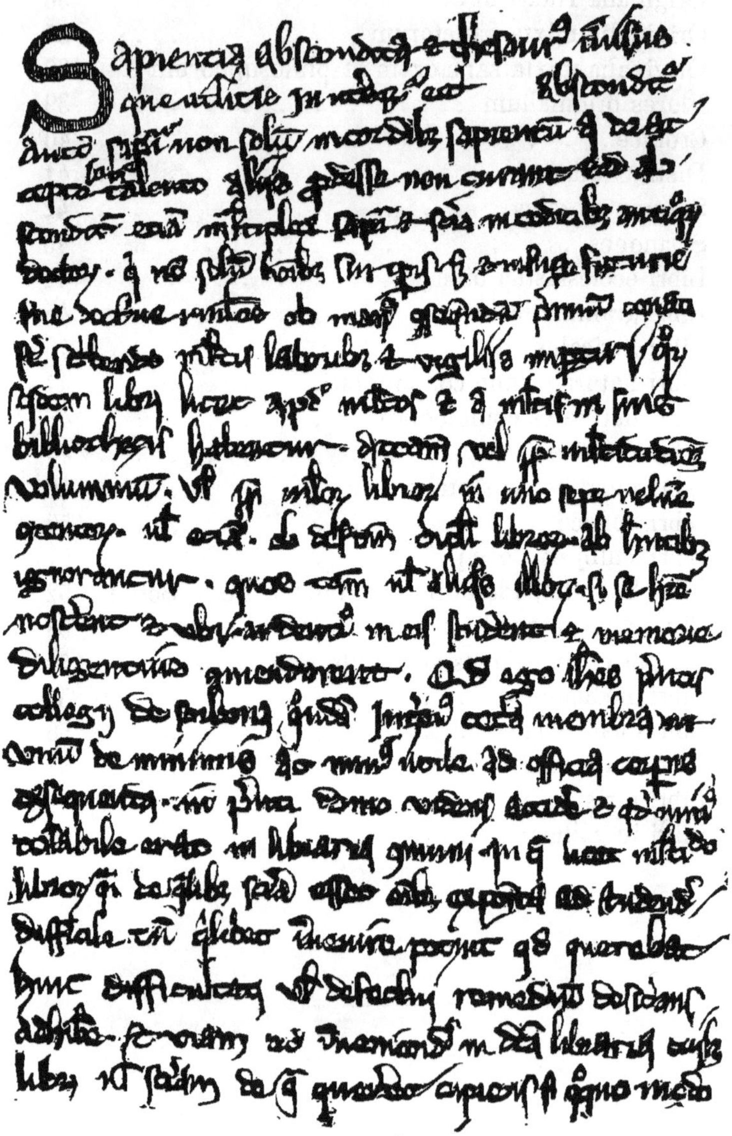
Sapientia abscondita et thesaurus invisus
que utilitas in utrisque [illegible] abscondi[illegible]
autem ipsi non solum moralis sapientia que de ce[illegible]
[illegible] non [illegible]
[illegible]
[illegible]
[illegible]
[illegible] laboribus et vigiliis [illegible]
[illegible] libri [illegible]
bibliothecis habentur [illegible]
voluminum. Ut [illegible] inter libros in uno sepe volumine
[illegible] librorum [illegible]
ignorantur [illegible]
[illegible] memoria
diligentius [illegible]
collegii de Sorbona [illegible]
[illegible]
[illegible]
[illegible] in libraria [illegible]
librorum [illegible]
[illegible]
[illegible]
[illegible] remedium [illegible]
[illegible] in dicta libraria [illegible]
libri [illegible]

IV

PRÉFACE ET TABLE DES MATIÈRES DE LA SECONDE PARTIE DU CATALOGUE DRESSÉ EN 1338 [1].

DOCTRINA TABULE.

Sapientia abscondita et thesaurus invisus, que utilitas in utrisque? *Ecclesiastes.*

Absconditur autem sapientia non solum in cordibus sapientum qui de accepto sapientie talento alijs prodesse non curant, sed absconditur etiam multiplex sapientia et scientia in codicibus antiquorum doctorum, qui, non solum hominibus suj temporis, sed et insuper futuris, sue doctrine rivulos ob majus consequendum premium conati sunt scribendo, multis laboribus et vigilijs, impartirj.

Quorum quidem librj licet apud multos et a multis in suis bibliothecis habentur, attamen, vel propter multitudinem voluminum, vel propter multorum librorum in uno sepe volumine contentorum, vel etiam ob defectum tituli librorum, ab habentibus ignorantur. Quos tamen vel aliquos illorum si se habere noscerent, et ubi, ardentius in eis studerent, et memorie diligentius commendarent.

Quod ego, Johannes, presentis collegij de Sorbona quondam inter ejus cetera membra unum de minimis,

1. Bibliothèque de l'Arsenal, manuscrits in-folio, n° 855, p. 247 et 248. (Voyez ci-dessus, p. 53.)

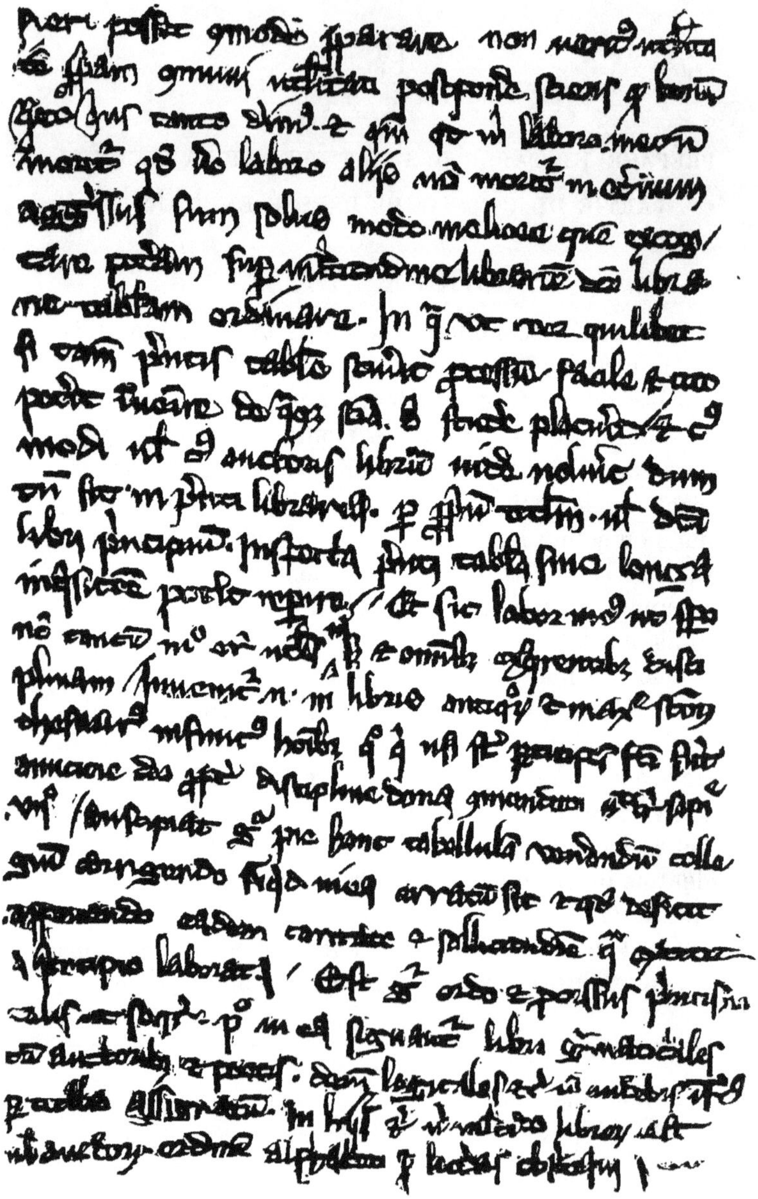

ac minus utile ad officia corporis exsequentia, in presenti domo videns accidere, et quod minus tolerabile erat, in libraria communj, in qua, licet multitudo librorum, quasi de qualibet scientia esset, omnibus exposita ad studendum, difficile tamen quilibet invenire potuit quod querebat : huic difficultati vel defectuj remedium desiderans adhibere, et viam ad inveniendum in dicta libraria cuilibet librum vel scientiam de qua quereret cupiens, si quoquomodo fieri posset commode preparare, non veritus utilitatem propriam communj utilitati postponere, sciens quod bonum quanto communius tanto divinius, et quoniam quod mihi laboro mecum moritur, quod vero laboro alijs non moritur in æternum, aggressus sum solus modo meliore quem excogitare poteram super multitudine librorum dicte librarie tabulam ordinare, in qua, ut reor, quilibet, si tamen presentis tabule sciverit processum, facile et cito poterit invenire de quacunque scientia sibi studere placuerit et cujus modi vel cujus auctoris librum videre voluerit, dum tamen sit in presenti libraria, per proprium titulum, vel dicti libri principium, inspecta presenti tabula, sine longa inquisitione poterit reperire.

Et sic labor meus, ut spero, non tantummodo erit utilis mihi, sed et omnibus exquirentibus disciplinam.

Invenitur enim in libris antiquorum et maxime sanctorum thesaurus infinitus hominibus, quo qui usi sunt, participes facti sunt amicitie Dei, propter discipline dona commendati, ut dicitur Sapientie vij°. Suscipiat ergo pie hanc tabellulam venerandum collegium, corrigendo si quid in ea erratum sit, et quod deficit apponendo, eadem caritate et sollicitudine qua extitit a principio laborata.

libri grammaticales
Auctores et poete
libri logicales et scripta cum questionibus eorum
libri naturales et scripta cum questionibus eorum
libri morales philosophie cum scriptis [illegible]
libri quadruviales. primo arismetrice, geometrie, musice. astronomie. albumasar. geomancie
libri medicinales
libri de canone scripture sacre et concordancie
hystorie scolastice
postille super expositione scripture sacre secundum ordinem librorum
originalia beati augustini secundum ordinem alphabeti
scripta augustini secundum ordinem librorum [illegible]
orig. beati ambrosii et scripta
orig. anselmi et scripta
orig. damasceni. alcuini. albini. ysidori. gennadii. alani

Orig. beati bernardi
scripta eiusdem
Orig. boecii de consolacione
orig. basilii. bede. [illegible]. b. [illegible] de sancto victore.
orig. crisostomi et scripta

Est igitur ordo et processus presentis tabule talis ut sequitur. Primo in ea signantur libri grammaticales cum auctoribus et poetis, demum logicales, etc. ut videbis inferius per titulos assignatum. In hiis etiam ubi multitudo librorum est vel auctorum, ordinem alphabeti secundum litteras observavi.

Libri grammaticales.
Auctores et poete.
Libri logicales et scripta cum questionibus eorumdem.
Libri naturales et scripta cum questionibus eorumdem.
Libri morales philosophorum, cum scriptis Aristotelis, cum aliis Senece et Tullii, etc.
Libri quadruviales, primo de arismetica et sic cono... astronomie, musice, alkimie, geometrie.
Libri medicinales.
Libri de canone scripture sacre, et concordantie hystorie scolastice.
Postille seu expositiones scripture sacre secundum ordinem librorum.
Originalia beati Augustini secundum ordinem alphabeti.
Epistole Augustini secundum ordinem litterarum a quibus incipiunt persone quibus scribit.
Originalia beati Ambrosii et epistole.
Originalia Anselmi et epistole.
Originalia Athanasii, Alcuini, Albini, Antonii, Agnelli, Alani.
Originalia beati Bernardi.
Epistole ejusdem.
Originalia Boecii de Theo...
Originalia Basilii, Bede, Berengarii, beati Silvestris, sancti Benedicti.

Aug' sup' cassianum · cassiodorum · cyrillum · damasum
Aug' sup' ypomnesticon & contra · [illegible]
Aug' sup' gelasium gelasium
Aug' sup' hylarium
Aug' hermannus · hysidorus
Aug' hugonis de s'co victore
Aug' sup' ieronimum
Opus contra [illegible] ordine [illegible]
Aug' innocentius ut leonem
Aug' ysidorum petrum lumb'
Aug' origenes
Aug' prudentium · petrum · plinium · paulum
Aug' ricardi de s'co victore
[illegible] bulle
Tabule & flores [illegible]
In errores [illegible]
Dominica [illegible] · [illegible] ut libri [illegible]
Summe morales & [illegible] moderni [illegible]
Sermones & [illegible]
Sermones [illegible]
Sermones [illegible] · ysidori

Originalia Crisostomi et epistole.
Originalia Johannis Cassiani, Cassiodori, Cyrilli, Claudiani et Fredellj, Gilberti.
Originalia beati Gregorii.
Originalia beati Hylarii.
Originalia Haymonis, Hyldegardis.
Originalia Hugonis de Sancto Victore.
Originalia beati Jeronimi.
Epistole ejusdem secundum ordinem litterarum.
Originalia Innocentii vel Lotharii.
Originalia Ysidori, presbiteri Hispalensis.
Originalia Origenis.
Originalia Prudentii, Paschasii, Prosperi, Procli.
Originalia Ricardi de Sancto Victore.
Liber sibille.
Tabule et flores originalium.
Errores diversi condempnati.
Cronice et miracula, romancia vel libri in gallico.
Summe morales et tractatus modernorum doctorum.
Sermones et omelie beati Augustini.
Sermones beati Bernardi.
Sermones Fulgentii, Ysidori.
Sermones Johannis episcopi.
Sermones Leonis pape.
Sermones beati Maximi episcopi.
Omelie Origenis.
Sermones sancti Severiani.
Questiones theologice et scripta super sententias.
Libri juris et tabule.
Distinctiones ad predicandum.
Sermones usuales ad predicandum.
Libri Raymundi philosophi.

V

EXTRAIT

DU

TESTAMENT DU CARDINAL DE RICHELIEU[1].

Pardevant Pierre Falconis, notaire royal en la ville de Narbonne, fut present en sa personne Eminantissime Armand Jean du Plessis, cardinal duc de Richelieu et de Fronsac, pair de France, commandeur de l'ordre du Sainct Esprit, grand maistre, chef et surintendant general de la navigation et commerce de ce royaume, gouverneur et lieutenant general pour le Roy en Bretagne ; lequel a fait entendre au dict notaire l'avoir mandé en l'hostel et la vicomté de la dite ville, où il est à present en son lict malade, pour recevoir son testament et ordonnance de derniere volonté en la maniere qui ensuit.

Je Armand Jean du Plessis de Richelieu, cardinal de la saincte Eglise Romaine, declare qu'ayant plû à

1. Copie sur papier, dix-septième siècle. Archives nationales, série S, carton n° 6212. (Voyez ci-dessus, p. 151 et suiv.)

Dieu, dans la grande maladie en laquelle il a permis que je sois tombé, de me laisser l'esprit et le jugement aussi sains que je les ay jamais eus, je me suis resolu de faire mon testament et ordonnance de derniere volonté.

. . . .

Lors que mon ame sera separée de mon corps, je desire et ordonne qu'il soit enterré dans la nouvelle eglise de la Sorbonne de Paris, laissant aux executeurs de mon testament cy apres nommez de faire mon enterrement et funerailles ainsi qu'ils l'estimeront plus à propos.

. . . .

Je donne et legue à Madame la Duchesse d'Eguillon, ma niece, fille de defunct René de Vignerot et de Dame Françoise du Plessis, ma sœur aisnée, outre ce que je luy ay donné par son contract de mariage, et en ce que je l'instituë mon heritiere, sçavoir : la maison où elle loge à present, vulgairement appellée le Petit Luxembourg, scize au faux bourg S. Germain, joignant le Palais de la Reine Mere du Roy.

. . . .

Item, je donne et legue audit Armand de Vignerot, mon petit nepveu, aux clauses et conditions des institutions et substitutions qui seront cy apres apposées, ma bibliotecque, non seullement en l'estat auquel elle est à present, mais en celuy auquel elle sera lors de mon deceds, declarant que je veux que elle demeure au lieu où j'ay commancé à la faire bastir dans l'hostel de Richelieu, joignant le pallais Cardinal : et d'autant que mon dessein est de rendre ma biblioteque la plus accomplie que je pourray, et la mettre en estat qu'elle puisse non seullement servir à ma famille, mais encores au publicq, je veux et ordonne qu'il en soit fait ung inventaire general lors de mon decedz par telles personnes que mes executeurs testamentaires jugeront à propos, y appellant deux docteurs de la Sorbonne, qui seront deputez par leur corps pour estre presens à la confection dudit inventaire; lequel estant fait, je veulx qu'il en soit mis une coppie en ma bibliotecque, signée de mesdits executeurs testamentaires et desdits docteurs de la Sorbonne, et qu'une autre coppie soit pareillement mise en ladite Maison de Sorbonne, signée ainsy que dessus.

Et affin que ladite bibliotecque soit conservée en son entier, je veux et ordonne que ledit inventaire soit recollé et vériffié tous les ans par deux docteurs qui seront deputez de la Sorbonne, et qu'il y ait un bibliotecquaire qui en ayt la charge, aux gages de mil livres par an; lesquelz gages et appointemens je veux estre pris par chacun an par preference à toutes autres charges, de quartier en quartier, et par advance, sur le revenu des arrentemens des maisons basties et à bastir à l'entour du parcq du pallais Cardinal, lesquelles ne font part dudit pallais; et je veux et entends que, moyennant lesdiz mil livres d'appointemens, il soit tenu de conserver ladite bibliotecque, la tenir en bon estat, et y donner l'entrée à certaines heures du jour aux hommes de lettres et d'erudition, pour veoir les livres et en prendre communication dans le lieu de ladite bibliotecque, sans transporter les livres ailleurs. Et en cas qu'il n'y ait aucun bibliotecquaire lors de mon decedz, je veux et ordonne que la Sorbonne en nomme trois audit Armand de Vignerot, et à ses successeurs qui seront ducs de Richelieu, pour choisir celuy des trois qu'ilz jugeront le plus à propos; ce qui sera tousjours observé lors qu'il sera necessaire de mettre un nouveau bibliotecquaire.

Et d'aultant que, pour la conservation du lieu et des livres de ladite bibliotecque, il sera besoin de netoyer souvent, j'entendz qu'il soit choisy par mondit nepveu ung homme propre à cet effect, qui sera obligé de ballayer tous les jours une fois ladite bibliotecque, et d'essuyer les livres et les armoires dans lesquelles ilz seront. Et pour luy donner moyen de s'entretenir et de fournir les ballays et autres choses necessaires pour ledit netoyement, je veux qu'il ayt quatre cens livres de gaiges par an, à prendre sur le mesme fondz que ceux dudit bibliotecquaire, et en la mesme forme ; ce qui sera fait, ainsy que ce qui concerne ledit bibliotecquaire, par les soins et par l'auctorité de mondit nepveu et de ses successeurs en la possession dudit hostel de Richelieu.

Et d'aultant qu'il est necessaire, pour maintenir une bibliotecque en sa perfection, d'y mettre de temps en temps les bons livres qui seront imprimez de nouveau, ou ceux des anciens qui y peuvent manquer, je veux et ordonne qu'il soit employé la somme de mil livres par chacun an en achapt de livres, par l'advis des docteurs qui seront deputez tous les ans par la Sorbonne pour faire l'inventaire de ladite bibliotecque ; laquelle somme de mil livres sera pareillement prise par preferance à toutes autres charges, excepté celles des deux articles cy dessus, sur ledit revenu des arentemens des maisons qui ont esté et seront basties allentour du pallais Cardinal.

Je declare que mon intention et volonté est, en cas que lors de mon deceds ledit Armand de Vignerot, ou celuy de ses freres à son defaut qui viendra à ma succession en vertu de ce mien testament, ne soit encore majeur, que ma niepce la Duchesse d'Eguillon ait l'administration et conduitte tant de sa personne que desdits biens que je luy donne, jusques à ce qu'il soit venu en aage de majorité, sans que madite niepce la Duchesse d'Eguillon soit tenue d'en rendre aucun compte audit Armand de Vignerot ny à quelque personne que ce soit.

. . . .

Mon intention est que les executeurs de mon testament et madite niepce la Duchesse d'Eguillon ayent le maniment durant trois ans, à conter du jour qu'il aura pleu à Dieu disposer de moy, des deux tiers du revenu de tout mon bien, l'autre tiers demeurant à mesdits héritiers, pour estre lesdits deux tiers employez au payement de ce qui pourroit rester à acquitter de mes debtes, de mes legs et à la despense des bastimens que j'ay ordonné estre faits et achevez, sçavoir : de l'eglise de la Sorbonne de Paris, ornemens et ameublemens d'icelle ; de ma sepulture que je veux estre faite en ladite eglise suivant le dessein qui en sera arresté par ma niepce la Duchesse d'Eguillon et M. des Noyers du College de Sorbonne, suivant le dessein que j'en ay arresté avec Monsieur des Noyers et le sieur Mercier, architecte ; à l'achapt des places necessaires tant pour l'edification dudit College que pour le jardin de la Sorbonne, suivant les prisées et estimations qui en ont esté faictes ; comme encore à la despense de l'hostel de Richelieu que j'ay ordonné estre fait joignant le Palais ; de la biblioteque dudit hostel, dont les fondations sont jettées, laquelle je prie Monsieur des Noyers de faire soigneusement achever, suivant le dernier dessein et devis arrestez avec Tiriot, maistre masson, et de faire acheter tous les livres qui y manqueront.

. . . .

Et d'autant qu'à cause de madite maladie et des

abcez survenus sur mon bras droict, je ne puis ecrire ny signer, j'ay fait ecrire et signer mon present testament, contenant seize feuillets et la presente page, par ledit Pierre Falconis, notaire royal, aprés m'en estre fait faire lecture distinctement et intelligiblement.

Faict audit hostel de la Vicomté, le vingt-troisiesme jour du mois de may l'an 1642, avant midy.

Signé Falconis.

VI

Contrat de donation passé, le 16 mars 1646, entre Michel Le Masle et le collége de Sorbonne[1].

Pardevant les notaires et gardenottes du Roy nostre sire en son Chastellet de Paris soubz signez, fut present en sa personne Messire Michel Le Masle, sieur Desroches, conseiller du Roy en ses conseilz, chantre et chanoine de l'eglise de Paris, demeurant au cloistre de ladicte eglise. Lequel a dict : Qu'ayant recongneu depuis longtemps les grands et signalez services que Messieurs les venerables docteurs en theologie de la

1. Acte original, sur vélin. Archives nationales, série M, carton, n° 75, pièce 138. (Voyez ci-dessus, page 143.)

Maison et Societé de Sorbonne ont rendu et rendent continuellement à l'Eglise de Dieu, tant par la pureté et solidité de leur doctrine que par l'innocence et l'integrité singuliere de leurs mœurs, il avoit tousjours eu une estime et une veneration tres particuliere pour eux, et n'avoit jamais rien tant souhaitté que de leur en donner des marques et des tesmoignages certains et assurez; mais que, n'ayant pu jusques icy rencontrer les occasions favorables, en attendant que Dieu luy fist la grace d'en trouver de telles qu'il les souhaittoit, sur l'advis qu'il avoit eu que la bibliothecque de Sorbonne n'estoit pas remplie de tous les livres necessaires à une compagnie sy sçavante et sy illustre que la leur; de son bon gré, franche et libre vollonté, il recongnoissoit et confessoit, comme par ces présentes il recongnoist et confesse, avoir donné, ceddé, quitté, transporté et dellaissé par donnation entre vifz, pure, simple et irrevocable, en la meilleure forme et maniere que faire se peult du tout, des maintenant à tousjours, à ladicte Societé et Maison de Sorbonne, ce acceptant par venerables et scientiffiques personnes Maistres Jacques Hennequin, Charles François Talon, Jean Rousse, Jacques Charton et Claude Morel, docteurs de ladicte Societé de Sorbonne, à ce presens, depputtez à cet effect par ladicte Societé, par acte d'assemblée d'icelle de la veille de Noel mil six cens quarante quatre, dont est apparu aux notaires soubz signez et qui est demeuré attaché à la minutte des presentes pour y avoir recours quand besoin sera, et estre transcript en fin des expeditions qui en seront delivrées, toutte la bibliothecque qui appartient de present audict sieur donnant, composée de plusieurs volumes de livres et autres choses mentionnées au memoire et description qui en a esté faict, signé dudict sieur Desroches, aussy attaché à la minutte des presentes apres avoir esté paraphé desdictes partyes comparantes et des notaires soubz signez pour y avoir recours. Du contenu auquel memoire, ensemble des armoires, tablettes et autres meubles et ustancilles de ladicte bibliothecque, et à l'usage d'icelle, ledict sieur donnateur a faict tradition et dellivrance ausdicts sieurs, acceptans au nom de ladicte Societé et Maison de Sorbonne. A laquelle acceptante comme dessus ledict sieur donnateur a pareillement faict donnation, ainsy que dict est, de tous et chacuns les autres volumes de livres, globes, chartes et autres choses, dont ladicte bibliothecque, appartenances et deppendances d'icelle, tant pour le present que pour l'advenir. Sinon que pour faciliter l'effect du desseing qu'a ledict sieur donnateur d'augmenter ladicte bibliothecque en faveur de ladicte Societé et Maison de Sorbonne, suivant la presente donnation et pour l'execution d'icelle, lesdicts sieurs acceptans ont consenty que ladicte bibliothecque demeure par forme de depot en la maison dudict sieur donnateur sa vie durant tant qu'il luy plaira, et qu'il en ayt l'usage par maniere de simple usuffruict seullement, lequel ledict sieur donnateur s'est constitué tenir à tiltre de precaire de ladicte Societé de Sorbonne, pour estre ledict usuffruict estaint et finy par le decedz dudict sieur donnateur, sy plutost il ne s'en desiste ; et en l'un desdicts cas et en chacun d'iceux estre ladicte bibliothecque, appartenances et deppendances d'icelle, tant en livres qu'aultres choses generallement quelconques qui la concernent à present et concerneront au temps du deceds ou dudict desistement, transportées en ladicte Maison de Sorbonne et y demeurer à perpetuité. Ceste donnation faicte par les causes et considerations cy dessus exprimées et parce que telle est la vollonté et intention dudict sieur donnant. Et pour, sy besoin est, faire insinuer ces presentes au greffe des insinuations du Chastellet de Paris, et partout ailleurs où besoin sera, les partyes ont constitué leur procureur le porteur d'icelles, luy en donnant pouvoir.....

Faict et passé en la maison dudict sieur Desroches, scize au cloistre Nostre Dame, sus declarée, l'an mil six cens quarante six, le seiziesme jour de mars aprés midy. Et ont lesdictes parties signé la minutte des presentes demeurée par devers et en la possession de Parque, l'un des notaires soubz signez.....

GAULTIER, PARQUE.

VII

CONTRAT DE DONATION PASSÉ, LE 17 MARS 1646, ENTRE MICHEL LE MASLE ET LE COLLÉGE DE SORBONNE [1].

Pardevant les notaires gardenottes du Roy nostre sire en son Chastellet de Paris soubsignez, fut present en sa personne Messire Michel Le Masle, conseiller du Roy en ses conseilz, chantre et chanoyne de l'eglise

---

1. Acte original, sur vélin. Archives nationales, série M, carton n° 75, pièce 135. (Voyez ci-dessus, page 144.)

de Paris, prieur des Rosches, Nostre Dame des Champs, Longpont, et Montdidier, demeurant au cloistre de ladicte eglise de Paris. Lequel a dict : Qu'ayant desir de faire la fondation cy aprés declarée en l'eglise de la Maison et College de Sorbonne à Paris, et par contract passé par devant les notaires soubz signez, le jour d'hier seiziesme du present mois, ayant faict don de toutte sa bibliotheque aux venerables prieur, docteurs et bacheliers de ladicte Maison et Societé de Sorbonne, voulant encore donner moyen pour le temps à venir non seulement de la conserver en l'estat auquel elle est, mais aussy de l'augmenter des bons livres qui seront imprimés de nouveau ou des anciens qui pourroient y manquer, pour tesmoigner tousjours de plus en plus la grande affection qu'il a pour ladicte compagnie; de son bon gré, pure, franche et libre volonté, icelluy sieur des Roches a donné, ceddé, quitté, transporté et délaissé, et par ces presentes donne, cedde, quitte, transporte et delaisse par donnation entre vifz, pure, simple et irrevocable, en la meilleure forme et maniere que faire se peult, du tout des maintenant à tousjours, et promect garentir, fors du faict du prince, à ladicte Societé et Maison de Sorbonne, ce acceptant par venerables et scientiffiques personnes maistres Jacques Gaudin, prieur de Sorbonne, Louis Messier, Claude Henriot, Jacques Hennequin, Charles François Talon, Jean Rousse, Jacques Charton, Hierosme Bachelier, Jean Pottier, Claude Morel, Valerien de Flavigny, Louis Bougrain, Charles Meusnier, Alexandre de Hodenq, Antoine Levesque, Charles de Gamache, Martin Grandin, Jacques de Sainte Beufve, Jean de Bragelongne, Charles Mallet, Charles Gobinet, François Le Vasseur, Jean Jacques Dorat, Mathurin Queras, et Barthelemy Le Blond, tous docteurs et bacheliers de ladicte Maison et Societé de Sorbonne, assemblez en icelle en la maniere accoustumée au subject cy aprés, à ce presens et acceptans pour ladicte Maison et Societé et successeurs à l'advenir. C'est assçavoir une rente de quatre mil livres tournois annuelle et perpetuelle, vendue et constituée audict sieur Desroches par Messieurs les prevost des marchans et eschevins de la ville de Paris, à prendre sur les trois cens mil livres de rente du scel, par contract passé pardevant.....[1] notaires audict Chastellet de Paris, le vingt-huictiesme jour d'aoust mil six cens vingt huict, duquel a esté baillé coppie ausdictz sieurs, pour de ladicte rente de quatre mil livres jouir, faire et disposer par ladicte Societé comme de chose à elle appartenante, sinon que ledict sieur donnateur s'en reserve l'usufruit pendant sa vye, se constituant des à present tenir et posseder ledict usuffruit de ladicte Societé de Sorbonne à tiltre de precaire; voulant et entendant qu'après son deceds ledit usufruit soit reuny et consolidé avecq la proprieté de ladicte rente de quatre mil livres. Ceste donnation ainsy faicte à ladicte reserve et retention d'usufruit, et à la charge que lesdictz sieurs de Sorbonne ont promis et promettent pour eux et leurs successeurs de faire les choses qui ensuivent : asçavoir de faire celebrer en leur eglise à l'intention dudict sieur donnateur, tous les jours à perpetuité, à commancer du jour du decedz d'icelluy sieur donnateur, une messe basse qui sera celebrée par celluy de ladicte Societé residant actuellement dans ledict College de Sorbonne, qu'elle choisira et nommera pour

1. Deux mots sont restés en blanc.

celebrer ladicte messe pour le temps qu'elle jugera à propos, et à qui elle donnera par an la somme de quatre cens livres à prendre sur le revenu et arrerages de ladicte rente. Comme aussy sera pris tous les ans sur le mesme revenu et arrerages d'icelle rente une autre somme de huict cens livres pour donner à celluy de la mesme Societé resident comme dessus dans icelluy College, qu'elle choisira et nommera pour estre bibliothequaire et avoir le soing des livres de Sorbonne, aux charges et conditions que ladicte Societé jugera à propos ; desirant neantmoins icelluy sieur donnateur que Mre Hubert Le Masle, son cousin, qui estudie maintenant en theologie, soit preferé à tous autres, au cas qu'il se rende capable d'estre admis et soit receu en ladicte Societé ; ou bien se reservant pendant sa vie de choisir et nommer à ladicte charge de bibliothequaire celuy de ladicte Societé qu'il voudra : et le surplus du revenu de ladicte rente sera employé par lesdictz sieurs de Sorbonne en achapt de livres selon le choix qu'en feront de temps en temps les prieur et quatre plus anciens residans en icelluy College avecq ledict bibliothequaire. Et affin que la presente donnation soit de plus grande force et vertu, les partyes ont accordé et consenty icelle estre insinuée au greffe des insinuations dudict Chastelet de Paris, et partout ailleurs où besoing sera, pourquoy faire ont constitué leur procureur le porteur des presentes, luy donnant tout pouvoir en pareil cas requis, et d'en retirer tous actes necessaires.

Faict et passé en ladicte Maison de Sorbonne, l'an mil six cens quarante six, le samedy dix septiesme jour de mars aprés midy.

Signé Vaultier, Parque.

VIII

Note placée en tête du catalogue de la bibliothèque de Michel Le Masle[1].

Rara bibliothecarum fœlicitas est ut tota dominis suis ac possessoribus supersint. Dum enim post eorum obitum in plures dividuntur hæredes, hac partium distractione pristini corporis decus et nomen amittunt. Id ego cum metuerem, cuperemque præsertim prodesse Sorbonæ, quæ me jampridem studio et affectu Sorbonicum, communicato Societatis suæ honore, totum sibi nuper devinxit, hanc librorum supellectilem, quanta est ac futura est, ejus scriniis consecravi, ac nunc quoque ex animo voveo atque consecro. Ratus nimirum non alibi sanctius aut fœlicius quam in illa divinæ sapientiæ omnigenæque eruditionis Arce reponi asservarique posse.

Datum Parisiis, anno R. S. H. 1646, die vero nov. 18ª.

M. Le Masle[2].

---

1. *Bibliothecæ Rupesianæ catalogus*. Bibliothèque Mazarine, manuscrits, nos 3246 et 3246 A.

2. Cette signature est autographe.

TABLE GÉNÉRALE

DES MATIÈRES

Abbatisvilla (Geroldus ou Giraudus de). Voy. Abbeville (G. d').

Abbatisvilla (Joannes de), 222.

Abbatisvilla (Stephanus de). Voy. Abbeville (Et. d').

Abbatisvillæ (Vincentius decanus), 227.

Abbeville (Etienne d'), lègue des livres à la Bibl. de Sorbonne, 35. — 223.

Abbeville (Gérard, Géraud ou Gérold d'), ouvre une école à Paris, 2. — Collaborateur de Rob. de Sorbon, 9. — Lègue un grand nombre de vol. à la biblioth. de Sorb., 30. — Extrait de son testament, 50. — 220, 222.

Abula (hospes de), 231.

Achery (Luc d'), son *Spicilége*, 193.

Adhenet, bibliothécaire de la Sorb., 199, 205.

Agnerii (Gadmundus), 228.

Agnus (Balduinus), 226.

Agro (Ægidius de), 227.

Aiguillon (duchesse d'), nièce de Richelieu. — Met obstacle, après la mort du cardinal, à la continuation des travaux de reconstruction du coll. de Sorb., 138, 146. — Donne des tableaux pour orner le dessus des autels, 149. — Procès, 150. — Elle fait dresser l'inventaire de la biblioth. de Richelieu, 157, 208. — Légataire du cardinal, 243, 246.

Aimart (Henri), 228.

Alaude (Theodoricus), 228.

Albert le Grand. *Traité sur les louanges de la Vierge*, 67. — *Questiones*, 124.

Albuneria (Arnulphus de), 223.

Aldenarda (Ægidius de). Voy. Oudenarde (Gilles d').

ALEMANIÆ (Petrus, præpositus), 230.
ALEXANDRE IV, pape. Approuve l'établissement du collége de Sorbonne, 14.
ALEXANDRE, bedeau de la Faculté de théologie, 94.
ALLIACO (Petrus de), 226.
ALLIES (Jean de), élu bibliothécaire, 85. — 203, 229.
ALNETO (Gautier de), médecin. Lègue des vol. à la Bibl. de Sorb., 38. — 223.
ALNETO (Jacobus de), 223.
ALVERNIA (Petrus de). Voy. Auvergne (P. d').
ALVERNIA (Stephanus de). Voy. Auvergne (Ét. d').
AMBRIES (Gilles d'), 224.
AMÉILHON (Hubert-Pascal), prend possession de la biblioth. de Sorbonne au nom de la municipalité, 212. — Lettre à Ginguené, 213.
AMICIDULCIS (Guillelmus). Voy. l'art. suiv.
AMIDOUX (Guill.), lègue des livres à la Bibl. de Sorb., 39. — 224.
ANAGNI (Adenulfe d'), lègue 17 vol. à la Bibl. de Sorb., 37.
ANDOCILIA (Martinus de), ou
ANDOSELLA (Martin de), archid. de Pampelune, 98, 230.
ANDREÆ (Mathaeus), 228.
ANGLAIS (Laurent l'), profess. de Sorbonne, 9. — 222.
ANGLIA (Thomas de), 45.
ANGLICI (Guillelmus), 228.
ANGLICUS (Henricus), 223.
ANGLUS (Laurentius). Voy. Anglais (L. l').
APT (évêque d'), donne deux maisons au coll. de Sorbonne, 15.
AQUA BONA (Astorgius de), 224.
AQUILA (Georgius de), 227.
AQUIN (saint Thomas d'). Voy. Thomas d'Aquin.
ARCHIVES NATIONALES. Documents cités : 16, 27, 59, 63, 79, 103, 112, 137, 144, 145, 147, 152, 168, 173, 179, 182, 200, 209, 210, 212-14, 242, 247, 250.
ARISTOTE, ses *Ethiques*, 69.
ARNULPHUS, prieur de Sorb., 224.
ARRAGONIA (Franciscus de), 226.
ARSENAL (bibliothèque de l'). Mss. et livres cités : 5, 23 à 26, 29, 33, 37, 52, 53, 57, 58, 106, 132, 196, 215, 216, 222, 231, 235.
ASENEDE (Jean d'), 224.
ASNÈDE (Arnoul). Voy. Hasnède.
ASNERIIS (F. Robertus de), 230.
ASSELINE (Eustache), bibliothécaire, 130, 205.
ASSIA ou HASSIA (Henricus de), 98, 226.
ASTESANO, franciscain, sa *Somme*, 91.
ATRIO (Gilbertus de), 225.
ATRIO (Joannes de), 227.
AUBRY (Jean-Thomas), curé de Saint-Louis en l'Ile. Donne des livres et des mss. à la Sorb., 202.
AUBRY (Michel), bibliothécaire, 130, 204.
AUGIA (Joannes de), 226.
AULNAY. Voy. Alneto.
AURELIANENSIS (Bertrandus), 222.
AURIGARII (Fabianus). Voy. Chartier (F.).
AUSONA (Petrus de), 223.
AUSTRIA (Joannes de), 227.

AUTUN (card. d'). Voy. Rolin (Jean).
AUTUN (Guill. d'), ouvre une école, 2.
AUVERGNE (Etienne d'), lègue des vol. à la Sorb., 43. — 222.
AUVERGNE (Pierre d'), lègue des vol. à la Sorb., 40. — 222.
AUXERRE (Guill. d'), auteur d'une *Somme*, 122.
AVENEL, cité, 139.
AVESNIS (Guillelmus de), 225.
AVESNIS (Joannes de), 225.
AVRANCHES (évêque d'), 61.
BACHAUMONT (mémoires dits de), cités, 202.
BACHELIER (Jérôme), 251.
BACLET ou BACLER (Jacques), bibliothécaire, 203, 229.
BAEST (Léon de), 227.
BAEST (Victor de), 227.
BAILLEUL (Jean de), 229.
BALDUYM (Jean), 11.
BALESDENS (M. de), 184.
BALNEOLIS (Joannes de), 6.
BAOURD (Jean), 229.
BAR (Geoffroi de), cardinal. Coopère à la fondation de la Sorbonne, 9. — Légataire de Robert de Sorbon, 16, 220. — Donne au collége de Sorb. ce que Robert lui avait laissé, 17.
BARGUENEL (Roland), 227.
BAR-LE-DUC (Nicolas de), lègue des livres à la Sorb., 41. — 222.
BARLUNA (G. de), 224.
BARONIUS, ses *Annales*, 199.
BARRÉ (Jean), 229.
BARRO (Gaufridus de). Voy. Bar (Geoffroi de).
BARRO (Nicolaus de). Voy. Bar-le-Duc (Nic. de).
BARROIS, libraire, 200.
BARSDORP (Jacques), 226.
BARTHÉLEMY (Michel), donne des vol. à la bibl. de Sorb., 124.
BARTHOLIN, auteur d'une *Somme*, 91.
BARTHOLOMÆI (Jacobus), 231.
BAUBERETUS (Claudius), 230.
BAUDEQUIN (Jean), 230.
BAUDIN (Guill.), 229.
BAYA (Nicolaus de), 226.
BEAUVAIS (évêque de), demande à emprunter un ouvrage à la bibl. de Sorb., 89.
BEC (Jean), 228.
BECOCHIE (Arnulphus le), 222.
BÉGIN (Dominique), bibliothécaire, 204, 230.
BÉGUIN (Dominique). Voy. le précédent.
BELIIS (Joannes de), 223.
BELISMO (Nicolaus de), 228.
BELLA INSULA (Petrus de), 223.
BELLAMERA (Ægidius de), cardinal, proviseur de Sorbonne, 225.
BELLEFOREST (Fr. de), réédite la *Cosmographie* de Séb. Munster, 128.
BELLICIO (Petrus de), 228.
BELLO MONTE (Joannes de), 227.
BELLO PONTE (Petrus de), 230.
BELVACENSIS (Christianus), 222.
BENEDICTI (Joannes), 229.
BENEDICTUS (Joannes), Ungarus, 231.
BENIN (Pierre), 228.
BERGAME (Gasparino de), ses *Lettres* imprimées à la Sorb., 107.
BERGONA (Joannes de), 225.
BERNARD (Aug.), cité, 111, 121, 184.
BERNARD (Robert), lègue des vol. à la bibl. de Sorb., 37 — 223.

BERNARD (saint), 102.
BERNARDUS (Robertus). Voy. Bernard (R.).
BÉROT (Jean), 228.
BERTERII (Joannes), 230.
BERTHE, bibliothécaire de Sorb., 185, 205. — Donne sa démission, 186. — Lègue des vol., 192.
BERTIN (Jean), 230.
BERTRANDI (Lambertus), 225.
BESANÇON (Etienne de) ou STEPHANUS DE GEBENNIS. Lègue de nombreux vol. à la biblioth. de Sorb., 37. — 223.
BETHENCOUR (Jean), 230.
BETHLÉEM (Nicolas de), 224.
BETILLE, docteur de Sorb., 176.
BEYART (Nicolas), 45.
BIBLE, donnée à R. de Sorbon par S. Louis, 28. — En langue russe, donnée à la biblioth. de Sorb. par A. de Kourakin, 201.
BIBLIOTHÉCAIRES DE LA SORBONNE, 203 et s. — Voy. Sorbonne (biblioth. de la).
BIBLIOTHÈQUE NATIONALE. Mss. et livres cités : 10, 16, 17, 23, 26 à 44, 51, 58 à 70, 91, 101-103, 121-123, 126, 130, 133, 158, 166, 173, 185, 202, 206, 207, 219. — Elle reçoit les mss. de la biblioth. de Sorb., 215.
BIBLIOTHÈQUES : Voy. Arsenal. — La Rochelle. — Le Masle (Michel). — Mazarine. — Médecine (faculté de). — Notre-Dame. — Richelieu (card. de). — Sorbonne. — Talon (Ch.-Fr.).
BIENCOURT (Gautier de), donne une Bible au coll. de Sorb., 51. — 224.
BIGNE (M. de La). Voy. La Bigne.
BIGNER (Guill.), maçon chargé de reconstruire la biblioth. de Sorbonne, 93. — Se conduit peu honnêtement, 97.
BLAIRIE (Nicolas de), bibliothécaire, 130, 204.
BLAISE, libraire. Chargé de l'inventaire de la bibliothèque de Richelieu, 156.
BLANCHE (la reine), 7.
BLANGER (Pierre de), procureur de Sorbonne. Donne deux mss. à la biblioth., 172.
BLANGY (Thomas), bibliothécaire, 130, 204.
BLOSCOMARE (Guill.), 226.
BOINVILLIERS ou BONVILLIERS bibliothécaire de Sorb., 129, 204.
BOISLEAU, 169.
BOLLARD, 225.
BONA CURIA (Guibertus de), 222.
BONDOFLE (Guill. de), 223.
BONELLUS (Joannes), 231.
BONIFACII (Grumerius), 225.
BONVILLIERS. Voy. Boinvilliers.
BOSCO (P. de), 226.
BOTUOC (Jean de), 227.
BOUCELIN, 226.
BOUCHER (Michel), bibliothécaire de Sorb., 129, 130, 204, 205.
BOUGRAIN (Louis), 251.
BOUHALE (Jean), écolâtre et chan. d'Angers. — Lègue des vol. à la bibl. de Sorb., 102.
BOUILLÉ (Guill.), 228.
BOUQUET (dom), cité, 7.
BOURGEOIS (Denis), 89, 230.
BOURGOING (Philippe), 230.
BOURSER, 174.
BOUTEVILLAIN (Jean), 225.
BOYAN (Jean), 116.

Brabant (Siger de). Voy. Courtray (S. de).
Bragelongne (Jean de), 251.
Brai (Guill. de), coopère à la fondation de la Sorbonne, 9.
Brassator quidam, 225.
Bretonnerie (rue de la), 11.
Brèves (M. de), rapporte du Levant 800 mss., 152.
Brevimonte (Amandus de), 227.
Brevis (Petrus), 225.
Brice (G.), cité, 151, 195.
Briense (Guillelmus, prior de), 226.
Brillon, procureur de Sorbonne, 188.
Brito (Gaufridus), 225.
Brito (Guido). Voy. Le Breton.
Brito (Guillelmus), 223.
Brito (Jacobus), 224, 229.
Brito (Radulphus), cinqme proviseur, 224.
Britonis (Jacobus). Voy. Brito (J.)
Brout (Jean et Gabriel), lèguent à la Sorb. 3 vol. des *Comment.* de N. de Lyra, sur la Bible, 65. — 227.
Bruges (Joseph de), donne des vol. à la bibl. de Sorb., 32. — 222.
Brugis (Bartholomæus de), 224.
Brugis (G. de), 223.
Brugis (Joseph de). Voy. Bruges.
Bruilina (Balduinus de), 224.
Brule (Regnault du ou de), bibliothécaire de la Sorb., 88, 203, 229.
Bruneau (clos), 16.
Brunimonte (Bertrandus de), 224.
Brusle (Regnault du). Voy. Brule (R. de).
Bruxella (Petrus de), 227.
Buchiaco (Anselmus de), 223.
Budellus (Joannes), 231.
Burelli (Michael), 230.
Burgensis (Dionysius). Voy. Bourgeois (Denis).
Burlæus (Galtherus), 224.
Buzanceyo (Joannes de), 223.
Cabot (Jean), 227.
Cæsaris (Petrus). Voy. Kaysere (P. de).
Cailleau, libraire, 194.
Calesio (Fulco de), 225.
Calmet (dom), son *Dict. de la Bible*, 193.
Calvi (collége de), 15. — Consacré à l'enseignement élémentaire, 18. — Démoli pour bâtir le nouv. coll. de Sorb., 137.
Calvomonte (Stephanus de). Voy. Chaumont (Et. de).
Cambray (Furseus de), donne des vol. à la bibl. de Sorb., 125.
Cambray (Guill. de), vend une propriété à Rob. de Sorbon, 15.
Campis (Joannes de), 230.
Canchiacus (Joannes), donne des vol. à la bibl. de Sorb., 125.
Canterbury (Etienne, archidiacre de), lègue ses livres au chapitre de N.-D. — Extrait de son testament, 48, 49.
Capella (Richardus de), 228.
Cardinal (le palais), 244.
Carnifex (Adam), 226.
Carpentier (Jacques), 228.
Castellario (Joannes de), clerc de R. de Sorbon, son légataire, 221.
Castellet (Mathieu), 223.
Castellione (Antonius de), 228.

CASTELLIONE (Joannes de). Voy. Châtillon (J. de).
CASTRES (Odon de), collaborateur de Robert de Sorbon, 10.
CASTRO RADULPHI (Radulphus de). Voy. Châteauroux (R. de).
CATALOGUES. Voy. Sorbonne (biblioth. de la).
CATINAT (Pierre), conseiller au Parlement, 166.
CATUS (Petrus), 224.
CECCANO (Annibaldus de), card. de Tusculum, proviseur de Sorbonne, 225.
CELAYA (Arnoldus de), 226.
CERVEAU (Guillaume), donne un ms. à la bibl. de Sorb., 67.
CHALERY (Jacques), 229.
CHAMBELLAND (David), 230.
CHAMBELLAND (François), 229.
CHAMILLARD (Gaston), 168.
CHANTAL (sainte Jeanne-F. de), 206.
CHARLES VII, envoie des commissaires à Mayence pour étudier l'invention de Gutenberg, 105.
CHARPENTIER (Guill.), 227.
CHARRON (Jean), 230.
CHARTIER (Fabien), lègue au coll. de Sorb. une *Vie du Christ*, 90. — 230.
CHARTON (Jacques), bibliothécaire, 131, 205. — Docteur de Sorb., 248, 251.
CHARTRES (Guill. de), coopère à la fondation de la Sorbonne, 9. — Donne cinq maisons au collége, 15.
CHARTRES (Yves de), ses *Lettres*, 102.
CHATEAUROUX (Raoul de), lègue des vol. à la bibl. de Sorb., 34. — 223.
CHATILLON (Jean de), élu bibliothécaire, 79. — 203, 228.
CHAUMONT (Etienne de), sous-proviseur. — Lègue des mss. à la biblioth. de Sorb., 63. — 225.
CHENART (Jean), 61. — Bibliothécaire, 88, 203. — 229.
CHERVIAU (Guill.). Voy. Cerveau (G.).
CHESNART (Guill.), bibliothécaire, 130, 204.
CHEVILLIER (André), bibliothécaire de Sorb., nommé à la place de Gaudin, 170, 205. — Fait vendre les doubles, 174. — Rédige un catalogue, 175; — puis un règlement, 177 et s. — Soins qu'il prend des livres. Donne à la biblioth. le *Speculum humanæ Salvat.* Sa mort, 184. — Son *Hist. de l'imprimerie*, 189. — Cité, 10, 114, 120, 146, 169, 185.
CHIENNART (Jean). Voy. Chenart.
CHRISTOPHORUS, episc. Seguntinus, 224.
CINQUONIO (Prior de), 229.
CIPOMANO (Joannes de), 228.
CIVIS (Audomarus), 228.
CIVIS (Georgius), 231.
CLARAMBAUDUS (Joannes). Voy. le suivant.
CLARAMBOUD (Jean), de Gonesse. Lègue des livres à la bibl. de Sorb., 35. — 223.
CLEMENS QUIDAM, 224.
CLÉMENT IV, pape. Approuve l'établissement du collége de Sorbonne, 14.
CLÉMENT VI, pape. Proviseur de Sorbonne, 224.
CLERICI (Jodocus), 231.

Clerici (Nicolaus), 231.
Clerici (Sigerus), 230.
Clermont (Jean de), médecin. Donne un bréviaire à la bibl. de Sorb., 62.
Clichtou (Josse), élu bibliothécaire, 123. — 204.
Codbrigius (Thomas), 223.
Coet (Antoine), 229.
Coignet (Jean), 120.
Collèges : Voy. Calvi. — Dix-huit. — Montaigu. — Sorbonne.
Cologne (le prieur de), 230.
Cologne (Régnier de), lègue des mss. à la Sorb., 43. — 224.
Colomines (Jean de), 229.
Colonia (Joannes de), 225, 227.
Colonia (Reignerus de). Voy. Cologne (R. de).
Comtesse (Jean), 224.
Conches (le prieur de), 230.
Constantia (Bertoldus de), 224.
Coramnius (Joannes), 229.
Corbeil (Miles de), chan. de N.-D. — Lègue un missel à la bibl. de Sorb., 27.
Corbolio (Joannes de), 223.
Corbolio (Milo de). Voy. Corbeil (Miles de).
Corcellis (Thomas de), chanoine d'Amiens, doyen de Paris. Proviseur de Sorbonne, 228.
Cordeliers de Paris, 2.
Cordier (Jean), maître en théologie, 116. — 230.
Cordiers (rue des), 137.
Corii (Pierre), bibliothécaire de Sorb., 79. — Son élection, 85. — 203. 229.
Cormeil (le prieur de), 230.
Cornelius, hospes, 228.
Coronellus (Antonius Nuni), 230.
Corson (Elie de), 225.
Cortraco (Sigerus de). Voy. Courtray (S. de).
Coster (Laurent), 184.
Cotton (J.-B.) des Houssayes, bibliothécaire, 202, 205. — Donne des vol., 202.
Coupe-Gorge (rue). Voy. Coupe-Gueule.
Coupe-Gueule (rue), 6. Où située, 8.
Courtillier (Denis), libraire de l'Université, 79.
Courtray (Gérard de), ouvre une école, 2.
Courtray (Raoul de), collaborateur de Rob. de Sorbon, 9.
Courtray (Siger de Brabant ou de), collaborateur de Rob. de Sorbon, 10. — Lègue 8 vol. à la biblioth. de Sorb., 32. — 222.
Cousin (Victor), 208.
Cracovia (Thomas de), 225.
Crantz (Martin). Voy. Gering (Ulr.).
Crespeyo (Arnulphus de), 222.
Crespiaco (Petrus de), 223.
Croco (Petrus de), 229.
Croso (Petrus de), évêque d'Auxerre, proviseur de Sorbonne, 224.
Croso (Robertus de), évêque de Senlis, proviseur de Sorbonne, 226.
Cueilly (Jacques de), bibliothécaire de Sorb. — Donne des vol. rapportés de ses voyages à Rome et à Jérusalem, 127, 128. — 204.
Cumella, 225.
Curtraco (Sigerius de). Voy. Courtray (Siger de).
Dacia (Jacobus Benedictus de), 45, 224.

Dacquet (Jean), 231.
Damois (Jean), 231.
Danemark (roi de). Voy. Frédéric V.
Danès, inspecteur de la bibl. de Sorb., 188, 189.
Daniel (le P.), son *Hist. de France*, 193.
Dans (l'abbé), chanoine de Beauvais. Donne deux mss., 207.
Dargies (An. de), 223.
Dauquesnes (Pierre), 229.
Daveluys (Jean), promoteur de l'év. d'Angers, 102.
Daventria (Joannes de). Voy. Deventer (J. de).
Davoyne (Guill.), bibliothécaire, 129, 204.
Delameth, 182. — Voy. Lamet.
Delisle (Léopold), cité, 30, 36, 37, 51, 52, 56, 61.
Delphus (Ægidius), 230.
Delphus (Martinus), 230.
Demay, bibliothécaire, 131, 205.
Democharès (Ant.). Voy. Mouchy (A. de).
Dentar (Firminus), 223.
Derling (Jean), 227.
Deschamps (P.), cité, 111.
Desclos, avocat, 157.
Desmoulins (Luc), bibliothécaire, 88. — Lègue quarante écus d'or pour les réparations de la biblioth., 94. — 203, 229.
Desperriers, 174.
Desquesnes (Laurent), 224.
Deux-Portes (rue des), 8.
Deventer (Jean de), lègue des vol. à la bibl. de Sorb., 65. — 227.
Devremeu, prieur de Sorb., 75.
Didot (A.-F.), cité, 111.
Diepa (Balduinus de), 222
Digni (Joannes), 230.
Dijon (Evrard ou Gérard de), donne des vol. à la Bibl. de Sorb., 29. — 222.
Diona (Evrardus de). Voy. le précéd.
Dix-huit (collége des), 137.
Domestici (Joannes), 227.
Dominicains de Paris, 2.
Dominique (Maître), bibliothécaire, 101. — Perd la clef de la biblioth. et celle de la chapelle, 103.
Dorat (Jean-Jacques), 251.
Doresmeaux (Robert), 230.
Douai (Odon de), professeur de Sorbonne, 9. — 222.
Douai (Robert de), coopère à la fondation de la Sorbonne, 9. — Lègue 1,500 liv. au collége, 13. — Donne des vol. à la bibliothèque de Sorbonne, 26.
Doulé (Gontier), 228.
Duaco (Odo de). Voy. Douai (O. de).
Duboulay, cité, 7, 120.
Dubourg, 188. — Inspecteur de la bibl. de Sorb., 189.
Dubreul (J.), cité, 6, 7, 8, 13.
Du Fresne (Elie) de Mincé, bibliothécaire de Sorb., 131. — Donne des livres, 133, 167. — 205.
Dulci Mesnillo (Joannes de), 227.
Dumesnil (Nicolas), bibliothécaire, 130, 204.
Dumhière (Gérard), 227.
Du Mont (Jean), chan. de Mâcon, prieur de Sorbonne. Donne des vol. à la bibl., 121. — 230.
Duno (Ægidius de), 225.
Duns (Thomas), 225.
Du Pont (Jean), 75, 228.
Du Puys (Etienne), lègue

des vol. au coll. de Sorb., 133.
Durandus (Georgius), 230.
Durey de Noinville, cité, 199.
Durgico (Hellinus de), 225.
Durso (Hugues de), lègue des mss. à la Sorb., 43.
Duval (André), bibliothécaire, 130, 204.
Ecca (Henricus de), 227.
Eccante, Ecconte ou Eeconte (Jean d'), bibliothécaire de Sorb., 85, 203. — 229.
Ecclesia (Galtherus de), 225.
Ecconte (Jean de). Voy. Eccante.
Eccops (Bernard), 227.
Echard (J.), cité, 10, 31, 35, 36.
Ecole. Voy. Notre-Dame (école du cloître).
Ecoliers. Leurs mœurs et habitudes au XIIIe s., 3.
Eeconte (Jean d'). Voy. Eccante.
Eliæ (Yvo), 226.
Elias quidam, 223.
Eliphat, franciscain anglais. Ses *Questiones*, 63.
Emengart (Erart), 227.
Emery (Claude). Voy. Héméré (C.).
Emmeret (Cl.). Voy. Héméré (Cl.).
Enguerand (Pierre), 230.
Episcopi (Thomas), 225.
Epulchre (Guill.). Voy. Pulchro (Guill. e).
Esmeré (Cl.). Voy. Héméré (Cl.).
Esquetot (Thomas d'), 227.
Essoniis (Jean de), lègue des livres au coll. de Sorb., 32. — 222.
Essonis (Joannes de). Voy. le précéd.
Essonis (Petrus de), 222.
Estampillage. Voy. Sorbonne (bibliothèque de la).
Etienne, archidiacre de Canterbury. Voy. Canterbury.
Eude (Vincent), 229.
Eudes ou Odon, évêque de Tusculum, lègue à la bibl. de Sorb. deux vol. de ses sermons, 28.
Eustate, commente les *Ethiques* d'Aristote, 69.
Evrardi (Simon), 226.
Ewal (Jean), 227.
Fabel (Hugo), 227.
Falconis (Pierre), notaire de Narbonne, 242.
Falisca (Joannes), 225.
Farbie ou Farbu (Pierre de), lègue des *Commentaires* à la Sorb., 42.
Faverel (Thomas), bibliothécaire, 123, 204, 231.
Ferdinandi (Gondisalvus), 230.
Ferry (Pierre), 167.
Feucheriis (Andreas de), 223.
Feucheriis (Guillelmus de). Voy. Feuquières (G. de).
Feucheriis (Hugo de), 223.
Feuqueriis (Guill. de). Voy. Feuquières (G. de).
Feuquières (Guill. de), lègue des vol. à la bibl. de Sorbonne, 40. — 222.
Fichet (Guill.), prieur, puis bibliothécaire de Sorb, 88. — Contribue à l'installation de l'imprimerie dans le collége, 107. — Publie un traité de rhétorique, 108. — 203. 229.
Fischetus (Guill.). Voy. Fichet (G.).
Fignerolles (Michel), 230.

FILESAC (Jean), bibliothécaire, 130, 204.
FINOTI (Odo), 230.
FLAMINGUS (Hambaldus), 223.
FLANDRIA (Simon de), 225.
FLAVIGNY (Valérien de), chargé de rédiger, avec Héméré, le catalogue de la bibliothèque de Richelieu, 157. — 251.
FLEURY (Jean), 228.
FLICHE (Jean), 228.
FLONVILLE (Robert de), 227.
FLORIÉ (Jean), 225.
FLORIÉ (Pierre), 226.
FOILRIN (Arnold), 229.
FONDENAIO (Franc. de), thesaurarius Nivernensis, 98.
FONTAINES (Godefroy des), collaborateur de Rob. de Sorbon, 9. — Chancelier de l'Université. Lègue de nombreux vol. à la biblioth. de Sorb., 36. — 222.
FONTENACO (Petrus de). Voy. Fontenay (P. de).
FONTENAY (Jean de), 229.
FONTENAY (Pierre de), bachelier en théologie, 116. — 230.
FONTENETO (Philippus de), 6.
FONTIBUS (Godefridus de). Voy. Fontaines (Godefroy des).
FORGET (Jean), 230.
FORIOT (Nicolas), 229.
FORNIER (Gilbert). Voy. Fournier (G.).
FOUARE (rue du), 16.
FOULQUES (M.), chapelain de Sorbonne. Rédacteur d'un inventaire, 215, 216.
FOURILLE, maréchal des logis du roi, 158.
FOURNIER (Gilbert), maître en théologie, 116. — 230.
FRANCISCI (Dominicus), 228.
FRANÇOIS DE SALES (S.), 206.
FRAXINETO (Antonius de), 230.
FRÉDÉRIC V, roi de Danemark. Visite la bibliothèque de Sorb., 201.
FRÉRON (Simon), 228.
FRESNE (Elie du) DE MINCÉ. Voy. Du Fresne.
FRIBURGER (Michel). Voy. Géring (Ulr.).
FRUGLAIS (Oliverius), 226.
FURNIS (Simon de), 223.
FURSEUS DE CAMBRAY. Voy. Cambray.
FUST, 105.
GAFFAREL (Jacques), bibliothécaire de Richelieu, 152.
GAISSER (Jean), 231.
GALDETUS (Stephanus), 225.
GALENCOP (Jean de), 227.
GALERANUS, 226.
GALIOT (Natalis), 231.
GALTERI (Adrianus), 231.
GAMACHES (Charles de), 168, 251.
GAMACHES (Philippe de), bibliothécaire, 130, 204.
GAMBIER (Jean), bibliothécaire de Sorb., 94, 204, 230.
GAND (Henri de), collaborateur de Rob. de Sorbon., 9. — 222.
GANDAVO (Bussardus de), 229.
GANDAVO (Henricus a). Voy. Gand (H. de).
GARETI (Andreas), 228.
GARNIER, bibliothécaire, 131, 205.
GAUDIN, bibliothécaire de Sorb., 169. — Ses discussions avec Chevillier, 170. — 174. 205.
GAUDIN (Jacques), prieur de Sorbonne, 251.
GAYET (Ant.-Aug.-Lambert) DE SANSALE, bibliothécaire, 203, 205. — Donne des

livres, 206. — Lettre à M. de Guignes, 210. — Remet la biblioth. aux commiss. de la municipalité, 212.
GAZASAGIA (Bernardus de), 229.
GEBENNIS (Stephanus de). Voy. Besançon (Et. de).
GEMELLI (Adrianus), 231.
GENTIANI (Benedictus), 228.
GEOFFROI (Jacques), bibliothécaire de Richelieu, 156. — Dresse le catalogue de sa biblioth., 157.
GÉRING (Ulrich), installe une imprimerie dans le coll. de Sorb., avec Michel Friburger et Martin Crantz, 107. — Ils en fondent une autre rue Saint-Jacques au *Soleil d'or*, 111. — Obtiennent de Louis XI des lettres de naturalisation, 112. — Les associés de Géring le quittent. Il s'associe G. Maynyal. Se rapproche de la Sorbonne, 113. — Devient hôte de la maison ; Lettres d'hospitalité, 115 et s. — Il partage ses biens entre la Sorbonne et le collège de Montaigu. Sa mort, 118. — Inscription commémorative de son legs, 120.
GERINX. Voy. Géring.
GERMANI (Joannes), 228.
GILLART (Nicolas), 226.
GILLOT, 174, 182.
GINGUENÉ, membre du Comité d'instruction publique, 213.
GOBINET (Charles), 251.
GODEAU (Étienne), 229.
GODEFRIDUS (Robertus), 225.
GOETALS (Henri), 228.
GOMMAR (Guill.), 223.
GONDA (Martinus de), 229.
GONDRICOURT (Jean de), chan. de Liège. — Lègue une Bible au coll. de Sorbonne, 26. — 223.
GONDRICURIA (Joannes de). Voy. le précéd.
GORRÉ (Jean), lègue des livres à la maison de Sorb., 59. — 229.
GORREN (Guill.), 226.
GOUCA (Jacobus de), 227.
GRAÏTHEPANTHÈRE (Guill.), 224.
GRANDIN (Martin), 251.
GRANTZ (Martin). Voy. Crantz (M.).
GRASSEY (Antoine de), 230.
GRIFFO (Joannes), 225.
GRIMBERCH (Jean), 229.
GRIVEL (Philippe), principal du coll. de Cambray. Donne des livres à la bibl. de Sorb., 123.
GRIVELLI (Philippus), 221.
GUARIN (Ulr.). Voy. Géring.
GUÉDIER DE SAINT-AUBIN, (Henri-Michel), bibliothécaire de la Sorbonne. Rédige le catalogue des mss. 195. — 205.
GUÉRIN, imprimeur, 196.
GUÉRIN (Charles), bachelier en théologie, 116. — 230.
GUÉRIN (Jean), 229.
GUÉRIN (Ulr.). Voy. Géring.
GUERINCH (U.) ou GUÉRING. Voy. Géring.
GUICHARD (J.-M.), cité, 184.
GUIGNECOUR (Jean), 226.
GUIGNES (de), cité, 152, 210.
GUILLEBON (François), donne des livres à la bibl. de Sorb., 123.
GUISIA (Joannes de), 226.
GUTENBERG, 105.
GUYS (Jean), 228.
HACQUEVILLE, relieur, rue Saint-Jacques, 133.
HALDRUICT (Ruricus), 230.
HAMELO (Robertus de), 226.

HAMPOLO (Richardus de), 224.
HANDOUF (Robert), 223.
HANIBALDUS, sextus provisor, 224.
HAOMESTEDE (Jean de), 228.
HAOUET, bibliothécaire, 131, 205.
HARDREVILLIS (Guillelmus de), 224.
HARDY (Jacq.-Joseph), 212.
HAREN (Leonius de), 226.
HARLAY (François de), arch. de Rouen. Pose la première pierre du nouv. coll. de Sorbonne, 137.
HARPE (rue de la), 8.
HASARDIÈRE (Pierre de la), 228.
HASNÈDE (Arnoul de), collaborateur de Rob. de Sorbon, 10. — Donne au coll. de Sorb. un vol. des *Sentences*, 31. — 222.
HASNON (Jean), 229.
HASSIA (Henricus de). Voy. Assia (H. de).
HAUDEN (George de), 228.
HAYLLIS (Joannes de). Voy. Allies (J. d').
HAYUS (Philippus), 228.
HAZE (Pierre du), 230.
HEINLIF (Conrad), 11.
HELLEKIUS (Michael), 223.
HÉMÉRÉ (Claude), bibliothécaire de Sorbonne. Son zèle pour l'observation du règlement, 134, 205. — Chargé de rédiger le catalogue de la bibliothèque de Richelieu, 157. — Cité, 10, 13, 17, 24, 30, 34, 39 à 43, 51, 58, 62, 98, 99, 114.
HEMMERY (Cl.). Voy. Héméré (Cl.).
HÉNAULT (le président), cité, 7.
HENNEQUIN (Jacques), docteur de Sorbonne, 248, 251.
HESDINO (Galterus de), 223.
HETOU (Philippe), 229.
HEYNLIN (Jean). Voy. Lapierre (J. de).
HIBERNICUS (Thomas). Voy. Irlande (Th. d').
HIRONDELLE (rue de l'), 13, 15.
HIRSEDE (Frédéric), 223.
HISPANIA (Jacobus de), 225.
HISPANUS (Bartholomæus), 230.
HOCHET (Jean), 228.
HODENQ (Alex. de), 251.
HOSPITIS (Rolandus), 229.
HÔTEL-DIEU (Constitutions des religieux de l'), 174.
HOUET (Jacques), 230.
HOUSSAYES (J.-B. Cotton des). Voy. Cotton (J.-B.).
HUÖEMEN (Jean de), 228.
IMPERATOR (Ægidius), 226.
IMPRIMERIE. Invention. Débuts à Paris, 105, 106. — Imprimerie de la Sorbonne. Premiers livres imprimés, 107 et s. — Autres imprimeries fondées à Paris 110 et s. — Voy. Géring (Ulrich), Keysere (P. de) et Rembold (B.).
INGHEN (Marsile de), 226.
IRLANDE (Thomas d'), lègue des mss. à la Sorb., 43. 98. — 224.
ISAMBERT. Voy. Ysambert.
JACOB (le P. Louis), cité, 135, 140, 145, 152, 156.
JACOBINS. Voy. Dominicains.
JACQUELIN (Jean), maître en théologie, 116. — 230.
JAFORT (Guill.), 223.
JAILLOT, cité, 7, 8.
JANNAU (Jacques), 167.
JARRY DE LOIRÉ. Voy. Loiré.
JASSO (Jacobus), 230.
JEAN, auteur du catalogue de 1338, 54, 235.

JENSON (Nicolas), chargé par Charles VII d'aller étudier l'invention de Gutenberg. Fonde une imprimerie à Venise, 106.
JOINVILLE, cité, 5.
JORDAN, cité, 194, 199, 209.
JORDAN (R.), ses *Sermons*, 85, 86.
JOURDAIN (Charles), cité, 7, 13, 16.
JOYOT (Jean), 231.
JUDOCUS (domnus), 226.
JULIEN, bibliothécaire, 131, 205.
KAYSERE (Pierre de), fonde, avec Johann Stoll, une imprimerie rue Saint-Jacques, 110.
KESSEL (Guill.), 225.
KESSEL (Thomas), élu bibliothécaire, 77. — 203. 228.
KISTLER (Pierre), 230.
KOLBU (Mathias), 230.
KOURAKIN (Alex. de), ambass. de Russie. Visite la bibliothèque de Sorbonne. Donne une Bible russe, 201.
LA BIGNE (Marguerin de), bibliothécaire. S'efforce de remédier au désordre de la biblioth., 129. — 204.
LACAILLE, cité, 121.
LADORÉE (Jean), lègue des livres à la Sorb., 64, 227.
LADVOCAT (Jean-Baptiste), bibliothécaire de Sorb., 205. — Ses ouvrages. Comptes de sa gestion, 196, 199. — Cité, 7, 9, 184, 195.
LA HERMANT (Nicolas de), 230.
LAIRE (Guill. de), 227.
LALLIER (Jean), 230.
LAMBALE (G.), 231.
LAMBERTI (Lambertus), 224.
LAMET (Adrien), 231. — Voy. Delameth.
LANDA (Joannes de), 228.
LANGATORIS (Eustachius), 230.
LANNOY. Voy. Alneto.
LAPIDANUS (Joannes). Voy. Lapierre (J. de).
LAPIDE (Joannes de). Voy. Lapierre (J. de).
LAPIDEUS (Joannes). Voy. Lapierre (J. de).
LAPIERRE (Jean de) ou HEYNLIN, prieur, puis bibliothécaire de la Sorb., 88. — Installe une imprimerie dans les bâtiments du collége. Publie les *Lettres* de Gasparino de Bergame, 107. — 203. 229.
LA PLANCHE (Nicaise de), donne des vol. au coll. de Sorbonne, 26. — 223.
LARCASTUS (G.), 224.
LA ROCHELLE (bibliothèque de), confisquée par Richelieu, 152.
LA RUE (Aug. de), bibliothécaire, 130, 205. — Inspecteur de la biblioth. de Sorb., 188.
LA SAULSAYE (Claude de), bibliothécaire, 130, 204.
LA SERRE, 158.
LATANCHIER (Gaufridus), 226.
LATINIACO (Jacobus de), 225.
LAUNOY (de), cité, 61.
LAURENTII (Joannes), 229.
LAUSANNE (Jean de), lègue deux mss. à la bibl. de Sorbonne, 44.
LEBÉUF, son *Histoire de Paris* citée, 20, 36, 41.
LE BLOND (Barthélemy), procureur de la maison de Sorbonne, 167, 168, 251.
LE BRETON (Gui), lègue

des vol. à la biblioth. de Sorb., 39. — 223.
LE BRETON. Voy. Brito.
LE CAPELAIN, bibliothécaire, 205.
LEDOZ (Guill.), 226.
LEGRIS (Guill.), 231.
LELONG (le P.), son *Biblia sacra*, 193.
LEMAIRE, cité, 15, 141, 176, 209.
LE MASLE (Hubert), 145, 253.
LE MASLE (Michel), s^r des Roches, chanoine de N.-D. Sa passion pour les livres. Sa bibliothèque, 140, 141, 247, 250, 254. — Il la donne à la Sorbonne. Acte de donation, 142 et s. — Il y joint une rente de 4,000 l. Nommé *socius* et logé dans le collége, 146. — Son portrait, 208. — Secrétaire du cardinal de Richelieu. Contrats de donations passés entre lui et le collége de Sorbonne, 247, 250.
LEMERCIER (Jacques), architecte de la Sorbonne, 139.
LEMKA (Jacobus de), 224.
LEMOVICIS (Petrus de). Voy. Limoges (P. de).
LE MYESIER (Thomas), 223.
LENOIR (Guill.), ouvre une école, 2.
LEPRINCE, cité, 208, 209.
LESTOCQ (de), 174, 182.
LETELLIER (Samson), peintre, 148.
LE VASSEUR (François), 251.
LEVESQUE (Antoine), 251.
LE VICOMTE (Regnault), 230.
LEVRET (Jean), 225.
LHUILLIER (Jean), grand aumônier de France. Proviseur de Sorbonne, 98, 229.
LIMOGES (Pierre de), chan. d'Evreux, collaborateur de Rob. de Sorbon, 9. — Lègue un grand nombre de vol. à la Sorb., 41. — 222.
LINAIS (Jacq. de), 223.
LIZA (Judocus de), 227.
LOIRÉ (François-Xavier-Valentin Jarry de), docteur de Sorbonne. Lègue à la bibliothèque 500 vol., 199.
LOMBARD (Pierre), ses *Sentences*, 43. — Commentaires sur le psautier, 58. — Comment. mss. sur les *Sentences*, 122.
LONGOLIO (Petrus de), 228.
LORGIE (Jacq. de), 225.
LOUIS XI, accorde des lettres de naturalisation à Ulr. Géring et à ses associés, 112.
LOVANIO (Joannes de), 225.
LUCAIN (Guill.), bibliothécaire de Sorb., 129, 204.
LULLE (Raymond), 41. — Donne à la bibl. de Sorb. quinze traités écrits par lui, 42.
LUQUET (Jean), 226.
LUTHER, son témoignage sur la Sorbonne, 125.
LUXEMBOURG (le petit), 243.
LYRA (Nicolas de), son commentaire sur la Bible, 65, 68.
MABILLON, ses *Analecta*, 193.
MAÇONS (rue des), 9, 15, 137.
MAESTRICHT (Gérard de). Voy. Utrecht.
MAGNI (Joannes), 229.
MAGNI (Olaus), 228.
MAICHELIUS, cité, 175, 195.
MALDINGHEM (Jean de), 226.
MALLET (Charles), 251.
MARA (de), 226.
MARCHANDEL (Raphaël), 229.
MARESCALLUS (Thomas), 227.
MARET (M.), 208.
MAREUIL (Jean de), lègue des

vol. à la Sorb., 58. — 224.
MAROLIO (Joannes de). Voy. le précéd.
MAROLLES (Michel de), cité, 140, 151.
MARTELLI (Gerardus), 228.
MARTIGNY (Jean de), principal du coll. de Bourgogne. Donne les poutres nécessaires à la reconstruction de la biblioth. de Sorb., 95.
MARTINI (Guillelmus), 227.
MARTINI (Petrus), 229.
MARTINI (Simon), 225.
MATHIÆ (Joannes), 230.
MATHURINS (rue des), 9, 137.
MAUCLERC (Michel), bibliothécaire de Sorb., 130, 204.
MAYENCE (psautier de), 105.
MAYNYAL (Guill.), libraire de Paris. S'associe avec Ulr. Géring, 113.
MAZARIN, marque de ses livres, 165.
MAZARINE (bibliothèque), Mss. et livres cités, 10, 64, 102, 109, 119, 123-125, 130, 133, 134, 142, 144, 156, 163, 166, 175, 179, 188, 199, 206, 215, 216, 254.
MÉDECINE (Faculté de), règlement de sa bibliothèque, 50.
MELDIS (Simon de), 223.
MENDE (Durand de), son *Rationale div. offic.*, 41.
MENTENAI (Gilles de), lègue des livres à la Sorb., 42. — 224.
MERCATORIS (Joannes), 227.
MERCERII (Mathæus), 225.
MERCERII (Petrus), 230.
MERCIER, architecte, 246.
MERCIER, bibliothécaire, 202, 205.
MERVILLA, 225.
MESNIL (Jean du), lègue à la Sorb., deux commentaires sur les *Sentences*, 66. — 227.
MESNILLO (Anselmus de), 223.
MESNILLO (Eustachius de), 227.
MESNILLO (Joannes de). Voy. Mesnil (J. du).
MESSIER (Jacques), bibliothécaire, 131, 205.
MESSIER (Louis), bibliothécaire, 131, 205.
MEUSNIER (Charles), 251.
MICHELET (J.), cité, 126.
MICHENEAU (Jean), 230.
MIGNOTE (Pierre), 227.
MILITIS (Joannes), 231.
MINCÉ (Élie du Fresne de). Voy. Du Fresne.
MIQUELINUS, 225.
MITRIACO (Joannes de), 222.
MOLENDINIS (Lucas de). Voy. Desmoulins (L.).
MOLETI (Philippus), 227.
MONART (Simon), 227.
MONASTERIOLO (Guill. de). Voy. Montreuil (Guill. de).
MONCIACO NOVO (Guill. de), lègue des vol. à la biblioth. de Sorb., 34, — 223.
MONSTEROLIO (Eustachius de), 223.
MONTAIGU (collége de). Ulr. Géring lui laisse la moitié de ses biens, 118.
MONTE (Joannes de). Voy. Du Mont (J.).
MONTE (Lambertus de), 228.
MONTE ACUTO (Petrus de), cardinal et proviseur de la Sorbonne, 226.
MONTE MARTINI (Thomas de), 223.
MONTEMORENCIACO (Guillelmus de). Voy. Montmorency (G. de).
MONTE Sti ELIGII (Gervasius de), 223.
MONTFAUCON (Bernard de),

publication de son *Antiquité expliquée*, 190.
MONTIBUS (Petrus de), 226.
MONTMORENCY (Guill. de), élu proviseur du collége de Sorbonne, 19, 223. — Lègue des volumes à la bibliothèque, 33.
MONTREUIL (Guill. de), lègue des vol. au coll. de Sorb., 27.
MONTREUIL (de), bibliothécaire, 131, 205.
MORAVIA (Joannes de), 225.
MORAVIE (Jérôme de), son ouvrage sur la musique, 41.
MOREL (Claude), bibliothécaire de Sorb., 134, 205. — Rédige un catalogue, 148. — Nommé garde de la biblioth. de Richelieu, 160, 161, 167, 169, 174. — Docteur de Sorbonne, 248, 251.
MORELLA, 225.
MORELLI (Mathurinus), 231.
MORELLI (Petrus), 223.
MORINI (Jordanus), 227.
MORINI (Radulphus), 229.
MOUCHY (Antoine de), dit Démocharès, donne des *Institutes* à la bibl. de Sorb., 124.
MOUSSY-LE-NEUF, 34.
MUNERII (Edmundus), 228.
MUNSTER (Sébastien), sa *Cosmographie*, 128.
MURIS (Julianus de), 225.
NAMURCO (Joannes de), 227.
NANINCO (Joannes de), 227.
NARBONA (Germanus de). Voy. le suivant.
NARBONNE (Germain de), lègue des vol. à la Sorbonne, 59. — 224.
NET (François), 230.
NICOLAI (Hugo), 226.
NICOLAI (Michael), 228.
NIVELLA (Bernerus de). Voy. le suivant.
NIVELLE (Berner de), lègue de nombreux vol. à la Sorb., 39. — 223.
NOGENTO (Gerardus de), 222.
NOGENTO (Petrus de), 226.
NOINVILLE (Durey de), cité, 199.
NOMINALISTES. Voy. Philosophie nominaliste.
NOSERETI (Joannes), chantre de Mâcon, 98.
NOTRE-DAME (bibliothèque du chapitre de), 48, 52.
NOTRE-DAME (école du cloître de), 1, 15.
NOVA DOMO (Joannes de), 227.
NOVO CASTRO (Andræas de), 225.
NOYERS (M. des), 246.
NUNI (Antonius) Coronellus, 230.
ODO (Joannes), 230.
ODO QUIDAM, 223.
ODON. Voy. Eudes.
ORLÉANS (Jean d'), chancelier de N.-D., 48.
ORRENT (Pierre), 223.
ORTO (Robertus de), 230.
ORTUINI (Joannes), 227.
OUDENARDE (Gilles de), donne des livres au collége de Sorb. 58. — 223.
OUDENDICK (Cornelius), 230.
OUERHES (Jean), 229.
OUESTBOURG (Lambert d'), 225.
PADOUE (Jacques de), lègue des vol. au coll. de Sorb., 59. — 225.
PADUA (Jacobus de). Voy. le précéd.
PAIN ET CHAIR (Jean), 229.
PALAIS-ROYAL, 146.
PALEFROY (Richard), lègue un

ms. à la bibl. de Sorb., 102. — 230.
Palenc (Alard) ou Palent, prieur de Sorbonne. Obtient le prêt de certains ouvrages de la biblioth., 69. — Bibliothécaire, 70, 203. — Livres trouvés dans sa chambre après sa mort, 77; — vendus à Denis Courtillier, 79. — 228.
Pantemoisy (Guill.). Voy. Patemoysi (G.).
Paradis (Jean), bibliothécaire de Sorb., 127, 204.
Paranda (Hieronymus de), 231.
Pardo (Hieronymus), 231.
Pardo (Joannes), 230.
Parent (Jérôme), bibliothécaire de Sorb., 131, 205. — Lui donne des vol., 133.
Parentis (Philippus), 226.
Paris. Voy. Bibliothèques. — Colléges. — Cordeliers. — Dominicains. — Hôtel-Dieu. — Luxembourg (le petit). — Notre-Dame. — Palais-Royal. — Saint-Germain le Vieux. — Saint-Jean en Grève. — Saint-Victor. — Sorbonne. — Université.
Paris (évêque de), son règlement contre les écoliers, 3.
Paris (Guill. de), élu bibliothécaire, 77. — Vend des livres au nom du collége de Sorbonne. Grand procureur du collége, 79. — Bibliothécaire de nouveau, 81. — Prend l'initiative de réformes, 82. — 203. 228.
Parisiis (Guillelmus de). Voy. le précéd.
Parnitensis (Petrus), 230.
Parve (Michael), 229.
Parvi (Andreas), 230.
Parvi (Jacobus), 227.
Parvi (Petrus), 227.
Pasquier (Etienne), cité, 7.
Patemoysi (Guill.), lègue des vol. à la bibl. de Sorb., 42, — 224.
Patin (Antoine), bibliothécaire de Sorb., 129, 204.
Paulino (Paulinus de), 227.
Paxis (Bernardus de), 230.
Pazil (Rodolphe), bibliothécaire de Sorb., 130, 204.
Pemuech (Alain de), 224.
Pensauro (Sylvester Vitæ de), 228.
Peralta (Jacobus de), 230.
Perez (François ou Fernand), prieur de Sorb. Donne à la bibl. un ms. des *Décrétales*, 121.
Perona (Joannes de), 228.
Perrotus (Joannes), 229.
Persona (Joannes), 223.
Petit-Pied (Nicolas), cons. au Châtelet, puis chan. de N.-D. Donne des vol. à la Sorbonne, 185.
Peton (Jean), 227.
Petraviva (Sylvius a), Piémontais, bibliothécaire de Sorb., 129. — 204.
Petri (Franciscus), 230.
Petri (Verianus), 229.
Phichetus (Guill.). Voy. Fichet (G.).
Philippi (Jacobus), 230.
Philosophie nominaliste (ouvrages de), interdits sous Louis XI, 61.
Pie (Maison dite de la), 96.
Piedieu (Pierre), 229.
Piganiol de La Force, cité, 8, 208.
Pina (Alphonsus de), 230.
Pinera (Joannes), 229.
Pingart (Guill.), 227.
Piqueti (Ægidius), 225.
Piri (Joannes), 227.
Piris (Robertus de), 223.

PISTOR (Henri), chanoine de Liége. Lègue des vol. à la bibl. de Sorb., 68. — 224.
PISTORIS (Henricus). Voy. le précéd.
PLANCA (Nichasius de). Voy. La Planche (Nicaise de).
PLAOUL (Pierre) ou PLARU, év. de Senlis et proviseur de Sorbonne. Lègue des vol. à la bibliothèque, 66. — 98. 227.
PLATEA (Marcilius de), 226.
PLESSIS (Françoise du), 243.
PLESSIS. Voy. Richelieu.
POILLIACO (Joannes de). Voy. Pouilly (J. de).
POINT-L'ANE (Pierre), 6.
POIRÉES (rue des), 9, 15, 137.
POITIERS (Geoffroi de), ouvre une école, 2.
POLIACO (Bernardus de), 223.
POLIACO (Joannes de). Voy. Pouilly (J. de).
POMIER (Guillaume), curé de Saint-Germain le Vieux. Donne des livres à la bibliothèque de Sorbonne. Acte de donation, 85 et s.
PONCARD, PONCHARD ou PONSARD (dit de Sorbonne), collaborateur de Robert de Sorbon, 10. — Lègue des livres à la bibliothèque, 30. — 222.
PONT-CROIX (Jean de), chan. de N.-D. Lègue trois vol. à la bibl. de Sorb., 68. — 225.
PONTE (Joannes de). Voy. Du Pont (J.).
PONTE CRUCIS (Joannes de). Voy. Pont-Croix.
PORCHER, bibliothécaire de Sorb., 174, 205.
PORTA (Radulphus de), 227.
PORTES (Jean), 226.
PORTES (rue des), 8.
POTIERS (Pierre), 230.
POTINI (Joannes), 228.
POTTIER (Jean), 251.
POUILLY (Jean de), lègue des mss. à la Sorb., 43. — 98. 224.
PRÆDIO (Joannes), gandavensis, 226.
PRATIS (Joannes de), 228.
PRÊT DES LIVRES. Voy. Sorbonne (bibliothèque de la).
PROFONTIBUS (Gerardus de), 227.
PROVINCIA (Petrus de), 223.
PRUNELLE, 227.
PSAUTIER DE MAYENCE, 105.
PULCHRIPATRIS (Joannes), 227.
PULCHRO (Guill. e), lègue des vol. au collége de Sorb., 38. — 223.
PURFING (Etienne), 226.
PUTEO (Gaspardus de), 230.
QUADRATUS (Joannes), 225.
QUADRIGARII (Fabianus). Voy. Chartier (F.).
QUENTIN (Jean), 229.
QUERAS (Mathurin), 251.
QUERCU (Joannes de), 226.
QUERING (Uldaric). Voy. Géring (U.).
QUERQUU (Guill. de), prieur de Sorbonne, 116.
QUESNAY (Pierre de), 230.
QUESNEL (Henri), 229.
QUESNOY (Henri du), bibliothécaire de Sorb., 203.
QUESSEL (Thomas de). Voy. Kessel (T.).
QUI NON RIDET (Joannes), 225.
RAMBAUD (Antoine), 206.
RANKON (Adalbert), donne des livres à la biblioth. de Sorb., 62. — 225.
RANKONIS (Adalbertus). Voy. le précéd.
REGULARII (Joannes), 227.

Reims (Gérard de), collaborateur de Rob. de Sorbon, 9. — Lègue des vol. à la bibliothèque, 31. — 222.
Reliure, — des livres du cardinal de Richelieu, 164. — Prix suivant les formats en 1745 et 1762, 198.
Rembold (Berthold), associé d'Ulric Géring, 114. — Achète son imprimerie et son enseigne, et s'installe rue Saint-Jacques, 120.
Repus (Nicolas), 229.
Reques (Jean de), 229.
Réveillon (de), 169.
Rhemis (Albericus de), 222.
Rhemis (Gerardus de). Voy. Reims (G. de).
Rhemis (Reginaldus de), 222.
Riballier (l'abbé), 216.
Richelieu (le cardinal de), proviseur de Sorbonne. Reconstruit à ses frais le collége de Sorb., 136 et s. — Sa bibliothèque, 151 et s., 243. — Il la lègue à son petit neveu Arm. de Vignerot, 153. — Extraits de son testament, 153, 155, 242. — Inventaires de sa bibliothèque, 156, 157, 166. — Elle devient la propriété de la Sorbonne, 160. — Mobilier garnissant ladite biblioth., 163. — Reliure et marque des livres, 164. — Portrait et buste du cardinal de Richelieu, 208.
Richelieu (Armand de Vignerot du Plessis, duc de). Son oncle, le cardinal de Richelieu, lui lègue sa bibliothèque, 151, 153, 243. — Il néglige d'exécuter les prescriptions qui lui sont imposées, 158. — Condamné par le parlement à faire transporter la bibliothèque à la Sorbonne, 160. — Inventaire fait à cette occasion, 166.
Richelieu (Louis-François-Arm. du Plessis, duc de), 202.
Rimini (Grégoire de), 122.
Rive (l'abbé), 206.
Rivière (Jean), puni pour violation du règlement relatif à la bibliothèque, 75. — Vend des livres au nom du collége de Sorb., 79. — 228.
Robin (A.), 224.
Roer (Jean) ou Royer, bibliothécaire de Sorbonne. Obtient du cardinal d'Autun un secours pour la reconstruction de la bibliothèque, 92, 93. — Lègue des livres, 101. — 203, 204, 230.
Roerii (Joannes). Voy. le précédent.
Roignart ou Rongnart (Claude), 116, 230.
Rolin (Jean), évêque d'Autun, cardinal. Donne cent fr. pour la reconstruction de la biblioth. de Sorb., 93.
Ronersheim (Conrad de), 224.
Rongnart (Claude). Voy. Roignart.
Rosa (Guillelmus de), 226.
Roullié (Pierre), 168. — Curé de Saint-Barthélemy. Lègue 200 vol. à la bibliothèque de Sorb., 173.
Rousse (Jean), docteur de Sorbonne, 248, 251.
Roverolla (Laurentius de), 229.
Roxo (Joannes), de Valencia, 230.
Royer (Jean). Voy. Roer (J.).

RUA (Joan.-Radulphus de), 223.
RUFFI (Gervasius), 223.
RUPE (Franciscus de), 231.
RUPELLA (Joannes de), 222.
RYMER, ses *Actes*, 199.
RYN (Georgius), de Sclavonia, 227.
SAGONGE (François de), 116.
SAINT-AMOUR (Guill. de), dirige l'enseignement du coll. de Sorbonne, 9. — 98. 222.
SAINT-AUBIN (Guédier de). Voy. Guédier.
SAINT-GERMAIN (porte), 95.
SAINT-GERMAIN LE VIEUX, église de Paris, 85, 86.
SAINT-JACQUES (rue), 8, 13, 110, 120, 137.
SAINT-JEAN EN GRÈVE, paroisse, 11.
SAINT-LOUP (l'abbé de), de Troyes, 229.
SAINT-LUCIEN (Jean de), chan. de Bayeux. Lègue des livres à la Sorb., 62. — 226.
SAINT-MARTIN (Pierre, cardinal de), 59.
SAINT-OMER (Pierre de), chancelier de N.-D., 49.
SAINT-POURÇAIN (Durand de), évêque de Meaux. Lègue à la Sorb. ses comment. sur les *Sentences*, 43.
SAINT-VICTOR, abbaye. Son école, 2.
SAINTE-BEUVE (Jacques de), 251.
SAINTE-CROIX (Frères de la). Appelés à Paris par saint Louis, 10. — Dépôt de livres de P. Schœffer établi chez eux, 11. — Ils échangent des propriétés avec Rob. de Sorbon, 12.
SAINTE-GENEVIÈVE, abbaye. Son école, 2.
SALMON (François), bibliothécaire de Sorb., 205. — Auteur d'un catalogue, 188. — Ses comptes. Souscrit à l'*Antiquité expliquée* de Montfaucon, 190. — Revise le catalogue, 194.
SALMON (Jean) ou SAULMON, bibliothécaire de Sorbonne, 129, 204, 227.
SALMURO (E. de), 223.
SALOMONIS (Joannes). Voy. Salmon (J.).
SALVARVILLA (Guil. de). Voy. Sauvarville (G. de).
SANCTA CATHARINA (prior de), 230.
SANCTI MARTINI (prior), 229, 230.
SANCTO AMANDO (Joannes de), 225.
SANCTO AMORE (Guillelmus de). Voy. Saint-Amour (G. de).
SANCTO AUGUSTINO (Sillerinus de), 45.
SANCTO DIONYSIO (Odo de), 222.
SANCTO GERMANO (Petrus de), 229.
SANCTO LUCIANO (Joannes de). Voy. Saint-Lucien.
SANCTO NICOLAO (Robertus de), 226.
SANNERII (Joannes), 228.
SANSALE (A.-L. Gayet de). Voy. Gayet.
SANTEUIL, cité, 176.
SAPIENTIS (Philippus), 226.
SAPIENTIS (Radulphus), 226.
SARASAAC (Jean de), 227.
SARBONA (Robertus de). Voy. Sorbon (Robert de).
SARVAVILLA (Guillelmus de). Voy. Sauvarville (G. de).
SAULIEU (Clarin de), lègue des mss. à la Sorb., 43. — 224.

SAULMON ou SALMON (Jean), bibliothécaire de Sorb., 129, 204, 227.
SAUVAL, cité, 8, 199, 208.
SAUVARVILLE (Guill. de), lègue des livres à la biblioth. de Sorb., 63. — 225.
SAVETIER (Philibert), 229.
SAVONERIIS (de), 225.
SAXONIA (Albertus et Joannes de), 225.
SCALA (Pierre de), ses *Postilles* sur saint Mathieu, 40.
SCHŒFFER (Pierre), son dépôt de livres à Paris, 11. — 105.
SCISSORIS (Petrus), 229.
SCOTI (Joannes), 227.
SCOTUS (Henricus), 226.
SCRIPTORIS (Joannes), 230.
SEDELOCO (Clarinus de). Voy. Saulieu (C. de).
SEGOVIA (Franciscus de), 98, 230.
SEGOVIA (Joannes de), 230.
SÉGUIN (Etienne), médecin. Lègue des livres à la biblioth. de Sorb., 59.
SEGUNTINUS (Christophorus, episc.), 224.
SENOGIENSIS (Lambertus), 223.
SEURBONA (Robertus de). Voy. Sorbon (Robert de).
SIMONETI (Pontius), 226.
SIREVILLE (P. de), 225.
SITART (Pierre), 230.
SOISSONS (Regnault de), collaborateur de Rob. de Sorbon, 9. — 222.
SOLERII (Joannes), 228.
SOQUET (Jean), élu bibliothécaire de Sorb., 81. — 203. 227.
SORBON (Robert de), chapelain de saint Louis. Fonde le collége de Sorbonne. Son but. Ses noms latins, 4. — Lieu de sa naissance. Son origine, 5. — Relations avec saint Louis, qui lui donne une maison pour installer son école, 6. — Date de l'acte de donation, 7. — Coopérateurs de Robert, 9. — Agrandissements, 10. — Echanges de propriétés avec les frères de la Sainte-Croix, 12; et autres, 13. — Approbation des papes, 14. — Nouveaux agrandissements. Mort de Robert, 15. — Son testament, 16. — Ses écrits. Organisation et statuts de son établissement, 17 et s. — Livres qu'il lègue à la bibliothèque de Sorb., 28. — Son portrait placé dans la nouvelle biblioth., 98. — Texte de son testament, 219. — Premier proviseur, 14, 222.
SORBONA (Robertus de). Voy. Sorbon (Robert de).
SORBONNE (Bibliothèque de). Son origine, 22. — Grande et petite librairie, 23. — Liste des premiers bienfaiteurs, 25 et s. — Organisation, 45. — Devoirs des bibliothécaires, 47. — La bibliothèque était-elle publique, 48 et s. — *Regestum bibliothecæ*, 64 et s. — La biblioth. fait exécuter des mss. à ses frais. Formalités pour assurer la garde et la conservation des livres, 69 et s. — Vol dans la biblioth., 81. — Rapport du prieur sur l'état du dépôt (1437). Réformes, 82 et s. — Reconstruction de la biblioth., 92 et s. — Description, 97 et s. — Elle reçoit les premiers livres

imprimés par Géring, 114, 119. — Achat de chaînes destinées aux vol., 126. — Reconstruction par Richelieu, 136 et s. — Peintures et embellissements, 147. — La biblioth. de Richelieu lui est accordée par arrêt du parlement, 160 et s. — Il en est dressé inventaire, 166. — Agrandissement des bâtiments, 168 et s. — Réorganisation, 169 et s. — Vente des doubles, 174. — Précautions contre l'incendie, 176. — Nouvelles ventes de vol., 182. — Nomination de deux inspecteurs, 187. — Comptes des bibliothécaires (1713-1765). Revenus et dépenses, 188-199. — Ouvrages achetés, 193. — Description des bâtiments, 208. — Essai de publicité (1791), 211. — Prise de possession par la municipalité (27 août 1791), 212. — Déménagement, 214. — Répartition des vol., 215. — Nouvelle bibliothèque de la Sorbonne, 218.

Bibliothécaires. 77 et s. — De 1571 à 1642, 127 et s. — — Suite, 199. — Tableau général, 203.

Catalogues. De 1289, 22. — De 1338 : plan et divisions, 52 et s. — Table des matières de la 1re partie, 231. — Préface et table des matières de la 2e partie. Son auteur, 54 et 235. — Trois catal. décrits dans un inventaire de 1617, 132. — Autre, rédigé par Chevillier, 14 vol. in-fo, 175. — Catal. des mss. rédigé par Guédier de Saint-Aubin vers 1736, 195. — Divers, 215, 216.

Donations. 25 et s., 85 et s., 121, 133 ; — de Michel Le Masle, 142 et s., 248. — Biblioth. de Richelieu, 160 et s. 172.

Estampillage et inscriptions sur les vol., 217.

Nombre des vol., en 1290, 24. — 1338, 56. — 1720, 193. — 1765, 199. — 1790, 209.

Prêt des livres. 47, 80, 89. Règlement, 173.

Règlements : de 1321, 45 et s. — 12 févr. 1431 (texte), 71 et s. ; appliqué sévèrement, 75. — Autre, vers 1483 (texte), 99 et s. — Règlement définitif rédigé par Chevillier (1676), 177 et s.

SORBONNE (collége de). Voy. SORBON (Robert de). — Chef-lieu de la faculté de théologie, 16. — Organisation et statuts. Hôtes et associés ; dignités, 18, 19. — Imprimerie installée dans les bâtiments du coll. par Géring, 107 et s. — Legs important qu'il fait au coll., 119. — Reconstruit par le cardinal de Richelieu, 137 et s. — Incendie, 175. — Bâtiments, 207. — Suppression à la Révolution, 213. — La Sorbonne, chef-lieu de l'Académie de Paris, 218. — Catalogue des proviseurs, *socii et hospites*, 222 et s. — Legs du cardinal de Richelieu en faveur du collége, 246. — Contrats de donations de Michel Le Masle, 247, 250. — Voy. l'art. précédent.

SORBONNE (la Petite), 15.

SORBONNE (église de la),

legs du cardinal de Richelieu en sa faveur, 246.
SORBONNE (rue de), 8.
SORBONENSIS (Robertus). Voy. Sorbon (Robert de).
SORBONIA ou SORBONIO (Robertus de). Voy. Sorbon (Robert de).
SORBONIENSIBUS (Hubertus de), 222.
SORBONIO (Poncardus de). Voy. Poncard.
SORBONIO (Theobaldus de), 222.
SORDOLIO (de), 225.
SPERLING (Jean), 227.
SPIKER (Henri), 226.
STANDONK (Jean), 230.
STELLA (Jean Tilemann). Réunit les meilleurs ouvrages d'Italie et d'Allemagne pour la bibliothèque de Richelieu, 152.
STEPHANI (Guillelmus), 224.
STOCH (Michel de), 225.
STOLL (Johann). Voy. Kaysere (Pierre de).
STRICTI (Petrus), 229.
SUESSONE (Reginaldus de). Voy. Soissons (Regnault de).
SUEVIA (Hartwicus de), 226.
SULIACO (Gerardus de), 229.
SULNENSIS (Hervæus), 226.
SURBONIO (Robertus de). Voy. Sorbon (Robert de).
SYLVESTER (Radulphus), 227.
SYMONIS (Jacobus), de Cathalaunia, 225.
SYMONS (Roger), 223.
TALHOUET (Jean), 229.
TALLEMANT DES RÉAUX, cité, 140, 158.
TALON (Charles-François), curé de Saint-Gervais. Lègue sa biblioth. à la Sorb., 149. — Docteur de Sorb., 248, 251.
TEXTOR (Joannes), 225.
TEXTOR (magister Roulandus). Voy. Tisserand (R.).
THEIL (Gilles du), lègue des vol. au coll. de Sorbonne 33. — 223.
THEMON, 225.
THÉOLOGIE (faculté de). Voy. Sorbonne (collège de).
THESERAC (Gabriel de), 228.
THESEYO (Joannes de), 229.
THIBOUT ou THIBOUST (Robert), bibliothécaire de Sorbonne, 127, 204.
THIBOUT (Ursin), 229.
THIERRY (Pierre), 228.
THISO (Joannes), 227.
THOISY (Jean de), évêque d'Auxerre, puis de Tournay. Proviseur de Sorbonne, 228.
THOMAS (saint) d'Aquin, ses *Questions sur le mal*, 101.
TILEMANN STELLA (Jean). Voy. Stella.
TILLIA (Ægidius de). Voy. Theil (Gilles du).
TILLIA (Radulphus de), 225.
TINCTOR (Jean), chan. de Tournay. Lègue plusieurs ouvrages à la Sorb., 88. — 228.
TINCTORIS (Joannes). Voy. le précéd.
TISSART, bibliothécaire de Sorb., 129, 204.
TISSERAND (Rouland), médecin. Obtient le prêt d'un ouvrage d'astrologie, 80.
TLAYUS (Martinus), 227.
TORNACO (Eleutherius de), 230.
TORQUEMADA (J. de). Ses *Sermons* sur saint Paul, 91.
TOT (Christianus), 226.
TRAJECTO (Gerardus de). Voy. Utrecht (G. d').

Trebron (Petrus), 226.
Trecis (Guillelmus de), 224.
Troullet (Jean), 226.
Troussel (Thomas), chan. de N.-D. Lègue des vol. à la bibl. de Sorbonne, 91. — 229.
Tusculum (évêque de). Voy. Eudes.
Tyllia (Ægidius de). Voy. Theil (Gilles du).
Ulmonte (Pontius de), 226.
Ultricuria (Nicolaus de), 224.
Université de Paris. Constitution des Facultés, 16.
Urbain IV, pape. Approuve l'établissement du coll. de Sorbonne, 14.
Ursule (Ste), patronne de la Sorbonne, 20.
Usuard, son *Martyrologe*, 41.
Utrecht (Gérard d') ou de Maestricht. Lègue des mss. à la Sorb., 42. — 224.
Utrecht (Jean d'), 229.
Vadis (Michaël de), 223.
Valhebert (S. de), cité, 201.
Valle (Joannes de), 227.
Vallibus (Joannes de), 4e proviseur de Sorb., 39, 224.
Vandello (Guillelmus de), 227.
Varheretus (Joannes), 227.
Varin (Jean), 208.
Vaucayne (Pierre), 229.
Vaudelle (Bertrand de), 70.
Vauroy (Jean de), 223.
Velli ou Velly (Simon de). Voy. Vely.
Vely (Simon de), lègue un vol. à la bibl. de Sorbonne, 37. — 223.
Venatoris (Robertus), 228.
Venis (Joannes de), 223.
Vesli (Simon de). Voy. Vely.
Veteri Folio (Nicolaus de), 228.
Vichetus (Guill.). Voy. Fichet (G.).
Vignerot (Armand de). Voy. Richelieu.
Vignerot (René de), 243.
Villa Dei (prior de), 227.
Villa Petrosa (Petrus de). Voy. Villepreux (P. de).
Villaribus (Joannes de), 226.
Villaserin (Jac. de), 226.
Villepreux (Pierre de), 3e proviseur de Sorbonne, 37. — 223.
Villeta (Guillelmus de), 223.
Vimont (Guill.), 229.
Vincentius decanus Abbatisvillæ, 227.
Viseur (Robert), bibliothécaire de Sorb., 129, 204.
Visitation Sainte-Marie (religieuses de la), 206.
Vitry (Jacques de). Extrait de son *Hist. occidentale* relatif aux écoliers, 3.
Voirmes (Nicolas de), 231.
Voleau (Pierre), maître en théologie, 116. — 230.
Voragine (Jacques de). Ses *Sermons*, 85, 86.
Vorden (Albert de), 228.
Vredière (Jean), 228.
Waïm (Gervais), 231.
Wallin (G.), cité, 193.
Wasia (Joannes de), 226.
Waubeke (Philippe de), 225.
Weglinghe (Bernard), 227.
Wens (Petrus), de Mechlinia, 226.
Wens (Rumold de), 226.
Widelin (Simon), mss. qu'il lègue au coll. de Sorbonne, 34.
Wiltensis (Gerardus), 225.
Wintaast (Jacques), 229.
Wion (Guill. de), 226.
Wodron (Adam), son com-

ment. sur le liv. des *Sentences*. Interdiction dont il est l'objet, 60.
WRIGNI (Nicolas de), lègue des vol. au coll. de Sorbonne, 27.
WULTWICT (Arnold de), 227.
YDRIGHEN (Jean), 224.
YONIS (Joannes), 228.
YP (Barthélemy de), 224.
YSAMBERT (Nicolas), bibliothécaire de Sorb., 130, 205.
ZERLING (Nicolas), 227.

Paris. — Typ. de Ch. Meyrueis, rue Cujas, 13. — 7022.

ACHEVÉ D'IMPRIMER

SUR LES PRESSES DE CH. MEYRUEIS

TYPOGRAPHE A PARIS

LE 15 SEPTEMBRE 1875

POUR LÉON WILLEM, LIBRAIRE

A PARIS

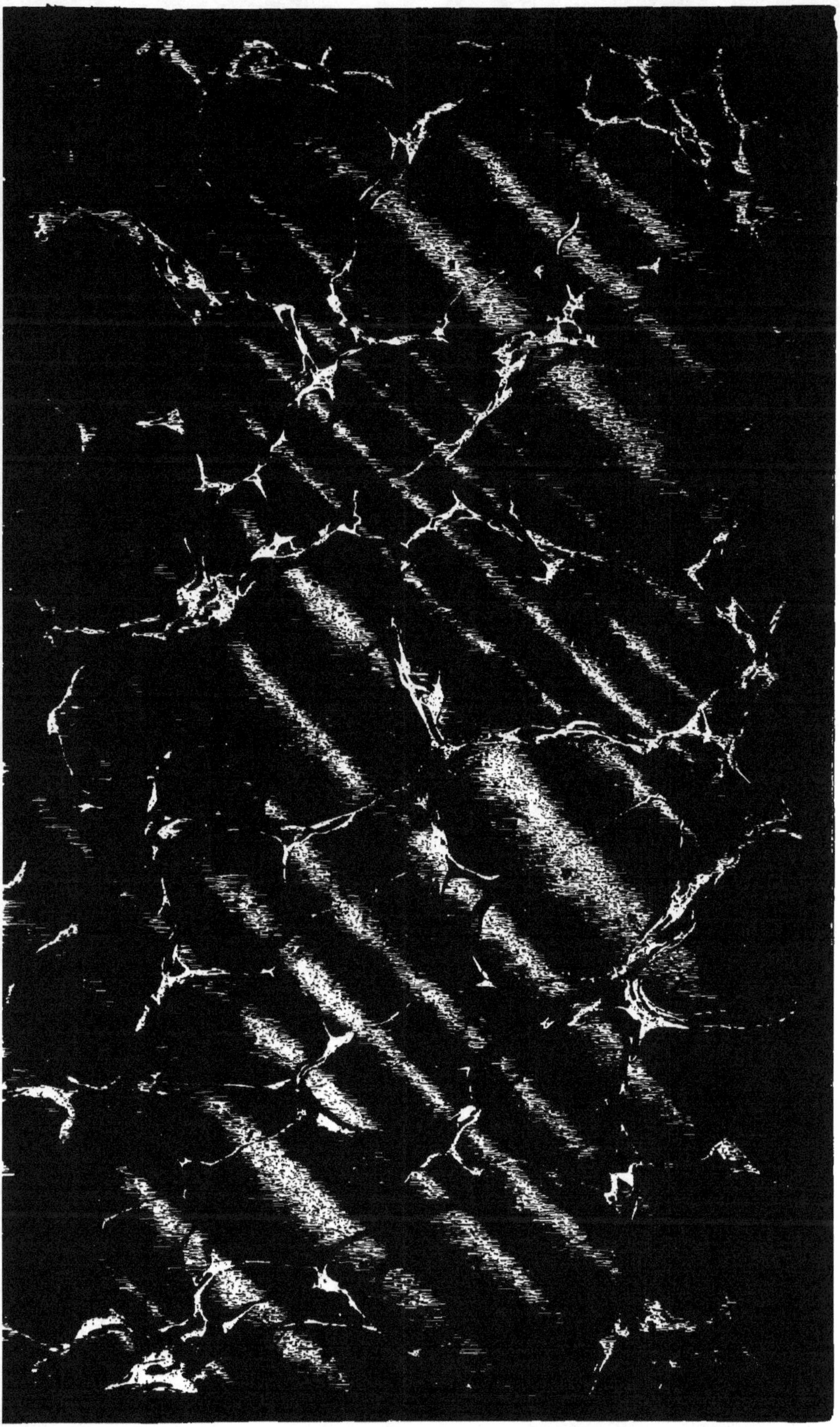

www.ingramcontent.com/pod-product-compliance
Lightning Source LLC
Chambersburg PA
CBHW071345150426
43191CB00007B/851